Hans und Doris Maresch

Hessens
Schlösser & Burgen

Husum

Umschlaggestaltung unter Verwendung von Motiven aus dem Buch.
Alle Aufnahmen stammen vom Autor Hans Maresch.

Bibliografische Information Der Deutschen Bibliothek

Die Deutsche Bibliothek verzeichnet diese Publikation in der Deutschen
Nationalbibliografie; detaillierte bibliografische Daten sind im Internet
über http://dnb.ddb.de abrufbar.

© 2005 by Husum Druck- und Verlagsgesellschaft mbH u. Co. KG, Husum

Gesamtherstellung: Husum Druck- und Verlagsgesellschaft
Postfach 1480, D-25804 Husum – www. verlagsgruppe.de

ISBN 3-89876-158-4

Inhaltsverzeichnis

Vorwort 7

Einführung 8

Schlösser und Burgen von A – Z
nach Ortschaften gegliedert 11

Objektregister 269

Quellenverzeichnis 280

Touristeninformationen und Fremdenverkehrsämter 284

Vorwort

Die Burgen und Schlösser Hessens wurden alphabetisch nach den Orten, zu denen sie zugehörig sind, aufgeführt. Das Objektregister ist analog gestaltet. Auf die Angabe von Telefonverbindungen wurde wegen der häufigen Veränderbarkeit der Rufnummern verzichtet, ebenso auf die Öffnungszeiten der in den Burgen und Schlössern befindlichen Museen. Generell sei jedoch angemerkt, dass diese in der Regel von April bis Ende Oktober in den Zeiten von 9 bis 16 Uhr, außer montags, zugänglich sind. Vorliegendes Buch soll dem Interessenten einen informativen Überblick zu den Burgen und Schlössern vermitteln und als handlicher Reisebegleiter dienen. Im Hauptteil wurden alle Burgen und Schlösser mit einem Kurztext zur Historie versehen und bei ausgewählten Objekten ein Foto abgebildet.

Die Informationen zur Geschichte haben wir freundlicherweise von Mitarbeitern der Stadt- und Gemeindeverwaltungen, Archivaren, Ortschronisten und Museumsmitarbeitern zur Verfügung gestellt bekommen bzw. aus einschlägiger Literatur ermittelt. Dafür nochmals unseren herzlichsten Dank, ebenso an die Mitarbeiter der Deutschen Burgenvereinigung e. V., die uns mit umfassendem Material zur Erstellung dieses Bandes unterstützten. Bezüglich der Baugeschichte und Beschaffenheit haben wir uns unter anderem an Georg Dehio, Handbuch der Deutschen Kunstdenkmäler Hessen, angelehnt. Es sei weiterhin darauf verwiesen, dass, obwohl sich die Autoren um Aktualität bemüht haben, möglicherweise einzelne Burgen oder Schlösser bereits Veränderungen unterzogen wurden, sowohl hinsichtlich möglicher Rekonstruktionsmaßnahmen als auch Eigentümerwechsel usw. Demzufolge kann keine Gewähr für die Vollständigkeit und Aktualität gegeben werden. Die Autoren wünschen Ihnen, liebe Leser, viel Freude und erlebnisreiche Tage beim Besuch der Burgen und Schlösser Hessens.

Einführung

Die Geschichte Hessens ist wechselvoll und von vielen Ereignissen geprägt, die sich mit häufigen Veränderungen des Landes bis in das Jahr 1946 gestaltete. Die Hessen waren ursprünglich ein Stamm im Siedlungsgebiet der germanischen Chatten, die in der Völkerwanderungszeit zwischen der Eder, Fulda und der Lahn siedelten und von Bonifatius christianisiert wurden. Das Herrschaftsgebiet wurde von den Ludowingern als führendem Grafenhaus, die gleichzeitig Landgrafen von Thüringen waren, beherrscht. Die Hessen lösten sich von Thüringen infolge des thüringisch-hessischen Erbfolgekrieges, und Heinrich I. wurde 1264 Stammvater der hessischen Fürsten, erhielt die Anerkennung der neuen Landgrafschaft und ihre Erhebung zum Reichsfürstentum. Philipp der Großmütige vereinigte alle Landesteile und führte 1526 die Reformation ein. Nach seinem Ableben bekamen seine vier Söhne das Herrschaftsgebiet, das aufs Neue geteilt wurde. Der älteste, Landgraf Wilhelm IV., gründete das Fürstenhaus Hessen-Kassel, das bis 1866 bestand. 1803 wurde es zum Kurfürstentum (Kurhessen) unter Wilhelm I. erhoben. 1866 wütete der Deutsche Krieg, in dem Kurhessen an der Seite Österreichs kämpfte und schließlich von Preußen annektiert wurde. Die jüngere Linie, Hessen-Darmstadt, hielt immer zur Seite Habsburg und stand daher oft gegen Hessen-Kassel. Sie kämpfte im Deutschen Krieg ebenfalls auf österreichischer Seite und musste in der Folge die Landgrafschaft Hessen-Homburg und den Kreis Biedenkopf an Preußen abtreten. Von 1918 bis 1945 war Hessen-Darmstadt Freistaat, doch 1945 kam der Teil rechts des Rheins zum Land Hessen und der französisch besetzte Teil, Rhein-Hessen mit Worms, Mainz und Bingen, zu Rheinland-Pfalz. Eine preußische Provinz wurde im Ergebnis des Deutschen Krieges 1868 Hessen-Nassau, bestehend aus Kurhessen, dem Herzogtum Nassau, der Freien Stadt Frankfurt sowie anderen Gebieten. Kassel wurde zur Hauptstadt. Daraus entstanden 1944 zwei Provinzen, die 1945 mit den rechtsrheinischen Teilen von Hessen-Darmstadt zu Großhessen vereinigt wurden. Auf der Grundlage der Verfassung von 1946 wurde das bis dahin bestehende Gebiet zum Land Hessen geändert.

Die geografische Lage des heutigen Bundeslandes zeigt sich viel-

Einführung

gestaltig. In der Mitte Deutschlands gelegen, zwischen Rhein, Schiefergebirge, Weserbergland, Werra, Rhön, Spessart und Odenwald, umfasst es abwechslungsreiche und schöne Landschaften. Im Westen haben wir den Ostteil des Rheins, und das Schiefergebirge vereint den Taunus mit dem östlichen Teil des Westerwaldes. Das Hessische Bergland dominiert die hessische Landschaft mit den Vulkangebirgen Vogelsberg und Knüll, es wird durchzogen von der Hessischen Senke zwischen Kassel und der fruchtbaren Wetterau. Eine ebenso fruchtbare Region ist das Mainbecken mit dem südlich anschließenden Odenwald und seiner Bergstraße.

Wenn auch heute Thüringen als das „Grüne Herz" Deutschlands bezeichnet wird, steht dem die hessische Landschaft keineswegs nach. Hessen hat mit seinen weit mehr als fünfhundert Burgen und Schlössern, Burg- und Schlossruinen (vorgeschichtliche Anlagen ausgenommen) dem Liebhaber dieser Architektur und Geschichte viel zu bieten. Im Gegensatz zu anderen Bundesländern findet man in Hessen eine im Verhältnis zur Landesgröße hohe Anzahl von Burgruinen vor, was darauf schließen lässt, dass der Burgenbau vom frühen Mittelalter an hier sehr stark ausgeprägt war. Leider sind uns von vielen dieser Bauwerke, mit nur wenigen verbliebenen Relikten, lediglich spärliche Überlieferungen zur Geschichte und der baulichen Beschaffenheit hinterlassen worden und müssen heute durch aufwändige Forschungen der Historiker und anderer Wissenschaftler ermittelt werden. Wer mehr zur Geschichte dieses Bundeslandes erfahren möchte, orientiere sich in der einschlägigen Literatur.

Die Autoren

Die Piktogramme bedeuten

 Schloss

 Schlossruine

 Burg

 Burgruine

 Museum, Veranstaltungen

 Park, Garten

 Hotel, Pension

 Restaurant, Café, Imbiss

Schlösser und Burgen von A–Z

A Adolfseck/Albungen

Burgruine Adolfseck
65307 Adolfseck
Rheingau-Taunus-Kreis

Es kann nur vermutet werden, dass die einstige Wasserburg, deren Reste etwa 2 km nördlich

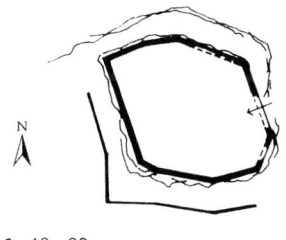

Burgruine Adolfseck, Grundriss

von Bad Schwalbach liegen, ursprünglich Sitz einer Mainzer Vogtei gewesen ist, die Graf Adolf I. von Nassau-Idstein Mitte des 14. Jahrhunderts erneuern ließ. Sie wurde 1356 urkundlich erstmals erwähnt. Der Bergfried war bereits 1612 verfallen, doch die übrigen Gebäude wurden 1654 noch bewohnt. Der Ort und die Burg waren ursprünglich durch einen großen Stauweiher der Aar gesichert, und der Halsgraben bildete ehemals den Aardurchstich. Die ovale Hauptburg mit Resten des Berings stellte sich in der Anlage wohl romanisch dar. Die Vorburg und der Zwinger stammen aus dem 14. Jahrhundert.

Burg Fürstenstein
Burgruine Bilstein
37269 Albungen
Werra-Meißner-Kreis

Nicht ganz 8 km nordwestlich von Eschwege erreicht man Albungen und die **Burg Fürstenstein**, gelegen auf einem Bergsporn hoch über dem Werratal, die vermutlich durch die Grafen von Bilstein entstand und 1264 urkundlich erwähnt wird. Noch vor 1327 ging sie an Hessen, gelangte dann 1344 teilweise und seit 1596 ganz in den Besitz der Diede zum Fürstenstein, deren Geschlecht 1807 ausgestorben ist. Sie stellt sich als unregelmäßige viereckige Hauptburg mit spätgotischem viergeschossigem Wohnturm dar, dessen oberstes Stockwerk in Fachwerk und mit seitlichen Fachwerk-Treppentürmchen gestaltet ist. Östlich befindet sich angrenzend eine kleine spätgotische, flach

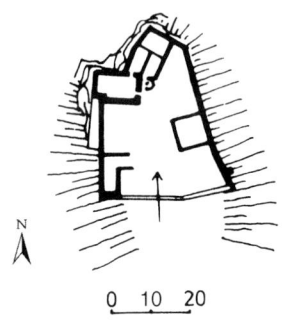

Burgruine Bilstein, Albungen, Grundriss

Allendorf

gedeckte Kapelle mit Portal, die um 1600 errichtet wurde und im Inneren ein farbig gefasstes Epitaph des Dietrich Diede zum Fürstenstein zeigt. Das Burgtor wurde in Fachwerk überbaut. Westlich besteht ein Wirtschaftshof, der in der Tordurchfahrt und an einem Portal des Südflügels die Inschrift 1696 zeigt.

Die **Burg Bilstein**, deren Entstehung auf 1120 zurückgeht, stand westlich des Ortes im Höllental. Sie war Stammsitz der einst bedeutenden, 1301 ausgestorbenen Grafen von Bilstein. Im 14. Jahrhundert ging sie an Hessen und im 16. Jahrhundert, nachdem sie 1530 abgebrochen wurde, war die Burg verfallen. Heute finden wir nur noch geringe Mauerreste.

Burg Fürstenstein, Albungen

Burgruine Landsburg
34613 Allendorf an der Landsburg
Schwalm-Eder-Kreis

Die heute noch wenigen Relikte der einstigen Burg befinden sich auf dem Basaltkegel des Gerstenberges, 2 km nördlich von Schwalmstadt, wobei der Aussichtsturm erst im Jahre 1909 errichtet wurde und weithin sichtbar ist. Hier war ursprünglich eine vorgeschichtliche Befestigung, deren Reste der Steinwälle aus Basaltblöcken noch vorfindbar sind. Graf Johann I. von Ziegenhain errichtete in der Zeit von 1344 bis 1345 eine Trutzburg gegen den mainzischen Jesberg, die im Jahre 1450 an Hessen ging. Landgraf Wilhelm II. überließ seinem Halbbruder Wilhelm, den der Kaiser zum Freiherrn von der Landsburg ernannte, 1509 den Besitz, der jedoch 1544 an Hessen zurückging. Die Burganlage war bereits im 16. Jahrhundert verfallen.

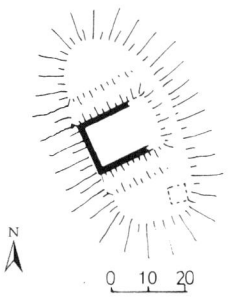

Ruine Landsburg, Allendorf, Grundriss

A Alsbach-Hähnlein

Schloss Alsbach
64665 Alsbach-Hähnlein
Landkreis Darmstadt-Dieburg

In reizvoller landschaftlicher Lage des Weinbaugebietes der Hessischen Bergstraße, zwischen Darmstadt und Bensheim, finden wir oberhalb Alsbach liegend die stattliche Burganlage von 1230. Sie wurde 1251 erstmals erwähnt, ihr Erbauer ist Gottfried von Bickenbach gewesen. 1350 fällt die Burg durch Erbteilung in die Hände mehrerer Erben, von denen hier die Herren von Bickenbach, Kämmerer von Worms, Erbach, Kromberg, Ulner, Rieneck und Wertheim zu nennen sind. Der Erzbischof von Mainz besaß sie zu einem Drittel. Die Vorburg wurde 1371 zur Anlage hinzugefügt, wobei der Zwinger später entstand. Eine Fehde zwischen der Stadt Frankfurt und dem Gauerben Hartmann Ulner 1463 hatte zur Folge, dass Frankfurter Söldner die Burg einnahmen, plünderten und in Brand steckten, doch zwei Jahre später entstand sie erneut. Ab 1483 ist die Burg in den Händen des Erasmus von Erbach. 1504 übernimmt sie Kommandant Ganz von Otzberg in seinen Besitz und von 1527 bis 1533 soll nach der

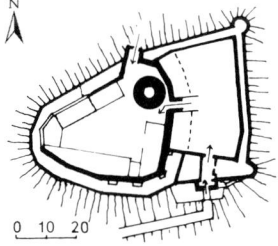

Überlieferung Herzog Ulrich von Württemberg hier gewohnt haben. Im Dreißigjährigen Krieg suchten oft die Bürger von Alsbach hinter den starken Mauern Zuflucht, um den brandschatzenden Horden der Kriegsführenden zu entgehen. Wurde die Burg auch in den Wirren der damaligen Zeit nicht zerstört, so verfiel sie doch allmählich. Der Großherzog von Hessen ließ 1863 die noch verbliebenen Relikte sichern. In den Jahren von 1969 bis 1970 nahm man sich der einst prächtigen Burganlage wieder an und begann mit umfassenden Ausbaumaßnahmen. Heute finden auf dem so genannten Schloss Alsbach zahlreiche Verantaltungen statt.

Schlossruine Alsbach, Grundriss

Schlossruine Alsbach

Altenburg A

Schloss Altenburg
36304 Altenburg
Vogelsbergkreis

Schloss Altenburg

Auf einem nach Norden weisenden Sporn über dem Städtchen Altenburg, unweit südlich von Alsfeld, wurde ein Herrenhaus an Stelle einer früheren Burg errichtet. Sie entstand vermutlich am Anfang des 12. Jahrhunderts durch die Abtei Fulda, die sie zum Schutze ihrer Besitzungen erbaute. Erstmals urkundlich erwähnt wurde die Burg 1178. Aus der Überlieferung ist uns ein Sifidus de Aldinburg 1193 und um 1280 ein Reinhard von Altenburg bekannt. Letzterer war auch Burgmann zu Alsfeld. 1300 verkaufte dieser sein Stammgut an den Landgrafen Heinrich I. von Hessen, erhielt es jedoch als Lehen zurück. Der Verkauf ohne Bewilligung des Abtes hatte vermutlich die Fehde zwischen dem Landgrafen Otto und dem Abt Heinrich zur Folge, woraufhin 1314 die Burg zerstört wurde. 1400 erneuerte Landgraf Ludwig die Anlage. Die Herren auf Altenburg wechselten in der Folgezeit mehrfach. Als der Besitz an die Herren von Riedesel überging, wurde sie erneut in einer Fehde mit der Abtei Fulda zerstört und später wieder erneuert. Im Dreißigjährigen Krieg verwüsteten 1647 niederhessische Truppen das Areal. Die noch verbliebenen Reste der Burg wurden im 18. Jahrhundert abgerissen und ein Herrenhaus im Schlosstyp erbaut. Geringe Mauerreste verweisen noch heute auf die einstige Anlage, und Teile eines Rundturmes sowie von Gebäuden finden wir in den Grundmauern. Aufgrund des Einsturzes eines ehemaligen Turmes 1823 trug man die noch verbliebenen Reste ab, und der Halsgraben wurde verfüllt. Die Anlage ist nicht öffentlich zugänglich und befindet sich noch heute im Besitz der Linie der Freiherren von Riedesel zu Eisenbach.

Burgruine Altenburg
34587 Altenburg
Schwalm-Eder-Kreis

Die Ruine liegt malerisch auf einem aus der Ebene aufsteigen-

A   Altweilnau

Burgruine Altenburg

den Felskegel am Rande des kleinen Örtchens, 2 km südwestlich der Stadt Felsberg, deren Entstehung bis in das 11. Jahrhundert zurückreicht. Im Jahre 1322 ging die Burg an Hessen. Seit 1537 war sie Besitz der Herren von Boyneburg-Lengsfeld. Eingeleitet wurde der Niedergang der Burg in den Jahren 1525 und 1631, indem sie bei kriegerischen Auseinandersetzungen erheblich zerstört wurde. 1764 galt sie als verfallen, worauf 1811 ein Abbruch der Wohngebäude folgte. Die endgültige Vernichtung der Anlage erfolgte durch Artilleriebeschuss 1945. Heute sieht man einen runden Bergfried mit Zinnenkranz von 1388, Teile von Umfassungsmauern und Reste des Rittersaales am oberen Burghof sowie zwei Räume an der rechten Seite des Burgeingangs. Der ehemalige Palas stammt aus dem Jahre 1333.

Burgruine Altweilnau
61276 Altweilnau
Hochtaunuskreis

Die Grafen von Diez, die auch als Grafen von Weilnau genannt wurden, waren die ersten Besitzer der um 1200 angelegten Burg, die erstmalig 1208 erwähnt wurde, deren Reste im Naturpark Hochtaunus ca. 15 km nordwestlich von Bad Homburg v. d. Höhe und 5 km nördlich von Schmitten zu finden sind. Im Jahre 1302 teilte man die Herrschaft in Alt- und Neuweilnau, die 1388 zur Hälfte an Nassau-Dillenburg ging. Nachdem die Burg Anfang des 17. Jahrhunderts teilweise

Burgruine Altweilnau

Amönau/Amöneburg

abgebrochen wurde, galt sie 1631 bereits als verfallen. In diesem Jahr ging der gesamte Besitz Altweilnau an Nassau-Weilburg. Die Burg war eine Ausläuferanlage mit dreieckigem Bering und rundem Bergfried von 8 m Durchmesser, 15 m Höhe und 2,5 m Mauerstärke, in dessen Untergeschoss sich Kuppelgewölbe befanden; sein Zugang lag in 7 m Höhe. In der Burgruine finden zahlreiche kulturelle Veranstaltungen statt.

Rapunzelhäuschen, Amönau

Schloss Amönau
35083 Amönau
Landkreis Marburg-Biedenkopf

Amönau findet man auf halber Strecke zwischen den Städten Biedenkopf und Wetter. Das Schloss ist ein T-förmiger Bau, dessen rückwärtiger, massiver Flügel Ende des 15. Jahrhunderts durch die Herren von Hohenfels am Ortsrand errichtet wurde. Der Hauptflügel entstand in Fachwerk mit Mansarddach und Zwerchgiebel um das Jahr 1800. Die Haustür verweist auf das Jahr 1805. Ein besonders reizvolles Gebäude ist das achteckige Gartenhäuschen (Rapunzelhäuschen) mit seinem Fachwerkobergeschoss. Es entstand von 1615 bis 1616 durch Hedwig von Bodenhausen.

Burgruine Amöneburg
35287 Amöneburg
Landkreis Marburg-Biedenkopf

Ein aus einer Niederung herausragender Basaltkegel östlich von Marburg trägt in der Stadt Amöneburg die Reste der ehemaligen Burganlage. Von Bonifatius wurde 722 hier das erste hessische Kloster gegründet, es bestand bis um das Jahr 1150. Abgeleitet vom alten Namen „Amaha" erhielt der Ort 721 den Namen „Amanaburch", auf dessen höchster Erhebung im 12. Jahrhundert eine Burg vom Erzbistum Mainz erbaut wurde. Diese war Kaiser Friedrich I. ein Dorn im Auge, da Erzbischof Konrad von Mainz den Gegenpapst Alexander III. unterstützt hatte, und er

A Angersbach

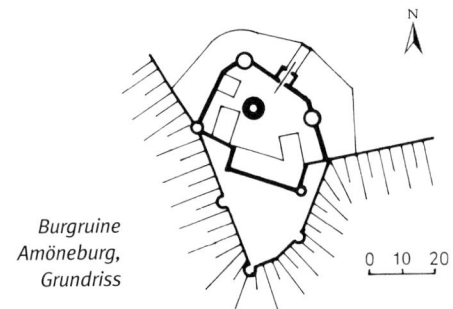

Burgruine Amöneburg, Grundriss

erteilte somit dem Landgrafen Ludwig von Thüringen den Auftrag zu ihrer Zerstörung. Im 13. Jahrhundert wurde sie erneuert und erweitert, diente danach als Festung und militärische Operationsbasis der Mainzer Erzbischöfe gegen Hessen. Im 15. Jahrhundert wurde die Burg weiter ausgebaut. Wie die meisten Orte und ihre Befestigungsanlagen eroberte man auch die Amöneburg im Dreißigjährigen Krieg in wechselhafter Folge und zerstörte sie 1646 durch hessische und schwedische Truppen unter General Wrangel. Obwohl die Burg von 1650 bis 1675 teilweise erneuert wurde, wies sie im Siebenjährigen Krieg einen ruinösen Zustand auf. Französische Truppen besetzten und beschädigten die Anlage 1797 erneut. Das Land Hessen erhielt 1814 die Anlage oder was von ihr noch übrig war. Bis 1837 bewohnte man das Hauptgebäude, das danach wegen Baufälligkeit abgebrochen wurde. Heute findet der Besucher Teile der Ringmauer vor dem Zwinger mit Halbrundtürmen sowie Wände von Gebäuden und einen Keller vor. Ein Turm wurde restauriert. Zur Stadt hin befand sich ein Sperrgraben, der 1815 verfüllt wurde.

Burgruine Wartenberg
36367 Angersbach
Vogelsbergkreis

Die Erbauer der Burg gehörten zu den Ministerialen, also zu dem Teil des Adels, der sich aus dem Stand der Unfreien durch Kriegsdienste zu Pferde, mit Panzer, als Reiter emporgearbeitet hatte und nun eine neue Kaste bildete. Sie benannten sich nach dem Ort, wo sie ihre Burgen bauten, der 20 km nordwestlich von Fulda und nur 3 km vor Lauterbach liegt. So heißt unser Adelsgeschlecht von Angersbach. Der Entwick-

Burgruine Amöneburg

Arnsburg

lung der Zeit folgend errichteten die von Angersbach nach 1200 außerhalb des Dorfes eine neue Burg. Aus Friedrich von Angersbach wurde F. v. Wartenberg. Mitglieder dieser Familie standen als Untervögte der Grafen von Ziegenhain, die das Amt des Klostervogts zu Fulda innehatten, im Dienste. Die Ersterwähnung der Burg ist auf das Jahr 1232 zu datieren. Die im Laufe des 13. Jahrhunderts immer stärker werdenden Gegensätze zwischen den geistlichen Landesfürsten in Fulda und dem Vogt, seinen Untervögten sowie deren Anhang führten zu einer Fehde, in deren Verlauf Abt Bertho II., genannt Fingerhut, 15 Burgen seiner Gegner erstürmen ließ. Darunter war 1265 auch die Burg Wartenberg, die nie mehr aufgebaut werden durfte. Die Familie der Wartenberger Ritter existiert heute nicht mehr, sondern ist in dem Adelsgeschlecht derer von Eisenbach und damit schließlich in dem der Freiherrn Riedesel zu Eisenbach aufgegangen. Baulich bestand die Burg in den Bestandteilen der Kern- und Vorburg, eines Bergfrieds, der Tore der zwei Palasbauten und einer Kapelle, einer Holzbrücke mit Zugangstor und äußerer Ringmauer. Wesentliche Teile wurden in den Jahren 1938 bis 1940 von Karl Maurer freigelegt. Die Ruine der Vorburg wurde 1880 zum größten Teil eingeebnet. Eine Erdrampe führt heute anstelle einer Holzbrücke über den inneren Burggraben zum Haupttor der Kernburg. Unmittelbar dahinter erhebt sich der Stumpf des Bergfrieds, der einst mindestens 21 m hoch gewesen sein soll.

Burgruine Wartenberg, Angersbach

Schloss Arnsburg
35423 Arnsburg
Landkreis Gießen

Das ehemalige Zisterzienserkloster zeigt sich dem Besucher heute teilweise als Ruine, Kriegsgräberstätte und als Solms-Laubachsches Schloss. Konrad II. von Hagen-Arnsburg war es, der 1151 auf einer Anhöhe südwestlich von Arnsburg – zu finden südöstlich von Gießen zwischen Lich und Münzenberg – inmitten eines römischen Kastells das Benediktinerkloster Altenburg stiftete. Konrads Sohn Kuno I., der sich

Asbach

nach seiner neuen Burg von Münzenberg nannte, gründete anstelle der väterlichen Burg Arnsburg im Tal der Wetter, deren Gräben zum Teil in der Nordwestecke des heutigen Klosterbezirkes noch erkennbar sind, 1174 ein Zisterzienserkloster mit Mönchen aus Eberbach. Die endgültige Besiedlung scheint erst 1197 erfolgt zu sein. Im 13. und 14. Jahrhundert erlebte diese Region einen Aufschwung. Nach den Plünderun-

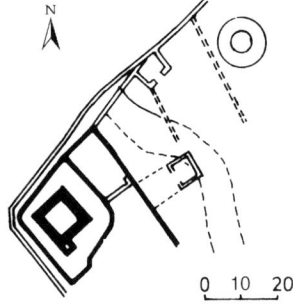

Schloss Arnsburg, Grundriss

gen im Dreißigjährigen Krieg herrschte wie allerorts viel Not und Elend. Einen erneuten Aufschwung gab es erst wieder im 18. Jahrhundert. Bei der Aufhebung des Klosters 1803 fiel der Besitz an das Haus Solms, das einen Teil der barocken Konventsgebäude zum Schloss der Grafen zu Solms-Laubach wandelte. Leider sind die nicht bewohnten Teile, besonders Kirche und Kreuzgang, seit 1812 zum Teil als Steinbruch benutzt worden und verfallen. 1959 wurde im Hof des ehemaligen Kreuzganges ein Kriegstotenfriedhof angelegt. Ab 1958 fanden umfassende Restaurierungsarbeiten besonders im Schlossbereich statt.

Burgruine Milnrode
36251 Asbach
Landkreis Hersfeld-Rotenburg

Die verbliebenen Reste der einstigen Burg sind westlich des Dorfes, das südwestlich an Bad Hersfeld angrenzt, zu finden. Entstanden ist sie im 12. Jahrhundert. Ein Folpertus de Milnrode wird im Jahre 1184 und 1352 ein Eberhard von Mühlenrode genannt. Die Anlage wird später Besitz derer von Buchenau und im 14. Jahrhundert derer von Beiershausen. Als ruinös bezeichnet wird sie seit 1610. Im Jahre 1957 wurde mit Ausgrabungen begonnen und die Grundmauern einer Ober- und einer tiefer liegenden Unterburg festgestellt. Am äußeren Ende des Hofes der Unterburg fand man Reste eines runden Turmes.

Burgruine Milnrode, Asbach, Grundriss

Assenheim

Schloss Assenheim
61194 Assenheim
Wetteraukreis

Dort, wo die Wetter in die Nidda fließt, unweit südöstlich von Friedberg, liegt der Ort Assenheim, in dessen Ortskern das Schloss aus dem 18. und 19. Jahrhundert steht. Hier stand als Vorgängerbau eine Wasserburg aus dem 12. Jahrhundert, umgeben von Gräben, die einst von der Nidda gespeist wurden. Nur wenig ist heute noch von dieser Burg zu erspähen, so einige Reste der Ringmauer, und vermutlich stammt auch der neu eingefasste Brunnen aus dieser Gründungszeit. Im Laufe der Jahrhunderte, beginnend mit Kuno I. von Münzenberg, über Philipp von Falkenstein, Gräfin Anna von Sayn und Dieter von Isenburg-Büdingen, hat die Burg eine lebhafte und interessante Geschichte aufzuweisen. Im 16. Jahrhundert erbauten die Isenburger aus der vorhandenen Anlage ein Schloss, das vermutlich noch Ende des gleichen Jahrhunderts abgebrochen wurde, und Graf Johann Georg von Solms-Rödelheim ließ an der Nordostseite des Geländes 1574 bis 1575 ein neues Schloss als Residenz errichten. Erweitert und verändert

Schloss Assenheim

B Babenhausen

wurde dies im 18. und 19. Jahrhundert, wobei Graf Maximilian zu Solms-Rödelheim 1851 eine Reihe von Gebäuden abbrechen ließ und Gebäude im neugotischen Stil errichtete. Im Schloss befinden sich gute klassizistische Innenausstattungen aus den Jahren 1788 bis 1790 sowie ein großes zweiläufiges Treppenhaus. Die Räumlichkeiten in den Obergeschossen weisen Stuckdecken und Holztäfelungen mit geschnitzten Trophäen von Martin Kraemer auf. Das Mobiliar stammt vorwiegend aus dem 17.–19. Jahrhundert. Im Schlosshof befindet sich ein Ziehbrunnen aus dem Jahre 1798. Zum Schlossbereich zählen weiter der Remisenbau, auch als Maxbau bezeichnet und von 1797 bis 1798 umgebaut, sowie der Amalienhof, eine Biedermeieranlage mit Wohnhaus und Wirtschaftsgebäuden aus der ersten Hälfte des 19. Jahrhunderts. Heinrich Siesmayer gestaltete Mitte des 19. Jahrhunderts den Schlosspark um, der in seinen wesentlichen Elementen heute noch so erhalten ist. Das Schloss befindet sich im Privatbesitz des Erbgrafen zu Solms-Rödelheim-Assenheim und ist für die Öffentlichkeit nicht zugänglich.

Schloss Babenhausen
64832 Babenhausen
Landkreis Darmstadt-Dieburg

Die Stadt ist auf halber Strecke westlich von Aschaffenburg und südwestlich von Dieburg zu erreichen. Eine überlieferte Urkunde aus der Geschichte Babenhausens stammt aus dem Jahre 945, doch der heutige Name wird erstmals 1236 erwähnt, als Cuno III. von Münzenberg seiner Frau Adelheid, Pfalzgräfin von Tübingen, die Wasserburg und ihre Umgebung als Witwensitz zusichert. 1275 ist sie im Besitz der Herren von Hanau. Das Babenhäuser Schloss, in das man heute durch einen dreigeschossigen Pfortenbau auf den viereckigen Innenhof gelangt, ist also einst eine Wasserburg gewesen. Aus dem 15. Jahrhundert stammt die Zwingmauer mit runden Geschütztürmen, die den innersten Graben umgibt. Der Ostflügel mit dem Portal stammt von 1460 und

Schloss Babenhausen

Bad Arolsen

der Südflügel besitzt einen mittleren Treppenturm sowie ein äußeres und inneres Renaissanceportal. Wassergräben, die im 19. Jahrhundert verfüllt wurden, schützten einst die Burg. Das Wasser erhielten die Bewohner der Anlage von den Quellen bei Schlierbach über Holz- und Tonrohre, die auch den Brunnen mit der Hirschgruppe im Schlosshof speisten. Hier stand auch einst ein mächtiger Turm, der im 19. Jahrhundert abgetragen wurde. Die Befestigungs- und Verteidigungsanlagen waren so hervorragend errichtet worden, dass es auch im Dreißigjährigen Krieg nicht gelang, die Burg einzunehmen. Von 1476 bis 1736 residierten im Schloss die Herren von Hanau-Lichtenberg. Später nicht mehr von den Grafen als Residenz genutzt, diente es als Witwensitz. Im 18. Jahrhundert brachte man im Schloss Invaliden unter bzw. nutzte es als Lazarett. Hohen Besuch hatte das alte Gemäuer am 13. Oktober 1702 durch den deutschen Kaiser, der sich mit großem Gefolge und 942 Pferden einquartierte. Landgraf von Hessen-Kassel ließ 1776 im Schloss Soldaten ausbilden und 1818 wurde es Militärstrafanstalt. Zu den prominenten Gefangenen im Schloss Babenhausen zählt unter anderem Rosa Ritter, die Mätresse von Landgraf Wilhelm IX., und Prinz Karl von Hessen-Rothenburg. Von 1891 bis 1899 war das Schloss im Privatbesitz, bis es dann an das Land Hessen überging. Zeitweise war hier ein Altersheim untergebracht.

Residenzschloss Arolsen
34454 Bad Arolsen
Landkreis Waldeck-Frankenberg

Die Stadt Bad Arolsen liegt im Waldecker Bergland und ist Heilbad. Doch Besucher der Stadt kommen in erster Linie wegen der prachtvollen Schlossanlage hierher. „Aroldessen", ein Herrenhof, um 1131 erwähnt, war Sitz eines Klosters – dem seit 1493 so bezeichneten Antoniter-Kloster. Dieses wurde 1529 durch Philipp III. von Waldeck zum Schloss eingerichtet, und er residierte hier. Dieses Jahr wird auch als Jahr der Reformation in Waldeck bezeichnet. 1692 vereinigte Graf Christian Ludwig, nach vielen Jahren Krieges, Intrigen und ständig neuer Teilung der waldeckschen Güter, ganz Waldeck und Pyrmont. Aus den kinderreichen zwei Ehen (14 und 11 Kinder) folgte 1706 der damals älteste Sohn Friedrich Anton Ulrich, nachdem andere in Kriegen gefallen waren, in die Regierung. Seine Entwicklung war fabelhaft. Er besuchte die Ritterakademie zu Wolfenbüttel und befehligte

B Bad Arolsen-Mengeringhausen

Residenzschloss Arolsen

1695 als Oberst ein hessisches Regiment bei der Belagerung von Namur. Später reiste er viel, hielt sich lange in Paris auf und besuchte als Regent 1711 Kaiser Karl VI. 1712 erhielt er von diesem die Reichsfürstenwürde. Unter seiner Herrschaft entstanden die Schlösser Pyrmont und Arolsen. Das bisherige Kloster-Schloss wird 1710 abgebrochen und ein neues, im klaren Barock gegliedertes entsteht. Es entstammt den Plänen des Baudirektors Julius Ludwig Rothweil, der auch im Wesentlichen Schloss Weilburg gestaltete. Gute 100 Jahre wurde am Schloss um- und ausgebaut, bis es das heutige Erscheinungsbild bekam. Zu den repräsentativen Räumen des Schlosses zählen das Treppenhaus, Gartensaal und der Weiße Saal, wovon im Treppenhaus die beiden Deckengemälde Castellis „Kampf der Götter gegen die Giganten" und „Empfang eines jugendlichen Helden (des Fürsten) im Olymp" beachtenswert sind. Hervorragende Gemälde findet man in fast allen Räumen. Im Musikzimmer sehen wir schöne Rokokoarbeiten und ein kolossales Reiterbildnis des Fürsten Carl. Wunderschön ist der Alhambrasaal anzusehen, das Kronprinzenzimmer, der Weiße und Rote Empiresalon und das Blaue Schlafzimmer. Gepflegte Garten- und Parkanlagen laden zu erholsamen Stunden ein.

Burg Mengeringhausen
34454 Bad Arolsen-Mengeringhausen
Landkreis Waldeck-Frankenberg

Südwestlich von Bad Arolsen liegt das Kleinstädtchen Mengeringhausen und an dessen Südrand das Burghaus, eine

Bad Arolsen-Mengeringhausen

ehemalige Wasserburg. Die Grafen von Waldeck verdrängten im 12. Jahrhundert die Grafen von Everstein und wurden 1270 Besitzer der Wasserburg, deren Burgmann Eckbert Spiegel war. Ob die Burg im 14. Jahrhundert von den Waldecker Grafen errichtet oder erneuert wurde, ist nicht bekannt. Erstmals erwähnt wird sie 1385. Im Jahre 1393 wird sie von den Grafen Heinrich und Adolf von Waldeck an die Stadt verpfändet. Sie war Residenz der Waldecker Grafen der Eisenberger Linie. Graf Philipp der III. und seine Gemahlin Anna von Cleve bewohnten im 16. Jahrhundert die Burg, wonach im 17. Jahrhundert die Anlage zeitweise verpachtet war. Bevor 1729 die Landkanzlei nach Arolsen verlegt wurde, hatte sie ihren Sitz von 1678 bis 1728 in hiesiger Burg. Fürst Carl verkaufte diese 1729 an die Stadt, worauf sie 1734 und zuvor bereits 1676 umfassende Rekonstruktions- und Wiederherstellungsarbeiten über sich ergehen lassen musste. Wie viele dieser Bauten wurde auch die Burg in Mengeringhausen durch einen Brand zerstört, aber 1929 noch im gleichen Jahr wieder aufgebaut. Heute finden wir in der Mitte des dreigeschossigen Gebäudes Reste eines Wohnturmes mit angrenzenden Seitenwänden von 1,5 m Stärke, vermutlich von der ersten Burganlage. Der Rest eines Rundturmes und ein Zwischenbau wurden im 17./18. Jahrhundert durch Fachwerk aufgestockt und die einstigen Wassergräben verfüllt. Der verbliebene Teil der Burganlage dient als Hotel mit gastronomischer Einrichtung und lädt zum Verweilen ein.

Burg Mengeringhausen

Bad Hersfeld

Schloss Eichhof
36251 Bad Hersfeld
Landkreis Hersfeld-Rotenburg

Im Fuldatal gelegen, unmittelbar südwestlich an Bad Hersfeld liegend, befindet sich „Das Schloss zu den Eichen", wie es früher genannt wurde. Ursprünglich stellte es eine Wasserburg dar, die als Trutzfeste der Äbte des Klosters Hersfeld gegen die Stadt diente. Eine steinerne Gründungsurkunde besagt, dass Abt Ludwig von Mansbach 1328 mit dem Bau der Wasserburg begonnen hatte und Abt Berthold von Völkershausen diesen 1372 vollendete. Zu dieser Zeit war das Gebäude eingeschossig und von Wassergräben umgeben und nur der hohe Turm blieb über Jahrhunderte erhalten. Die starke Befestigungsanlage war auf die Spannungen zwischen Äbten und Stadt zurückzuführen, die

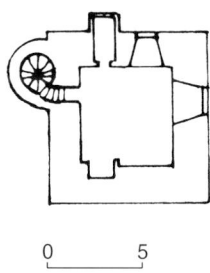

Schloss Eichhof, Bad Hersfeld, Grundriss

sechs Jahre nach der Fertigstellung der Burg auch zum offenen Krieg zwischen beiden Parteien führten. So wollte Abt Berthold von Völkershausen mit Unterstützung eines Ritterbundes in der Vitalisnacht 1378 die Stadt einnehmen, jedoch der Angriff wurde abgewehrt. Im 16. Jahrhundert ließ Abt Ludwig Landau die Burg in ein Jagdschloss umbauen. Das Schloss wurde aufgestockt und erhielt eine prächtige Innenausstattung. Einer der bekanntesten Männer der Geschichte, Martin Luther, weilte hier 1521 als Gast. 1648 wurde Eichhof zu einem weltlichen Fürstentum umgewandelt und fiel dem Landgrafen von Hessen

Schloss Eichhof, Bad Hersfeld

Bad Homburg v. d. Höhe

zu. Viele verschiedene Funktionen hatte das Schloss über die nächsten drei Jahrhunderte inne, bis es dann 1945 an das Land Hessen ging und dieses eine Lehr- und Versuchsanstalt für Grünlandwirtschaft und Futterbau hier unterbrachte. Die Inneneinrichtung wurde entsprechend dem Verwendungszweck völlig verändert.

Schloss Homburg
61348 Bad Homburg v. d. Höhe
Hochtaunuskreis

Die Stadt liegt nördlich von Frankfurt am Main, an die der Naturpark Hochtaunus angrenzt. Von der Vorgängeranlage des heutigen Schlosses haben sich nur der „Weiße Turm" im Schlosshof und der Kellerbereich des ehemaligen Palas erhalten. Landgraf Friedrich II. von Hessen-Homburg hatte wohl mit Sicherheit beim Bau der nach ihm benannten „Friedrichsburg" Reste der älteren Anlage verwandt. Das Geschlecht der Brendel von Homburg dürften die ersten Erbauer einer Burganlage im späteren Mittelalter gewesen sein. Sie waren hier als Lehensträger der Eppsteiner ansässig und das Geschlecht hatte etwa 300 Jahre Homburg zu Lehen, wobei ihre Blütezeit in das 14. und 15. Jahrhundert fiel. 1487 verkauft Graf Gottfried IX. von Eppstein seinen Besitz an den Grafen Philipp von Hanau. Nach dem Tode Philipps des Großmütigen 1577 geht das Schloss an den Landgrafen Philipp von Hessen-Rheinfels über und verbleibt bis zu seinem Ableben 1583 in seinem Besitz. Nach mehrfachem Besitzerwechsel in der Folge nimmt Landgraf Friedrich II., nachdem er durch seine zweite Ehe mit Louise von Kurland zu weiterem, nicht unerheblichem Vermögen gekommen ist, eine dominierende Stellung in Bezug auf die heutige Schlossanlage ein. Er legte den Grundstein 1680 für die heute genannte Friedrichsburg, welches aus einer Bauinschrift am Portal des oberen Schlosshofes hervorgeht. Um das neue Schloss als einheitliches Kunstwerk zu schaffen, mussten das alte Schloss und die Kirche weichen und wurden abgerissen. Doch gibt es auch die

Schloss Homburg

B Bad Homburg v. d. Höhe

Schloss Homburg

Auffassung, dass Teile der älteren Anlage in den Neubau einbezogen wurden. Nach dem Tode Friedrichs II. 1708 übernahm sein Sohn Friedrich III. Jakob den Besitz und plante umfangreiche Veränderungen bzw. Erweiterungen der Anlage, die jedoch größtenteils nicht vollzogen wurden. Erst mit Friedrich VI., der mit Elisabeth, einer Tochter König Georgs III. von Großbritannien, vermählt war, erlebte das Schloss größere bauliche Veränderungen, wie auch unter Landgraf Ludwig. Ferdinand, der letzte Landgraf, starb kinderlos und Schloss Homburg fiel durch Erbvertrag an Hessen-Darmstadt. Doch nach dem Kriege von 1866 bekamen die Hohenzollern das Amt Homburg und nutzten es als Sommerresidenz. Bei einem Besuch mit Rundgang durch das Schloss sind besonders der Königsflügel, Treppenhaus, das Schlafzimmer der Kaiserin sowie ihr Ankleide- und Toilettenzimmer sowie Schreibzimmer zu bewundern. Sehenswert sind weiterhin das Spiegelkabinett, der Gelbe Saal, Speisesaal, Erinnerungszimmer und das Arbeitszimmer des Kaisers Wilhelm II. Im Hirschgangflügel beeindrucken den Besucher der Blaue und Rote Salon sowie der Landgrafensaal, der Bibliotheksflügel, der zu landgräflichen Zeiten 16 000 Bände barg, die jedoch nach 1866 in das Darmstädter Schloss überführt und im Zweiten Weltkrieg vernichtet wurden. Weiterhin finden wir in diesem Bereich noch den Ahnen- oder Bildersaal. Im Englischen Flügel befand sich das Wohnappartement der Landgräfin Elisabeth mit dem Pompejanischen Saal. Das Interieur zeigt Möbel, Porzellan, Uhren, Gläser und graphische Blätter. Das Wahrzeichen des Schlosses ist der Weiße Turm aus dem 14. Jahrhundert mit einem Durchmesser von 10 Metern. Ruhe und Entspannung findet man im Schlossgarten mit seiner Teichanlage. Gräfin Elisabeth ließ 1822 an der Schlossterrasse Zedern pflanzen, die sich heute prachtvoll in den Bereich einfügen. Die in dem einst weitläufigen Park stehenden Monumente, Ermitagen und Tempel sind im Laufe der Zeit verloren gegangen. Schöpfer der Parkanlage war Landgraf Friedrich V.

Bad König/Bad Schwalbach

Altes und Neues Schloss
64732 Bad König
Odenwaldkreis

Nur wenige Kilometer nördlich von Michelstadt, am Naturpark Bergstraße, liegt das Städtchen Bad König mit seinen beiden Schlössern. Eines der ältesten Gebäude der Stadt ist das **Alte Schloss** mit seinem romanischen Torbogen und der Barockmalerei mit Vasen, Schnecken, Bändern und Muscheln an der Außenfassade. Es entstand 1559 durch den Grafen Georg I. von Erbach-Erbach. Zu dieser Zeit war es Teil einer gewaltigen wehrhaften Anlage. Im 18. Jahrhundert wurde das gesamte Areal erneuert und bekam seine heutige Gestalt. Von 1989 bis 1993 wurde das Schloss grundlegend saniert und Verwaltungsbereiche des Ortes und ein Heimatmuseum darin untergebracht. Hier bekommen die Besucher einen Einblick in eine Vielzahl von Handwerksberufen damaliger Zeit. Das **Neue Schloss**, nach seinem Erbauer auch Graf-Christians-Bau genannt, entstand 1793 nach Plänen des Baumeisters Johann Becker und des russischen Kollegienrats von Kankrin. In den Jahren 1899 und 1900 bekam es im Innen- und Außenbereich eine Umgestaltung durch den Grafen Gustav und nochmals 1911 durch den Fürsten Alexander.

Anfangs war das Schloss Regierungs- und Kammergebäude und danach Residenz des erbprinzlichen Paares.

Rotenburger Schlösschen
65307 Bad Schwalbach
Rheingau-Taunus-Kreis

Bad Schwalbach liegt am Naturpark Rhein-Taunus, 6 km westlich von Taunusstein. Heute sind im Rotenburger Schlösschen ein Amtsgericht und Katasteramt untergebracht. Das Schloss wurde 1602 für Landgraf Moritz von Hessen erbaut und vermutlich 1610 vollendet. Seit 1729 galt es als Amtsschloss und war Sitz des Amtes Hohenstein. Der Hauptbau des Schlösschens mit Fachwerkobergeschoss besitzt ein hohes Satteldach und an der Hofseite einen offenen Laubengang mit Holzstützen. Im hinte-

Rotenburger Schlösschen, Bad Schwalbach

Bad Soden / Bad Soden-Salmünster

ren Bereich umschließen ehemalige Wirtschaftsbauten mit Fachwerk einen schönen romantischen Innenhof.

Paulinenschlösschen
65812 Bad Soden am Taunus
Main-Taunus-Kreis

Das Paulinenschlösschen ist heute ein Bestandteil der Kureinrichtungen und seit 1949 ein kleines Kurhaus. Zu finden ist es in der gepflegten Parkanlage des Städtchens, das wiederum nordwestlich von Frankfurt am Main liegt. Erbaut wurde es 1840 und ist ursprünglich Sommersitz der Herzogin Pauline von Nassau gewesen. Ab 1855 war es im Besitz von Dr. Georg Thilenius und ging 1909 an die Stadt Bad Soden. Bis 1950 fungierte das Schlösschen als Rathaus und darauf wurde es ein Restaurant. In den Jahren 1988–1990 wurde es restauriert. 1852 weilten hier als Kurgäste König Wilhelm I. von Württemberg sowie Hedwig und Johanna von Bismarck und in den Jahren 1856 und 1892 Helmut Graf von Moltke. Heute dient das Paulinenschlösschen als Bürgerbüro und Sitz des Magistrats der Stadt. Der weitläufige gepflegte Park gibt den hier befindlichen Bauten eine schöne Umrahmung.

Burgruine Stolzenberg Huttenschloss
63628 Bad Soden-Salmünster
Main-Kinzig-Kreis

Beide Bauten stehen am Rande des Ortsteils Bad Soden in unmittelbarer Nachbarschaft an einem Berghang. Das Städtchen liegt an der A 66 auf halber Strecke zwischen Gelnhausen und Schlüchtern. Die **Burg Stolzenberg** wurde von Fulda zum Schutze der Saline angelegt und 1252 erstmals nachweislich genannt. Diese Benennung ist auf die Zeit bezogen, als die Burg zerstört und ihr Wiederaufbau eingeleitet wurde. So ist zu schlussfolgern, dass die Anlage bereits wesentlich früher erbaut wurde. Seit dem 16. Jahrhundert gilt sie als verfallen. Ihre bauliche Struktur lässt auf eine Ausläuferanlage mit dreifachem

Paulinenschlösschen, Bad Soden

Bad Vilbel

Wasserburg Vilbel
61118 Bad Vilbel
Wetteraukreis

Die Burg, die sich in der Stadt Bad Vilbel nördlich von Frankfurt am Main befindet, war Sitz der ehemaligen Reichsdienstmannen der Ritter von Vilbel, die bereits von 1128 bis 1540 nachgewiesen sind. Im Jahre 1399 wurde in einer Fehde die Anlage zerstört und 1414 unter Werner von Falkenstein, Erzbischof von Trier, wieder aufgebaut. In den Koalitionskriegen 1796 zerstörte durch Brandlegung General Kleber endgültig die Burg. Die ältesten Bauteile stammen aus dem 12. und 13. Jahrhundert. Sie stellt eine viereckige Anlage mit Wassergraben, im Wesentlichen aus der ersten Hälfte 15. Jahrhunderts, dar. Die Ringmauer besteht aus großen Sandsteinquadern und ist mit Schlüsselscharten versehen. An der Nordseite finden wir ein spitz-

Huttenschloss, Bad Soden-Salmünster

Wall- und Grabenschutz an der Angriffsseite und einen hohen runden Bergfried schließen. Vorzufinden sind noch Reste des Bergfrieds und einer Ringmauer. Am Fuße des Berges unterhalb der Burgruine steht das in neuen Putz gekleidete **Huttenschloss**. Es wurde 1536 für Lukas von Hutten erbaut und ist ein zweigeschossiger Steinbau mit Staffelgiebel, Treppenturm und mehrgeschossigem Erkervorbau. Im Innern bestehen Reste von Stuckdecken. Der Marstall entstand 1599. Im Jahre 1698 bekam das Schloss eine Veränderung und 1902 eine Restaurierung und Ummauerung. Zeitweise werden im Schloss, das als Amtsgericht genutzt wird, Ausstellungen zu verschiedenen Anlässen gezeigt und es finden Festspiele im Schlosshof statt.

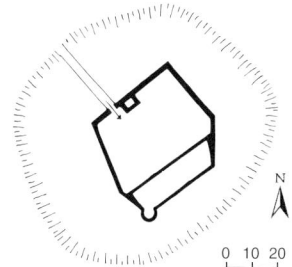

Wasserburg Vilbel, Grundriss

Bad Wildungen

bogiges Tor mit dem Wappen des Werner von Falkenstein und daneben einen im Kern wohl älteren Torturm. Der Palas befindet sich an der Südfront und zeigt einen längsrechteckigen Grundriss. Er stammt aus dem Jahre 1414 und besitzt einen hohen, gewölbten Keller. Die Mauerreste ziehen sich bis zum Obergeschoss, dessen Fenster 1539 verändert wurden. Ein runder Treppenturm steht in der Mitte der Hoffront, an deren Südwestecke ein weiterer runder Turm steht.

Von 1958 bis 1965 begann man mit Sicherungsmaßnahmen und seit 1959 ist die Burg Brunnen- und Heimatmuseum. In der Zeit von Juni bis August finden hier Festspiele mit Theateraufführungen und Buchlesungen statt.

Schloss Friedrichstein
34537 Bad Wildungen
Landkreis Waldeck-Frankenberg

Das angenehm anmutende Kurstädtchen im Wildunger Bergland liegt etwa in der Mitte des Dreiecks von Waldeck und Fritzlar, dessen Schloss sich im Ort befindet. Im Jahre 1663 wurde an Stelle der mittelalterlichen, einer ursprünglich thüringischen, später waldeckschen Burg, ein barocker Neubau für Graf Josias II. von Waldeck begonnen. Ursprünglich geplant war nach französischen Vorbildern ein großer, dreieckiger Gebäudekomplex mit zwei langen Flügeln, dessen weiterer kleiner Flügel die Verbindung herstellen sollte. Ein monumentaler Kuppelbau sollte im Schnittpunkt der beiden Längsflügel entstehen. Das Ableben des Grafen 1669 unterbrach das Vorhaben, und nur der westliche Längsflügel, der heutige Hauptbau, wurde bis 1678 unter Emanuel Brand aus Mengeringhausen fertig gestellt. Unter Fürst Anton Ulrich entstanden die bei-

Wasserburg Vilbel

Battenberg

den kleineren Seitenflügel von 1707 bis 1714. An der nordwestlichen Ecke steht der mächtige, im Kern mittelalterliche Rundturm mit Haube und Laterne. Sehenswert ist das Portal mit Giebel und Wappen, um 1665 von Bildhauer Rudolf Kippenhahn, der auch das schöne Treppenhaus aus drei Läufen auf Sandsteinpfeilern gestaltete. Besuchern eröffnet sich im Innern eine kunstvolle schöne Einrichtung. In einigen Räumen des Obergeschosses finden wir Stuckdecken, die in den Jahren um 1715–1719 von Andreas Gallasini mit Deckengemälden von Carlo Ludovico Castelli gestaltet wurden. Rokokodekorationen aus der Zeit 1751 und 1757 von Markus Christoph Krau sowie einige Supraporten vom Ende des 18. Jahrhunderts von Johann Valentin Tischbein geben dem Interieur eine geschmackvolle Note. Im Südflügel liegt der große Festsaal mit Stuckaturen von A. Gallasini und einem großen Deckenbild von C. L. Castelli. Das Schloss wird als Museum der Staatlichen Kunstsammlung genutzt. Bemerkenswerte Bereiche für den Besucher sind das Waldeck'sche Kabinett, die Militär- und Jagdabteilung, ein Café im historischen Barocksaal und die Sonnenterrasse mit herrlichem Fernblick. Gelegentlich finden im Schloss Konzerte und Sonderveranstaltungen statt.

Schloss Friedrichstein, Bad Wildungen

Stadtburg, Kellerburg und Schloss Battenberg
35088 Battenberg
Landkreis Waldeck-Frankenberg

Battenberg, am Burgwald zwischen Bad Berleburg und Frankenberg gelegen, kann auf drei historische Bauten verweisen. Aus einer vermutlich frühmittelalterlichen Spornanlage entstand die ehemalige Stadtburg, auch Schloss genannt. 1779 wurden die Gebäude abgetragen und zum Vorschein kamen beim 1980 abgebrochenen Pfarrhaus Mauerwerk und Keller der einstigen Vorburg. Ein Fachwerkbau von 1800 ist erhalten geblieben.
Auf einem Sporn des Kellerberges über dem Edertal überragen die Reste der einstigen Burg der Bat-

Beberbeck

Schloss Battenberg

tenberger Grafen die malerische Stadt. Sie wurde vermutlich Anfang des 12. Jahrhunderts durch den Grafen von Holenlint erbaut. Anfang des 13. Jahrhunderts errichteten die Battenberger die höher gelegene Kellerburg, und die alte Anlage wurde zur Vorburg. Ab 1583 verfielen beide Anlagen und 1779 wurden die Gebäude abgebrochen. Heute sind von der Kellerburg noch der Graben und Reste des Berings um den runden Bergfried erhalten geblieben.

Das Schloss, die so genannte Neuburg, wurde 1732 als hessisch-darmstädtisches Jagdschloss errichtet. Es stellt einen schlichten Barockbau mit einer Freitreppe und einem Walmdach dar. Das Schloss besitzt hohe gewölbte Keller und im Erdgeschoss einen kleinen Saal mit einfacher Stuckdecke. An den Bau schließt sich ein Terrassengarten an. Genutzt wird das Schloss als Amtsgericht und Forstmeisteramt.

Jagdschloss u. Sababurg
34369 Beberbeck
Landkreis Kassel

Das ehemalige **Jagdschloss**, das am Rande des Ortes steht, der wiederum nordöstlich von Hofgeismar an der Straße der Weserrenaissance liegt, wird als Pflegeheim der Diakonie genutzt, das Gestüt steht leer. Das Schloss war ursprünglich ein Hofgut des Klosters Lippoldsberg, welches 1527 an die Landgrafen von Hessen ging. Im Jahre 1724 verlegte man von der Sababurg das landgräfliche Pferdegestüt hierher. Bauliche Erweiterungen wurden von 1748 bis 1751 vorgenommen und 1826 bis 1829 entstand ein großzügiger Neubau unter Kurfürst Wilhelm II. durch Daniel Engelhard. Es bildet eine weitläufige, regelmäßige Anlage mit um drei Hofräume gruppierten, ein- bis dreige-

Beberbeck

schossigen Gebäuden. Westlich davon finden wir einen parkartig gestalteten Hofraum mit Springbrunnen. Daran schließt das Kurfürstliche Jagdschloss von 1829, ein gestreckter klassizistischer Bau mit niedrigeren Seitenflügeln, an. Es besitzt eine Freitreppe und einen Mittelrisalit mit Dreiecksgiebel. Im Innern befindet sich ein großer runder Kuppelsaal. Eine gemalte Kassettendecke sowie die Deckenmalerei im Treppenhaus wurden 1938 erneuert.

Die **Sababurg**, auch „Zapfenburg" genannt, steht auf einer Anhöhe des Reinhardswaldes ca. 3 km östlich von Beberbeck und zeigt sich teilweise als Ruine. Sie wurde um 1300 vom Erzbistum Mainz erbaut und 1334 erneuert. Seit 1354 war sie teilweise und seit 1429 vollkommen im hessischen Besitz, worauf sie kurz danach verfiel und 1455 als wüst bezeichnet wurde. Ab 1490 ließ Landgraf Wilhelm II. die Burg

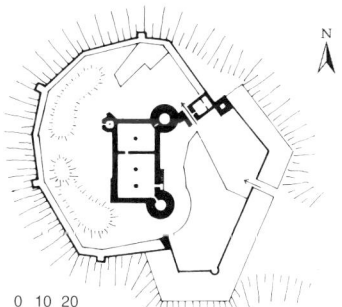

Sababurg, Beberbeck, Grundriss

als Jagdschloss ausbauen, sie war später Lieblingsaufenthalt von Landgraf Philipp dem Großmütigen. Weitere Zerstörungen erlitt das Schloss 1628 durch kaiserliche Truppen. Seit Ende des 18. Jahrhunderts gilt die Anlage als verfallen und wurde 1826 teilweise abgebrochen. Das ehemalige Kanzleigebäude baute man 1959/60 als Gaststätte aus. Die Sababurg ist eine Gipfelanlage mit Resten von trockenen Gräben. Die spätgotische Ringmauer mit ihren Flankentürmen ist im Wesentlichen noch erhalten. Der

Jagdschloss, Beberbeck

B Beilstein

Sababurg, Beberbeck

Schlossruine Beilstein, Grundriss

Schlossruine Beilstein
35753 Beilstein
Lahn-Dill-Kreis

Beilstein liegt ca. 15 km südlich von Herborn und ist nur wenige Kilometer westlich von Greifenstein entfernt. Im Jahre 1129 wurden erstmalig die Herren von Beilstein genannt, die ursprünglich Besitzer der Anlage waren. Nach 1229 ging diese an die Grafen von Nassau. In der ersten Hälfte des 14. Jahrhunderts bekam die Burg einen größeren Neubau und von 1607 bis 1612 baute man sie als Residenz aus. Im 18. Jahrhundert begann die Anlage zu verfallen, sie wurde ab 1812 als Abbruchmaterial verkauft. Die bauliche Beschaffenheit zeigt eine Ausläuferanlage, an deren Hangseite sich ein tiefer Halsgraben zum Schutz befand, der heute teilweise noch erhalten ist. Der große, rechteckige Palas, heute Ruine aus der ersten Hälfte des 14. Jahrhunderts, be-

große, zweigeschossige Palas aus dem 14. Jahrhundert zeigt sich heute nur noch als Ruine. Zwei mächtige Eckrundtürme, um 1490 errichtet, mit Schießscharten und barocken Hauben von 1644, treten dominant hervor. An der Westecke steht der ehemalige Kanzleibau mit Tordurchfahrt aus dem 16. Jahrhundert. Der angrenzende Tiergarten, in dem heute Bisons weiden, wurde unter Landgraf Wilhelm IV. 1571 angelegt und 1589–1591 mit einer noch heute erhaltenen hohen Mauer umgeben.

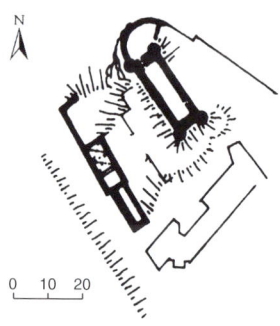

Bellersheim/Bensheim-Auerbach

saß an den vier Ecken kleine runde, gemauerte Verstärkungstürme. An der südwestlichen Ringmauer bestehen noch Ruinen zweier Nebengebäude und im Südosten jenseits des Halsgrabens befand sich die ehemalige Vorburg. Sie zeigt heute ein stark zerstörtes Wirtschaftsgebäude, wohl um 1610 errichtet, und ein großes, verwahrlostes Torhaus aus der gleichen Zeit. Es stellt einen zweigeschossigen Bau mit Tordurchfahrt und Zwerchhäusern dar.

Ober-, Mittel- und Unterburg

35410 Bellersheim
Landkreis Gießen

Bellersheim findet man östlich von Münzenberg in Richtung Hungen auf halber Strecke. Der im 16. Jahrhundert Riedesel'sche Besitz hatte im Ort drei befestigte Höfe. Die **Oberburg** war Besitz des Fürsten von Braunfels und zeigt sich als geschlossene, ummauerte Hofanlage. Das alte Herrenhaus wurde 1944 zerstört und der Wirtschaftsbau besitzt zwei offene Arkaden und eine eingebaute Spindeltreppe von 1607. Die **Mittelburg** wird heute als Schule genutzt und entstand 1390. Doch 1590 wurde ein Neubau mit quadratischem Treppenturm errichtet. Mit der Einrichtung der Schule 1878 erfuhr die Anlage starke Veränderungen. Das heutige Hofgut war einst die **Unterburg** und ist ein einfaches Herrenhaus von 1836, dessen hoher Keller aus dem Jahre 1593 stammt. Der Hinweis auf den Riedesel'schen Besitz ist am Wappen des Wirtschaftsgebäudes von 1599 sichtbar.

Schloss Auerbach

64625 Bensheim-Auerbach
Landkreis Bergstraße

Hoch oben auf dem Berge über dem Örtchen Auerbach, das übergangslos an die Stadt Bensheim angrenzt, ragen weithin sichtbar zwei gewaltige Türme in das Land. Hier ließ im 13. Jahrhundert als mächtige Wehrburg auf dem Urberge Landgraf von Katzenelnbogen das Auerbacher Schloss errichten. Die auch als Hochburg bezeichnete Anla-

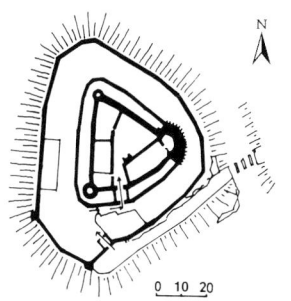

Auerbacher Schloss, Bensheim-Auerbach, Grundriss

B Bensheim-Schönberg

Auerbacher Schloss, Bensheim-Auerbach

ge wurde im 14. Jahrhundert umfangreich neu gebaut bzw. erweitert und erhielt weitgehend ihr heutiges Aussehen. Graf Philipp der Ältere von Katzenelnbogen verlor sehr bald seine beiden Söhne, sodass ihm als Erbin nur seine Tochter Anna verblieb, die dem Landgrafen Heinrich III. von Hessen angetraut wurde. Somit fiel das umfangreiche Erbe nach dem Tode Graf Philipps 1479 an den Landgrafen von Hessen. In der Zeit der Regentschaft des hessischen Landgrafen in Darmstadt verwalteten Amtmänner bzw. Burggrafen den Besitz. Als Marschall Turenne 1674 gegen Ludwig XIV. in den Reichskrieg zog und den Rhein herunter gegen die Niederlande marschierte, fiel dieser mit seinem Heer in das Gebiet an der Bergstraße ein. Die Bewohner von Auerbach, Hochstätten und Balkhausen suchten vergebens Schutz in der Burg. Durch einen unterirdischen Gang gelang es einer Gruppe Bergschotten, die in französischem Dienst stand, in den Schlosshof einzudringen. Sie massakrierten oder verjagten die Verteidiger, plünderten und zerstörten die Gebäude. Das Schicksal der stolzen Burg war besiegelt, denn seitdem war die Anlage verwaist und zerfiel. Der nördliche Turm stürzte 1820 ein und wurde erst nach 30 Jahren wieder aufgebaut. Später widmete sich der Großherzog dem Schloss und ab 1903 nahm sich die hessische Landesregierung im Rahmen der Denkmalpflege der Burganlage an. Heute ist mit seiner gastronomischen Einrichtung und den jährlichen Ritterspielen Schloss Auerbach ein beliebtes Ausflugsziel.

Schloss Schönberg
64625 Bensheim-Schönberg
Landkreis Bergstraße

Das mit weißer Fassade gestaltete Schloss aus dem 17. Jahrhundert überragt den 1939 eingemeindeten Ort Schönberg, der nordöstlich von Bensheim im Lauterbachtal liegt. Auf diesem steilen Sporn stand im 12. Jahrhundert eine Burg, von der heute nur noch

Bergheim B

wenige Reste sichtbar sind. Der zu dieser Zeit bestehende Halsgraben wurde 1612 verfüllt und der untere Teil des nördlichen Turmes sowie Kellerbereiche stammen noch aus dem 13./14. Jahrhundert. Von 1616 bis 1634 wurde unter Verwendung älterer Bauteile das zweistöckige Hauptgebäude errichtet und 1840/50 mehrfach verändert wie auch der Nordflügel und die Kaplanei aus dem 16./17. Jahrhundert. Bereits im 13. Jahrhundert war die Anlage im Besitz der Pfalzgrafen, denn 1223 erschien sie unter pfälzischem Lehen der Schenken von Erbach, die vermutlich hier 1230 eine Burg zur Kontrolle der alten Straße Worms–Würzburg errichten hatten, die jedoch erst 1303 urkundlich genannt wurde. Im pfälzisch-bayrischen Erbfolgekrieg wurde Landgraf Wilhelm II. von Hessen als Vollstrecker der Reichsacht gegen den Pfalzgrafen eingesetzt und in Verbindung mit den Erbachern eroberten und zerstörten hessische Truppen Schönberg. Als hessisches Lehen ging die Burg 1510 an Erbach zurück und blieb so bis 1848 bestehen. Im Dreißigjährigen Krieg plünderten Spanier 1621/22 die Burg und nach dem Tode des Grafen Georg Albrecht II. von Erbach 1717 wurde der Besitz dreigeteilt. Graf Georg August gründete die Linie Erbach-Schönberg und im 17. sowie 19. Jahrhundert erfolgten umfassende bauliche Veränderungen. Graf Gustav von Erbach-Schönberg, verheiratet mit Prinzessin Marie aus dem Hause Hessen-Darmstadt, wurde 1903 in den Fürstenstand erhoben. Nach dem Zweiten Weltkrieg diente das Schloss als Altersheim und 1957 wurde es an die Ruhrknappschaft verkauft. Heute ist es Bildungsstätte der Bundesknappschaft. Für die Öffentlichkeit sind Schloss und Park Schönberg nur äußerlich zugänglich.

Schloss Schönberg, Bensheim-Schönberg

Schloss Bergheim
34549 Bergheim
Landkreis Waldeck-Frankenberg

Im schönen Edertal, nördlich von Bad Wildungen, liegt das Städtchen Bergheim.
Das im Ort stehende Schloss war im Besitz der Grafen von

B Biedenkopf

Burg Biedenkopf
35216 Biedenkopf
Landkreis Marburg-Biedenkopf

Um 1180 entstand in Biedenkopf, im westlichen Teil Hessens nahe der nordrhein-westfälischen Landesgrenze gelegen, eine Burg, de-

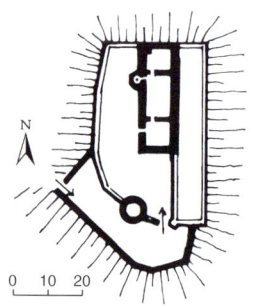

ren urkundliche Erwähnung 1296 bezeugt wird. Historische Recherchen weisen darauf hin, dass diese vermutlich zur Grenzsicherung von hessen-thüringischen Landgrafen errichtet wurde und nach ihrer Fertigstellung etwa das Dreifache ihrer heutigen Größe hatte. Erhalten ist noch der Bergfried. Die beiden Landgrafen Otto I. und Heinrich II. der Eiserne nutzten in der Folge die Burg. 1360 erfolgten ein Ausbau und eine Erweiterung der Anlage. Aus dieser Zeit stammt der Palas. Als 1455 Ludwig I. (der Friedsame) Besitzer der Burg war, erließ dieser die hessische Gerichtsordnung, und im

Waldeck-Bergheim, die hier bereits 1669 einen mittelalterlichen Burgsitz hatten. Der Schlossneubau wurde für den Grafen Christian Ludwig von Waldeck gebaut und ist seit 1710 Sitz der Linie Waldeck-Bergheim. 1785/86 erfolgte ein großer Um- und Erweiterungsbau durch Simon Louis du Ry. Der Wirtschaftsflügel aus dem 17. Jahrhundert längs der Hauptstraße mit Tordurchfahrt blieb erhalten. Das lang gestreckte frühklassizistische Herrenhaus ist mit flachen Seitenrisaliten und einem mit Dreieckgiebel bekrönten Mittelrisalit gestaltet. Die Freitreppe stammt von 1839. Im Innern befanden sich einige Fürstenbildnisse, vorwiegend aus dem 18., und wertvolle Möbel des 17. und 18. Jahrhunderts. Das Schloss wird zu Wohnzwecken genutzt.

Burg Biedenkopf, Grundriss

Burg Biedenkopf

Bingenheim B

gleichen Jahr begannen an der Burg Baumaßnahmen, wodurch als Erstes das Palasgebäude errichtet und 1483 fertig gestellt wurde. Bis zum Jahre 1520 besteht eine Lücke in den Nachforschungen bezüglich ihrer Nutzung, denn erst ab diesem Jahr ist bekannt, dass die Burg bis etwa 1579 leer stand. Von diesem Jahr ab wurde sie bis 1842 als herrschaftlicher Fruchtspeicher genutzt. Ein Jahr später begann man mit Erhaltungsmaßnahmen, indem der Bergfried und die Ringmauern erneuert und Zinnen aufgebracht wurden. 1847 erneuerte man die Burg im Zeitgeschmack. Der Bergfried zeigt eine stattliche Höhe von 18 m und sein Zugang ist erst in 7,5 m Höhe zu erreichen. Die Gründung eines Heimatmuseums im Palasgebäude des Jahres 1908 durch den Geschichtsverein ermöglichte den Besuch der Burg für die Öffentlichkeit. Eine umfassende Sanierung des historisch bedeutsamen Gebäudes wurde in den Jahren 1989–1993 vollzogen.

Wasserburg Bingenheim
61209 Bingenheim
Wetteraukreis

Keine 10 km östlich von Bad Nauheim und Friedberg erreicht man den Ort Bingenheim und somit

Wasserburg Bingenheim

auch die ehemalige Wasserburg, die heute als Heim für pflegebedürftige Menschen dient und erstmals 1064 erwähnt wurde. Sie war ursprünglich Fuldaer und seit 1570 hessischer Besitz. Baulich stellt sie eine regelmäßige rechteckige Anlage dar, deren Gräben größtenteils erhalten geblieben sind. Vom Ende des 15. Jahrhunderts stammt die zinnenbekrönte Ringmauer der Vorburg mit ihren zwei runden Ecktürmen. Die steinerne Brücke wurde 1729 errichtet. Helfrich Müller aus Gießen hat im Bereich der Vorburg das ehemalige Amtshaus in Fachwerk sowie den einstigen Fruchtspeicher aus dem Jahre 1723 erbauen lassen. Im 15. Jahrhundert entstand der so genannte Hohe Bau in der Hauptburg, ein mächtiger, viergeschossiger Wohnturm mit vier erkerartigen Ecktürmchen von

B Birkenau/Birstein

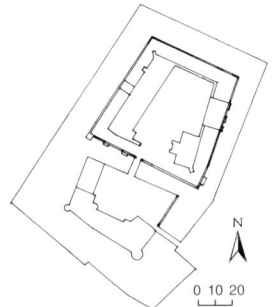

Wasserburg Bingenheim, Grundriss

1679, nebenan der ehemalige Küchenbau mit Mansarddach aus der ersten Hälfte des 18. Jahrhunderts. Das einstige Hessen-Bingenheim'sche Schloss ist im Kern spätgotisch und wurde 1675 von Landgraf Wilhelm Christoph erneuert. Bedauerlicherweise wurde zwischen „Langem Bau" und Küchenkomplex 1962 ein Neubau eingezogen, der das Ursprungsbild stark verändert.

Schloss Birkenau
69488 Birkenau
Landkreis Bergstraße

Unweit von Weinheim, nahe der A 5 und der Landesgrenze zu Baden-Württemberg, findet man das Kleinstädtchen Birkenau. Das Schloss war Sitz der Freiherren Wambolt von Umstadt und wurde 1771 von Obrist Schwartz erbaut sowie 1860 umfassend restauriert. Der Barockbau ist ein stattliches Objekt mit Mansarddach und flach vortretenden Mittelrisaliten an Längs- und Schmalseiten. Im Schlossbereich befindet sich weiterhin ein barockisierender Remisenbau von 1873. Friedrich Ludwig von Sckell hat den Park 1789 im englischen Stil umgestaltet. Für Besucher ist das Schloss nicht zugänglich, der Park lädt jedoch zu erholsamem Verweilen ein.

Schloss Birstein
63633 Birstein
Main-Kinzig-Kreis

Im Osten des Bundeslandes Hessen finden wir Birstein, gelegen auf etwa halber Strecke zwischen Wächtersbach und Gedern bzw. südlich des Vogelberges im Oberland, auf einem steil abfallenden Bergrücken, an dessen Fuße sich zwei Bäche vereinen. Hier stand vormals eine mittelalterliche Burg. 1733 entstanden der heutige Archivbau mit Tor sowie das barocke „Neue Schloss", das mehrfachen Veränderungen unterlag. Letzteres wurde von 1763 bis 1768 gebaut. Die alte Kernburg befindet sich im hinteren Bereich und wurde im 16. Jahrhundert im Renaissancestil durch Hans Ecke umgestaltet. Der verbliebene Rest des Bergfriedes so-

Birstein

wie weitere Teile der Anlage stammen teils aus dem 13. und 14. Jahrhundert. Ein tiefer Halsgraben, der vom Hang abgetrennt war, umgab ursprünglich den Bereich. Später wurden hier Gewölbekeller eingebaut. Die seit dem 8. Jahrhundert herrschende Abtei Fulda besaß große Ländereien und hatte vermutlich zu deren Sicherung im 13. Jahrhundert die Burg „Birsenstein" errichten lassen. Urkundlich ist sie 1279 nachgewiesen als fuldisches Lehen der Herren von Trimberg. Es ist auch anzunehmen, dass Konrad von Trimberg den Besitz seiner Schwester Luitgart, die mit dem Grafen Heinrich von Weilnau verheiratet war, als Heiratsgut eingeräumt hatte. Diese veräußerte ihren Besitz 1292 mit Genehmigung des Abtes Luckhard von Fulda je zur Hälfte an ihren Enkel Heinrich von Weilnau und Graf Ulrich von Hanau. Letzteren Anteil erwarb 1332 Heinrich II. von Isenburg-Büdingen durch die Heirat mit Adelheid von Hanau. Den Alleinbesitz erlangten die Isenburger 1457 durch Kauf. Als Graf Ludwig II. von Isenburg-Büdingen verstarb, kam es bei seinen drei Söhnen zu Erbstreitigkeiten. Der schlossartige Ausbau der Burg begann unter der Linie des Grafen Johann um 1517 und das Schloss wurde Residenz. Als die Linie Isenburg-Birstein 1477 in den Fürstenstand erhoben wurde, erfolgte unter Fürst Wolfgang-Ernst II. der Bau des neuen Schlosses. In der Zeit von 1806 bis 1816 war Birstein Mittelpunkt des Fürstentums Isenburg. Hessen-Kassel erhielt die Herrschaft nach der Aufteilung im Wiener Kongress. Noch heute gehört das Schloss der fürstlichen Familie Isenburg-Birstein und wird von ihnen bewohnt. Es ist daher für die Öffentlichkeit, mit Ausnahme des großen Parks und bei besonderen Veranstaltungen, nicht zugänglich.

Schloss Birstein

Borken-Dillich/Braunfels

Schloss Dillich
34582 Borken-Dillich
Schwalm-Eder-Kreis

Oben: Schloss Dillich, Borken-Dillich

Unten: Schloss Braunfels

Wie auch die Burg Lichtenfels gehörte diese Burg, gelegen wenige Kilometer südlich des Borkener Sees und ca. 10 km nördlich von Schwalmstadt, ebenso den Herren von Dalwigk. Sie ist ein massiver Rechteckbau aus der Zeit von 1575 bis 1591, im Kern vielleicht mittelalterlich, mit einem polygonalen Treppenturm. Die Burg wurde 1906 außen und innen in historisierender Form völlig umgestaltet, sie ist im Privatbesitz und nicht zugänglich.

Schloss Braunfels
35615 Braunfels
Lahn-Dill-Kreis

Südlich der Lahn, zwischen Wetzlar und Weilburg gelegen, erhebt sich stolz auf einem Berg inmitten des Ortes das Schloss, das erstmals im Jahre 1246 als Besitz der Solmser Grafen erwähnt wurde. Nach Zerstörung des Stammsitzes in Burgsolms im 14. Jahrhundert wurde Braunfels ihr Wohnsitz und im Laufe der Jahrhunderte ständig erweitert. Nach dem Brand von 1514 sowie der Eroberung im Dreißigjährigen Krieg wurde es durch die Grafen von Solms wiederhergestellt. Ein Großfeuer im Jahre 1679 vernichtete umfangreiche Teile der Burg, doch Graf Heinrich Trajectin ließ die Anlage wieder entstehen. Einen neuen Charakter erhielt Braunfels unter Graf Wilhelm Moritz zum Ende des 17. und Anfang des 18. Jahrhunderts. Die Burg wurde zur barocken Residenz ausgebaut. Im 19. Jahrhundert erinnerte man sich an das Mittelalter und Fürst Ferdinand ließ 1847 in der Kernburg den Rittersaal fer-

Braunshardt/Breitenbach am Herzberg

Schloss Braunshardt

tig stellen. Die heutige Gestalt bekam das Schloss durch Fürst Georg nach 1880. Zu diesem Umbau wurden die Architekten Oppler und Schorbach aus Hannover herangezogen. Die Führungen im Schloss erstrecken sich über den Rittersaal, die Gemäldegalerie, den Ahnengang, die Galerie mit Jagdgemälden von Deiker sowie weitere Bereiche. Zu den Interieurs zählen Kriegs- und Jagdwaffen des 13.–18. Jahrhunderts, Skulpturen, Gemälde, Gobelins sowie reichhaltiges zeitgenössisches Mobiliar aus dem 15.–19. Jahrhundert. Separat kann das fürstliche Familienmuseum mit Militaria-Sammlung, vorgeschichtlichen Funden aus der Umgebung, Münzen, Porzellan und vielem anderen besichtigt werden.

Schloss Braunshardt
64331 Braunshardt
Landkreis Darmstadt-Dieburg

Es war das ehemalige Schloss des Prinzen Georg Wilhelm zu Hessen-Darmstadt und ist seit 1927 Caritas-Heim in Braunshardt, das nordwestlich von Darmstadt liegt und an Weiterstadt angrenzt. Errichtet wurde das Schloss 1760 von Ingenieurleutnant Johann Jakob Hill aus Darmstadt. 1927 erweiterte man nach Westen die Anlage um fast das Fünffache der ursprünglichen Größe, mit einer jetzt integrierten Kirche. Die Formen wurden denen des alten Bestandes angeglichen. Das alte Schloss war der heutige Nordflügel, ein lang gestreckter eingeschossiger Bau mit Mansarddach, der flache Mittel- und Eckrisalite besitzt. Im Innern finden wir vorzügliche Rokokostuckaturen und Marmorkamine. Von der ehemaligen Parkanlage blieben ein Wasserbecken, eine Gitterlaube und zwei Alleen teilweise erhalten. Heute wird das Schloss als Altersheim und Sitz der Pfadfinder genutzt.

Burg Herzberg
36287 Breitenbach am Herzberg
Landkreis Hersfeld-Rotenburg

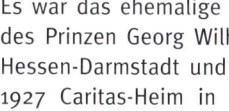

An der größten Höhenburg Hessens, dem Stammsitz der Freiher-

B   Breitenbach am Herzberg

ren von Dörnberg, führte im Mittelalter eine der wichtigsten Heer- und Handelsstraßen von Frankfurt am Main über Alsfeld nach Thüringen und Sachsen. Diese Straße wurde „durch die kurzen Hessen" genannt, was auf die kürzeste Verbindung durch das Land Hessen hinweist. Zu finden ist das historische Bauwerk heute am Hattenbacher Autobahn-Dreieck, zwischen Bad Hersfeld und Alsfeld. Der 508 m hohe Basaltkegel des Herzberges gab der Burg den Namen. Sie diente zum Schutze der alten Straße und ihre Entstehungszeit liegt zwischen 1265 und 1298. Der hessische Marschall Heinrich von Romrod war Erbauer der Burg gewesen. Als dieses Geschlecht und dessen Nachfahren ausstarben, erhielt der mächtige hessische Hofmeister und kaiserliche Geheimrat Hans von Dörnberg auf Grund seiner Verdienste die Burg zu Lehen. Alsbald ließ er diese vergrößern und verstärken. Seit dem Jahre 1477 ist die Burg ununterbrochen im Besitz der Familie von Dörnberg. Dass die Festung in ihrer geschichtlichen Entwicklung nie eingenommen wurde, ist vor allem Hans von Dörnberg und seinem Festungsbaumeister Hans Jakob von Ettlingen zu danken. Da die Festung so sicher gebaut war, verbrachte man einen Teil der Reichskleinodien wie Edelsteine, Perlen und das legendäre Einhornschwert auf die Burg und verwahrte sie dort. Freiherr von Dörnberg bekam diese Reichskleinodien 1486 von Kaiser Maximilian I. für rund 27 000 Gulden auf Grund von Geldnöten verpfändet. Für die umliegenden Bewohner der Burg Herzberg war ihre Existenz ein besonderes Glück, da sie sich während des Dreißigjährigen Krieges in ihren Gemäuern sicher wähnen konnten. Vergeblich versuchten die Truppen der Generäle Fugger und Tilly oder auch Soldaten des Generals Graf Isolani, die Burg einzunehmen. Sie brandschatzten das Land, doch die Mauern der Burg konnten sie nicht erstürmen. Selbst das Aushungern der Festungsinsassen gelang diesen nicht, da angeblich von der Burg ein Geheimgang nach Hunstadt und Hatterode vorhanden gewesen sein soll, über den sich die Burgbewohner Versorgungsnachschub besorgten. Doch bis heute wurde ein solcher Geheimgang nicht gefunden. Besucher, die die Umgebung der

Burg Herzberg, Breitenbach

Breuberg   B

Burg erkunden, stoßen nicht nur auf die zur Verteidigung angelegten Schanzen und die alte Handels- und Heerstraße, sondern sie haben auch von hier eine herrliche Aussicht über das die Burg umgebende Land mit Ausblick in die Rhön, den Thüringer Wald, den Vogelsberg und den Taunus. Die Burg bietet so manches Interessante zu entdecken. Sehenswert sind der Rittersaal, Gerichtsturm mit Verlies und Ritterwerk-

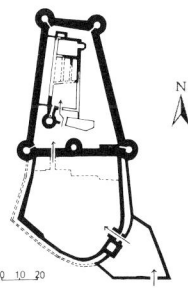

zeugen sowie Wohnturm, Gefechtstürme und auch die Gefechtskammern. Eine gotische Kapelle mit Grabtafeln, bis zu 5 m dicke Wehrmauern, die Hochburg und vieles andere mehr kann besichtigt werden.

Burg Breuberg
64747 Breuberg
Odenwaldkreis

Die Burg, gelegen auf einem ins Mümlingtal vorspringenden Bergkegel, findet man beim Städtchen Neustadt. Die Kernburg des Breubergs, die das Kloster Fulda zum Schutze ihrer Odenwald-Besitzungen um die Mitte des 12. Jahrhunderts erbauen ließ, wurde durch bedeutende Erweiterungen des Spätmittelalters und des 16. Jahrhunderts nicht nur eine der ausgedehntesten Burganlagen Süddeutschlands, sondern auch zu einem wichtigen Mittelpunkt territorialer Bestrebungen. Seit der zweiten Hälfte des 12. Jahrhunderts saßen hier Vögte, die Reiz von Lützelbach, die sich seit 1222 von Breuberg nannten. Mit deren Niedergang wurde 1323 der Besitz aufgesplittert. Die im 15. Jahrhundert zur befestigten Residenz gewordene Burg konnte indessen nur so lange diese Rolle spielen, bis die stürmische Entwicklung der Waffentechnik im 16. Jahrhundert ihre politische Bedeutung zunichte machte. Betrachtet man die Firstlinien der einzelnen Baugruppen, so wird der Blick zu dem Hochschloss, dem ältesten Bauteil des 12. Jahrhunderts, geradezu hingezwungen. Die Grafen von Wertheim kamen 1497–1556 in den Alleinbesitz. Am Tor mit dem schönen Renaissancewappenstein finden wir eine Inschrift, die den Bauherrn der letzten großen Erweiterung der Burg, Michael Graf zu Wertheim, nennt. Die so genannte „Schütt" (von

Burg Herzberg, Breitenbach, Grundriss

B Breuberg

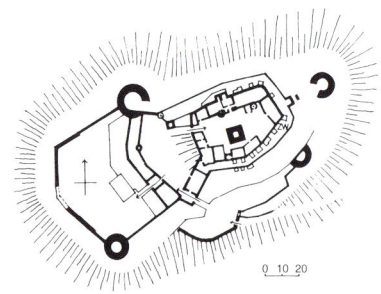

Burg Breuberg, Grundriss

Burg Breuberg

einer Aufschüttung abgeleitet) ist noch im 16. Jahrhundert in Verbindung mit den Wehrbauten Graf Michaels des II. von Wertheim entstanden. An dem Bereich des ursprünglich freistehenden Torturms und der anschließenden Gebäude von 1558 mit der Burggaststätte erblickt man die Plastik eines Landsknechtskopfes, der höhnend die Zunge herausstreckt. Es ist der im 16. Jahrhundert entstandene „Breilecker", dessen Sage berichtet: „.... dass bei einer Belagerung die ausgehungerte Besatzung der Burg ihren letzten Vorrat dampfenden Hirsebreis auf der Ringmauer schmatzend und so überzeugend verzehrt habe, dass die Angreifer die Erfolglosigkeit ihres Bemühens eingesehen und sang- und klanglos abgezogen seien". Dabei ist der Breilecker nur ein den ungebetenen Gast verspottender Trutzkopf.

Später ging die eine Hälfte des Besitzes an die Grafen zu Erbach, die andere zunächst an Stolberg-Königstein und Anfang des 17. Jahrhunderts an die Grafen von Löwenstein. Das einzige noch unter Dach stehende Gebäude ist das ehemalige Erbach'sche Herrenhaus, der Johann-Casimir-Bau, neben dem Tor ist nur noch ein Torso, an dem man achtlos

Breuberg B

vorbeigehen würde, wenn es nicht in seinem Mittelgeschoss die berühmte Stuckdecke des Rittersaales, ein wahrhaft auserlesenes Kunstwerk, enthielte. Ein Sandsteinportal mit dem Erbach-Breuberger Wappen von 1613 nennt den Bauherrn dieses Hauses, Johann Casimir, Graf zu Erbach und Herr zu Breuberg, der durch seine Mutter in nahen verwandtschaftlichen Beziehungen zum Hause der Grafen zu Hohenlohe stand. Die Hauptburg entstand in der Anlage Ende des 12. Jahrhunderts mit spätgotischen Wohnbauten. Der schlossartige Ausbau der Vorburg vollzog sich im 16. und 17. Jahrhundert unter Graf Johann Casimir zu Erbach. Die auf die Schusswaffentechnik eingestellte äußere Befestigung von 1480 bis 1515 mit dem tiefen Wehrgraben, bastionsartigen Böschungsmauern und vier Geschütztürmen blieb vollständig erhalten. Der Vorburghof im rückwärtigen Teil ist begrenzt durch das Wertheimer Zeughaus von 1528 mit Renaissanceportal. Der Torbau an der Hauptburg ist versehen mit einem spätromanischen Säulenportal vom Ende des 12. Jahrhunderts. Darüber liegt im Obergeschoss, vermutlich in romanischer Zeit errichtet, die frühere Kapelle. In der Mitte des Burghofes steht der mächtige quadratische Bergfried aus der zweiten Hälfte des 12. Jahrhunderts, mit 8 m hoch gelegenem Eingang, dessen Zinnenkranz erneuert wurde. Die zwei- und dreigeschossigen Wohngebäude des 15.–17. Jahrhunderts umgeben den Burghof, und an der Nordseite steht der Altbau vom 15.–16. Jahrhundert mit Brunnenhalle im Erdgeschoss. Die spätgotische Kapelle ist östlich angrenzend zu finden. Der obere Saalbau aus dem 15.–16. Jahrhundert steht ebenfalls in diesem Bereich, in dem sich im zweiten Obergeschoss ein schlichter Festsaal von 1553 befindet. Die Südseite zeigt das Erbachsche Herrenhaus von 1568 mit gewölbtem Saal, anschließend folgt die Rentschreiberei und Burgküche des 15. Jahrhunderts mit spätgotischem Fachwerkaufbau. Schließlich sei hier noch die Münze des 16. Jahrhunderts mit ihrem spätgotisch gewölbten Untergeschoss genannt. Burg Breuberg wurde ab 1948 Landeseigentum.

Burg Breuberg

Buchenau

Alte Burg (Seckendorff- u. Spiegel-Schloss), Obere Burg und Schenk-Schloss
36132 Buchenau
Landkreis Fulda

Buchenau liegt ca. 10 km südlich von Bad Hersfeld, wo auf einem Bergausläufer über dem Eitratal eine große, schlossartig umgebaute alte Burganlage steht. Ein tiefer Halsgraben umgibt diese hangseitig und besteht aus mehreren Baugruppen.

Das **Seckendorff-Schloss** ist die älteste Anlage mit zwei im Winkel stehenden fünfgeschossigen viereckigen Wohntürmen. Der runde Treppenturm an den Fachwerkgebäuden trägt die Jahreszahl 1575. An der Westseite befindet sich das **Spiegel-Schloss**, ebenfalls mit rundem Treppenturm und dem gleichen Baujahr. Teile der Ringmauer und umfassende Wallgräben stammen noch von der mittelalterlichen Burg.

Jenseits des Halsgrabens und höher gelegen steht die **Obere Burg**, auch als „Generalshaus" bezeichnet. Spätere Anbauten wie der rechteckige Turm mit Zinnen und ein Fachwerkbau wurden 1694 angesetzt.

Südlich dieser ehemaligen Burg liegt das im Renaissancestil 1611–1618 erbaute **Schenk-Schloss**. Es ist ein dreistöckiger Mittelbau mit zwei im Winkel stehenden zweistöckigen Gebäuden. Die integrierten zwei runden Treppentürme tragen welsche Hauben. Die Herren von Buchenau zählten zum hessischen Uradel und wurden bereits 1217 urkundlich erwähnt. Zu Macht und Reichtum kam dieses Geschlecht im Zuge der Rivalität zwischen den Klöstern Hersfeld und Fulda, wovon hier Berthold von Buchenau genannt sei, der im 13. Jahrhundert im Dienste des Abtes Johann von Fulda stand. 1326 hielt Wetzel von Buchenau nebst anderen den Erzbischof von Magdeburg auf der Burg Brandenfels gefangen. Im Sternenkrieg 1371–1373 standen die Brüder Gottschalk und Eberhard, Letzterer auch „die alte Gans" genannt, auf der Seite von Landgraf Hermann von Hessen, die sich jedoch 1385 gegen diesen

Alte Burg, Buchenau, Zugang

Büdesheim

wandten. 1427 dienten sie dem Erzbischof von Mainz. Sehr unbeliebt beim niederen Volk waren Albrecht von Buchenau, von 1418–1438 Abt zu Hersfeld, und Hermann von Buchenau, 1440–1449 Abt zu Fulda, wegen ihrer unbarmherzigen strengen Herrschaft. Nach Zersplitterung dieser Familie gelangte die Abtei Fulda in den Besitz großer Teile der Güter. 1815 erlosch mit Ludwig von Buchenau das alte Geschlecht und 1840 erbte Freiherr von Seckendorff die Burganlagen. Ein Teil wird von dieser Familie bewohnt und ist Sitz ihrer Forstverwaltung. Im großen Renaissanceschloss befand sich viele Jahre die Hermann-Lietz-Schule, heute ist es ein Tagungshotel.

Im Schlosspark stehen seltene ausländische Bäume. Die Außenanlagen sind frei zugänglich.

Altes und Neues Schloss Büdesheim
61137 Büdesheim
Main-Kinzig-Kreis

Büdesheim findet man nordöstlich von Frankfurt am Main und nordwestlich von Hanau als Ortsteil von Schöneck, dessen **Altes Schloss** in vielfältiger Weise durch die Gemeinde genutzt wird. Es war ehemaliger Besitz des St.-Michaels-Klosters in Bamberg und ging 1558 durch Kauf an Brendel von Homburg. Im Jahre 1760 erwarb es Freiherr Ph. R. von Edelsheim. Das Schloss stellt einen dreigeschossigen Dreiflügelbau mit verputztem Fachwerk in den Obergeschossen dar und stammt aus dem 16. Jahrhundert. Der Ostflügel, an dem sich zwei ältere Wappensteine von 1558 und 1680 befinden, wurde 1878 massiv erneuert.

Oben: Schloss Buchenau

Unten: Altes Schloss, Büdesheim

B Büdingen

Schloss Büdingen, Grundriss

Das **Neue Schloss** wurde 1885 von Gabriel von Seidl für Graf Waldemar von Oriola in aufwändiger Neurenaissance erbaut. Umfassende Restaurierungen erfolgen seit dem Jahre 2001. Zum ehemaligen herrschaftlichen Besitz gehört eine Parkanlage.

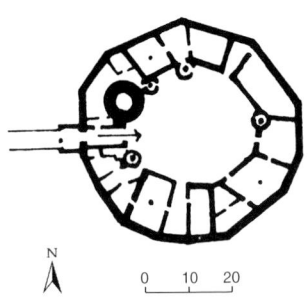

Schloss Büdingen, Sommerschlösschen Thiergarten
63654 Büdingen
Wetteraukreis

Das schöne hessische Städtchen, gelegen nordöstlich von Hanau und 16 km nördlich von Gelnhausen, kann eine bedeutende historische Architektur vorweisen. Die Entstehungszeit der romanischen Wasserburg liegt vermutlich noch im Ausgang des 12. Jahrhunderts und

Schloss Büdingen

ebenso ist zu vermuten, dass ihr Erbauer ein Hartmann von Büdingen war, der ab dem Jahre 1166 mehrmals urkundlich benannt wurde. Gemeinsam mit weiteren Burgen, auch „Wetterauer Burgendreieck" genannt, hatte auch die Burg Büdingen die Aufgabe, die Wetterau gegen Bedrohung von Norden her zu schützen. Das Geschlecht der Herren von Büdingen erlosch im Jahre 1247 mit Gerlach II. Da dieser keine männlichen Erben hinterließ, ging der Besitz an seinen Schwiegersohn Eberhard Reitz von Breuberg und seinen Großneffen Ludwig I. von Ysenburg. Als das Geschlecht der Herren von Breuberg bereits 1323 ausstarb, ging Büdingen in den Alleinbesitz derer von Ysenburg über, denen das Schloss noch heute gehört. In den folgenden Jahrhunderten wurde **Schloss Büdingen** durch seine Besitzer stetig aus- und umgebaut. Der letzte größere Umbau vollzog sich im 19. Jahrhundert mit der Beseitigung des baro-

Bühle   B

Waldgut Schloss Höhnscheid
34454 Bühle
Landkreis Waldeck-Frankenberg

Der heutige Gutshof war ursprünglich ein Augustinerinnen-, seit 1468 Augustiner-Kreuzherren-Kloster und steht in Bühle am Langer Wald, ca. 5 km südwestlich von Wolfhagen. Das Kloster wurde 1529 aufgehoben und zum Meiereigut der Grafen von Waldeck. Im Jahre 1720 ging es durch Kauf an Oberst Wilhelm von Leliva, der anschließend durch Julius Rothweil einen Schlossbau unter teilweiser Verwendung von Mauerwerk des 15. und 16. Jahrhunderts errichten ließ. Es ist ein schlichter Winkelbau mit Mansarddach. Im Ostflügel befindet sich eine schwere Holztreppe.
Eine gepflegte Parkanlage umgibt das heute als Tagungshotel genutzte Schloss.

cken Kanzleibaus und der Errichtung des „Neuen Baus". Dieser sollte dem jungvermählten Erbgrafen und späteren Fürsten Ernst Casimir II. und seiner Gemahlin Thekla aus dem Hause Erbach-Fürstenau als Wohnung dienen, die sie 1836 bezogen. Sehenswert ist in ihrer umfassenden Ausdehnung die Gesamtanlage mit angrenzendem Park. Im Inneren der romanische Palas, der Herkulessaal, „Gemaltes Zimmer", Kemenate, die Schlosskapelle, Wachtbausaal sowie die gotische Hofstube und weitere Bereiche. Die Ausstattung der Räumlichkeiten weist einen wertvollen Fundus aus der Vergangenheit auf.

Das **Sommerschlösschen Thiergarten** steht südöstlich der Stadt und ist jetzt ein Hofgut. Es wurde 1670/71 für Graf Johann Ernst erbaut und stellt eine kleine rechteckige Hofanlage dar. Das Herrenhaus zeigt sich im verputzten Fachwerk.

Waldgut Schloss Höhnscheid, Bühle

Burg-Gemünden / Burgjoß

Burg
35329 Burg-Gemünden
Vogelsbergkreis

Der Ortsteil von Gemünden liegt unmittelbar an der A 5, nordöstlich von Gießen.
Die Burg ist eine ungefähr quadratische Anlage, deren Mauer des äußeren Beringes gut erhalten ist. In der durch Mauer und ehemaligen Graben von der Vorburg getrennten Hauptburg steht die 1556 erbaute Zehntscheuer, ein stattlicher Fachwerkbau über massivem Untergeschoss. Das benachbarte Wohngebäude, ein Massivbau mit Satteldach, stammt vermutlich aus dem 16. Jahrhundert und wurde 1756 verändert. Heute dient die Burg zu Wohnzwecken.

Wasserburg Burgjoß
63637 Burgjoß
Main-Kinzig-Kreis

Etwa 12 km östlich von Bad Orb im nördlichen Spessart liegt am Ostrand von Burgjoß das heutige Schloss. Eine Seitenlinie der Herren von Steckelberg, genannt von Jazsa, hatte um 1160 das Tal des Jossgrundes als fuldisches Lehen im Besitz. Zur Kontrolle einer alten Straße ließ wohl dieses Geschlecht die Wasserburg an der Joss erbauen. Bis zum Jahre 1367 blieb sie Fuldaer Lehen der Herren von Jossa. Im 14. und 15. Jahrhundert wechselten häufiger die Besitzer. 1540 ging der Besitz an Mainz und war Amtskellerei. Die Gräben wurden später verfüllt. Die im Kern romanische Anlage

Wasserburg Burgjoß

Burguffeln / Butzbach

Burg
34393 Burguffeln
Landkreis Kassel

Die ehemalige Burg, im oben genannten Ort nördlich von Kassel, zwischen Calden und Grebenstein gelegen, ist jetzt eine Domäne, ein umfangreiches Hofgut. Einst war sie Stammsitz der Familie von Uffeln und nach 1751 landgräflich-hessisch. Die Anlage ist an der Süd- und Westseite durch eine hohe, zum Teil mittelalterliche Mauer abgeschlossen. Das ehemalige Herrenhaus aus dem 16. Jahrhundert ist ein schlichter zweiflügliger Steinbau, dessen Giebel von kleinen Pyramiden bekrönt ist. Das Pächterwohnhaus von 1752 mit Fachwerkobergeschoss wurde 1965 zur Behindertenwerkstatt umgebaut.

mit hoher Ringmauer ist regelmäßig kreisförmig. Der Turm hat eine Mauerstärke von 4 Metern mit einer Verblendung aus Buckelquadern und befindet sich an der Nordseite der Anlage. 1570 entstanden das Obergeschoss und die Hoffront mit segmentförmigem Giebelabschluss. 1573 fand ein Umbau der Burganlage durch Daniel

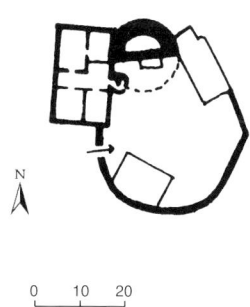

Wasserburg Burgjoß, Grundriss

Brendel von Homburg statt, Kurfürst von Mainz. Das hohe steinerne Amtshaus mit seinem runden Treppenturm ist in das Jahr 1573 einzuordnen und die schlichten Stuckdecken entstanden zum Ende des 17. Jahrhunderts. Im 16. Jahrhundert wurde eine umfassende Restaurierung mit zahlreichen Umbauten vorgenommen. Seit 1975 wird das Schloss vom Hessischen Forstamt genutzt und ist für die Öffentlichkeit nicht zugänglich. Eine kleine Gartenanlage schließt sich an.

Schloss Butzbach
35510 Butzbach
Wetteraukreis

Das ehemalige landgräflich-hessische Schloss steht inmitten der Stadt, die sich südlich von Gießen befindet, und wurde seit 1824 als Kaserne genutzt. Eine Portalinschrift von 1610 bezeugt, dass dieses Schloss für Landgraf Philipp III. erbaut wurde. Im 19.

C Calden

Jahrhundert erweiterte man den Bau und gestaltete diesen völlig um. Bemerkenswert ist nur das von allegorischen Figuren bekrönte Portal des vorgebauten Treppenhauses. An der Treppe befinden sich Reste von Malereien. Heute ist das Schloss Sitz der Stadtverwaltung.

Schloss Wilhelmsthal
34379 Calden
Landkreis Kassel

Nördlich von Kassel, in landschaftlich schöner Lage, am Rande des Ortes Calden, steht dieses zu den prachtvollsten barocken Anlagen Hessens zählende Schloss. Geplant wurde es auf Geheiß des Landgrafen Wilhelm VIII. von Hessen-Kassel vom Münchener Hofarchitekten François de Cuvilliés d. Ä. als Sommer- und Jagdaufenthalt. Die Errichtung vollzog sich von 1747 bis 1755, wobei der Innenausbau durch Friedrich II. zwischen 1764 und 1773 vollendet wurde.

Das spätbarocke Schloss stellt den Mittelpunkt des Gesamtkunstwerkes dar, wobei dem Garten die dominierende Rolle zugesprochen wurde. So wird heute für den Besucher deutlich, wie gekonnt Landschaft und Architektur miteinander verbunden wurden. Ein Ehrenhof wird von der Dreiflügelanlage begrenzt und das Corps de Logis, das Hauptgebäude, mit reicher Fassadengestaltung ist dem Ankömmling zugewandt. In den Seitenflügeln befanden sich Wirtschaftsräume und die Kapelle sowie Wohnungen für Hofstaat und Gefolge nebst Dienerschaft. Die ursprüngliche Farbgestaltung des Schlosses wurde seit 1978 wiederhergestellt. Im Rahmen der Führung werden Besucher zuerst in den Seitenflügel gebeten, um sich hier eine Küche des 18. Jahrhunderts anzusehen. Das Hauptgebäude zeigt in beiden Geschossen sehenswerte Vestibüle, im Erdgeschoss den Speisesaal, auf der Gartenseite sowie im Obergeschoss den Musensaal. Zusammen mit dem Treppenhaus bilden sie die mittlere Gruppe der Repräsentationsräume. Nördlich und südlich befinden sich die Wohnappartements mit Vorzimmer, Schlafzimmer, Kabinett und Garderobe. In den zwei Jahrhunder-

Schloss Wilhelmsthal, Calden

Cleeberg

ten hat sich das ursprüngliche Mobiliar verringert, doch zieren die Räume wertvolle sehenswerte Stücke. Im frühklassizistischen Stil aus der Zeit um 1822 präsentieren sich die Schlafzimmer. Seinerzeit herrschte an den Adelshöfen die Vorstellung von Asien als Land der Lebensfreude, was sich im Interieur durch ostasiatische Vasen, Pfauenfederkommode und französische Möbel mit asiatischen Motiven widerspiegelt. Decken und Wände mit Stuckaturen, holzgeschnitzten Wandverkleidungen in herrlichen Farben und mit viel Gold geziert, hinterlassen einen starken Eindruck vom künstlerischen Schaffen dieser Zeit. Ein sehenswertes Papageienkabinett und eine Porzellansammlung runden den Besuch des Schlosses ab.

Burg Cleeberg
35428 Cleeberg
Landkreis Gießen

Auf einem steil abfallenden Ausläufer über dem Cleebach, nordwestlich vom Ortskern und 8 km westlich von Butzbach, steht eine Burgruine mit dreieckigem Grundriss, ursprünglich durch zwei Höfe geteilt. Ein Halsgraben, der später verfüllt wurde, trennte sie vom Hang ab. Von der Burg verblieben der einseitig gerundete Bergfried und Teile der Ringmauer mit Turmresten und einem Wohnbau. Letzterer wurde im 17.–19. Jahrhundert mehrfach verändert und umgebaut. Die Außenwand ist schildmauerartig verstärkt. Das im 18. Jahrhundert errichtete Nebengebäude diente zeitweilig als Schule. Das Tor an der Ostseite ist durch einen quadratischen Turm außerhalb der Mauer begrenzt. Der ehemals innere Hof befindet sich im Westen des Beringes und an der abgerundeten Westspitze der dreigeschossige Wohnbau mit Zwerchhäusern. Im Mittelalter war Cleeberg Herrschaftsbesitz der Grafen von Gleiberg, die im 12. Jahrhundert Vögte von Limburg waren. Der Turm erhielt seine Rundung gegen Westen, von wo ein Angriff von einem höher gelegenen Berg möglich war. Eine Linie der Grafen von Peilstein aus Niederösterreich gelangte durch Erbschaft in den Besitz des Anwesens. Diese nannten sich von da ab von Cleeberg und Mörle. Bekannt ist, dass die Burg 1129 be-

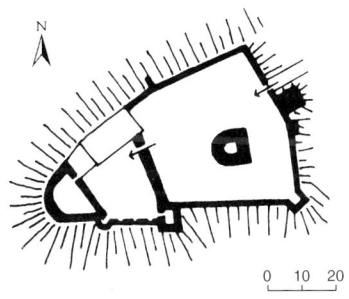

Burg Cleeberg, Grundriss

D Dalwigksthal

Burg Cleeberg

reits an dieser Stelle gestanden hat, doch wann sie erbaut wurde, konnte bis heute nicht ermittelt werden. Nachfolgend waren die Besitzer Graf Siegfried von Peilstein-Cleeberg, Graf Friedrich und später nochmals ein Graf Friedrich. Wie ersichtlich, gab es auch zeitweise geteilte Besitzverhältnisse. Mit Letzterem starb vermutlich die Linie aus, denn 1220 war die Herrschaft bereits im Besitz Heinrichs I. von Isenburg und später mehrerer Ganerben, die 1404 einen Burgfrieden errichteten. Im Jahre 1716 gehörte der Besitz zu einem Drittel Nassau und zu zwei Dritteln Hessen-Darmstadt. 1803 ging die Herrschaft dann an Nassau-Usingen, danach an das Herzogtum Nassau und 1866 an Preußen. Da vermutlich Preußen kaum Interesse an der Burg hatte, begann sie zu zerfallen und wurde aufgegeben, doch der genaue Zeitpunkt kann nicht angegeben werden. Nach der Nutzung zu Wohnzwecken richtete man 1977 einen Hotelbetrieb ein. Später nochmals gründlich saniert, wurden erneut Wohnbereiche in der Burg eingerichtet. Heute ist die Anlage privat bewohnt und für die Öffentlichkeit nicht zugänglich.

Haus Sand
Burg Lichtenfels
35104 Dalwigksthal
Landkreis Waldeck-Frankenberg

In der westlichen Region Hessens, in dem Bereich Frankenberg und Korbach, liegt auf etwa halber Strecke zwischen diesen beiden Städtchen der Ort Dalwigksthal mit seinem Haus Sand und der Burg Lichtenfels. **Haus Sand** hatte ehemals auch die Bezeichnung „Neu-Lichtenfels". Der Bau entstand 1555 durch Franz von Dalwigk und wurde als Wasserburg angelegt.

Dalwigksthal

Aus dieser Zeit stammt das ehemalige Torhaus mit seinem runden Eckturm. In den Jahren 1744/45 wurde das Herrenhaus von Julius Ludwig Rothweil neu gebaut und stellt einen Barockbau mit Mansarddach dar, dem sich Wirtschaftsbauten von 1720 anschließen.

Nur einen Kilometer entfernt vom Ort steht die **Burg Lichtenfels** mitten in einem Waldgebiet, hoch über dem Orketal. Dieses Gebiet war einst Besitz des Klosters Corvey, dessen Abt Widukind Spiegel von Desenberg um 1200 die Burg „Lechtenflins" zu seinem Schutz erbaute. Möglicherweise stand hier bereits eine frühmittelalterliche Anlage, die Genannter nur neu befestigte. Diese jedoch wurde im Streit um die Vorherrschaft vermutlich durch die Grafen von Schwalenberg-Waldeck zerstört, nach 1223 aber durch Abt Hermann I. wieder errichtet. Für ein Schutzbündnis mit dem Erzbischof von Köln verpfändete er diesem 1230 die Hälfte der Burg. Doch auch dieses Bündnis half nichts, da in einer Fehde der Waldecker gegen Köln und Paderborn Erstere den Sieg davontrugen und Graf Adolf I. von Waldeck 1267 Lichtenfels nebst anderen Gebieten als Pfandbesitz erhielt. Corvey verzichtete 1297 endgültig auf Lichtenfels, und die Burg war stets mit Burgmannen besetzt, unter anderem die von Dalwig und Mengeringhausen. Als Sicherungsort des Brautschatzes der Tochter Elisabeth von Graf Heinrich IV. für den Grafen Johann von Nassau-Hadamar wurde die Burg von 1336 bis 1347 an Erstgenannten verpfändet. Die Herrschaft derer von Dalwig begann 1413, als Bernhard von Dalwig ein Viertel der Anlage nebst Amt erhielt. Der dreiviertelste Teil wurde um 1470 von Werner von Immighausen eingelöst. Vollständig als Lehen erhielten es die Dalwigks 1473 von den Grafen Wolrad und Philipp von Waldeck mit Bestätigung des

Burg Lichtenfels, Dalwigksthal

Darmstadt

Landgrafen Heinrich III. von Hessen. 1579 erhielten sie auch die hohe Gerichtsbarkeit, die sie bis 1848 behielten. Mit dem Neubau einer weiteren Burg und eines Hofs verwaiste allmählich Lichtenfels. Zur Materialgewinnung wurden große Teile abgebrochen. Neu entstanden 1908 der Bergfried, der Palas und die Wirtschaftsgebäude, wobei in den Kriegswirren des Ersten Weltkrieges der Bau ruhte und wieder zu verfallen drohte. 1957 kauften die Ankerwerke Bielefeld die Anlage und richteten ein Erholungsheim ein, welches jedoch 1976 wieder aufgelöst und die Burg erneut zum Kauf angeboten wurde. Burg Lichtenfels stellt eine ungefähr kreisförmige Anlage dar, mit einer Ringmauer, rundem Bergfried und Palas. Mittelalterlich sind nur noch Mauerreste des Berings, Teile des Palas und Fundamente des Turmes. Für Besucher lohnt sich ein Abstecher zur schönen Edertalsperre.

Residenzschloss und Prinz-Georg-Palais
64283 + 64289 Darmstadt
Landkreis Darmstadt-Dieburg

Die Stadt Darmstadt, in deren Zentrum das **Schloss** erbaut wurde, befindet sich im Süden des Bundeslandes Hessen. Bereits im Jahre 1330 erlangen die Grafen von Katzenelnbogen vom Kaiser Ludwig dem Bayern Stadtrechte für Darmstadt, in dessen Folge mit dem Bau der Stadtmauer begonnen wird. Landgraf Heinrich III. von Hessen in Marburg erbt 1479 die Stadt und 1526 wird durch Landgraf Philipp den Großmütigen die Reformation eingeführt. Zwanzig Jahre später, 1546, zerstören kaiserliche Truppen im Schmalkaldischen Krieg Teile der Stadt und 1567 tritt Georg I. die Regentschaft in Darmstadt an. Die Stadt wird Residenz und Verwaltungssitz der Landgrafen von Hessen-Darmstadt. Dies war Grund genug, mit einer regen Bautätigkeit zu beginnen. Unter der Herrschaft Georgs I. sicherte das Schloss die Westseite Darmstadts und der umlaufende Schlossgraben diente zur Verteidigung. Das neue Tor stand im Südwesten des Schlossbereiches, durch das zu jener Zeit vorwiegend Bauern aus dem Unterland in die Stadt gelangten. Im Jahre 1715 brennt der Kanzleibau des Schlosses nieder und von der durch Louis Remy de la Fosse geplanten Neuanlage von 1716 bis 1727 werden nur zwei Flügel fertig gestellt. Auch die Orangerie in Bessungen wird 1719 von ihm gebaut, bleibt aber mit nur einem Flügel ebenfalls unvollendet. Sie dient heute für Konzerte

Darmstadt **D**

Residenzschloss, Darmstadt

und Tagungen. Der Bau des Darmstädter Schlosses vollzog sich über sechs Jahrhunderte und verkörpert somit durch häufige Veränderungen verschiedene Stilepochen. Als Letzter legte Landgraf Ernst Ludwig im 18. Jahrhundert Hand an das Schloss. Im Jahre 1944 brannte dieses bis auf die Außenmauern nieder und wurde im äußeren Bild getreu des früheren Aussehens wieder aufgebaut. Im Glockenbau des Schlosses, dem älteren Teil, befindet sich das 1924 gegründete Schlossmuseum mit seinen 22 Räumen, in denen ein Überblick über 250 Jahre höfischen Lebens gezeigt wird. Das wertvollste und berühmteste Exponat ist die „Madonna", gemalt von Hans Holbein für den Basler Bürgermeister Jacob Meyer.

Das **Prinz-Georg-Palais** beherbergt seit 1907 die Großherzogliche Porzellansammlung und wurde gegen 1710 vermutlich von de la Fosse als höfische Sommerwohnung errichtet. Es ist ein schlichter Barockbau mit Mansarddach, in dessen Obergeschoss sich ein Festsaal mit ornamentalen Holzschnitzereien von Johann Paul Eckhard befindet. Im südlichen Bereich wurden zwei isolierte Flügel, die ehemalige Orangerie und Remise, vorgelagert. Davor befindet sich das frühere Naturtheater und an der östlichen Bühnenseite finden wir heute eine Vogelvoliere. Ein Teehaus aus hölzernem Gitterwerk, das einst als Zuschauerpa-

Darmstadt-Kranichstein

Prinz-Georg-Palais, Darmstadt

villon der landgräflichen Familie diente, steht an der westlichen Schmalseite. Im Prinz-Georg-Garten findet man zwei Sonnenuhren mit Monogramm Ludwigs VIII. Am westlichen Zugang, vor dem Palais, kann ein reiches Portal aus dem Jahre 1681 von David Schieffer besichtigt werden.

Jagdschloss Kranichstein
64289 Darmstadt-Kranichstein
Landkreis Darmstadt-Dieburg

Nicht nur ein Schloss, mehr noch eine Stätte der Erholung bietet das Schloss mit seinem Hotel sowie der gepflegten Park- und Gartenanlage, die nördlich der Stadt zu finden sind. Aus der frühesten Erwähnung 1399 geht hervor, dass Henne Cranich zu Dirmstein eine Rodung von Graf Eberhard zu Katzenelnbogen als Burglehen erhält. Genannt wurde zur damaligen Zeit dieser Besitz „Kranich-Rod" oder „Kranich-Rotth". Den heute noch gültigen Namen „Kranichstein" bekam das Anwesen 1549 mit dem Verkauf an den Landgräflichen Keller Johannes von Renstorff. 1567 erbt nach dem Tode Philipps des Großmütigen, Landgraf von Hessen-Darmstadt, Georg I. die so genannte Obergrafschaft und kauft Kranichstein 1572. Noch im gleichen Jahr bis 1578 wird hier ein Ökonomie- und Mustergut eingerichtet. Das Jagdschloss entsteht in der Zeit von 1578 bis 1580 gemeinsam mit der Schlosskapelle unter dem Baumeister Jakob Kesselhut. Später, im 17. Jahrhundert, entsteht der Bau der wilden Fasanerie unter Georg II. und 1690 das Jagdzeughaus. Es war also offensichtlich, dass die entstandenen Objekte alle eine Beziehung zur Jagd darstellten, so blieb es nicht aus, dass Landgraf Ernst Ludwig 1708 die Parforcejagd einführte. Landgraf Ludwig VIII. ließ im 18. Jahrhundert den Bau des Rondells vollziehen und stellte ein Kavaliershaus als Schlossküche hinzu. Er begnüg-

Dehrn   D

te sich jedoch nicht nur mit diesen Bauten, sondern ließ das Schloss im Inneren repräsentativ umbauen. Im 19. Jahrhundert wird Kranichstein Sommerresidenz. Weitere Umbauten erfolgen nach Entwürfen Georg Mollers. Bereits 1863 werden diese im Stile der Renaissance erneut verändert und Architekt Ludwig Weyland gibt dem Schlossinneren ein neues Aussehen. Es wird Wohnsitz des Prinzen Ludwig IV. und Alices von Hessen. 1918 wird im Schloss unter Großherzog Ernst Ludwig ein Jagdmuseum eingerichtet. Nachdem 1951 hessische Jäger und das Land Hessen hier den Hessischen Jägerhof gegründet haben, kauft 1952 der letzte Prinz aus dem Hause Hessen-Darmstadt, Ernst Ludwig, das Jagdschloss mit seinen 25 ha Wald und Teich. Als 1953 das Jagdmuseum wieder eröffnet wird, beginnen auch die Umbauten für den Hotel- und Restaurantbetrieb. Weitere Um- und Ausbauten vollziehen sich von 1960 bis 1970. 1988 wird das Museum ausgelagert und eine umfassende Baumaßnahme eingeleitet, als deren Ergebnis 1990 der Jägersaalflügel entstand. 1992 wird das Hotel eröffnet. Der hessische Ministerpräsident weiht das fertig gestellte Baudenkmal Jagdschloss Kranichstein ein, und 1997 übernimmt Konsul Bernd O. Ludwig mit seiner Frau Annette das Hotel. Lobenswert und interessant für den Tourismus ist, dass 1998 das Museum Jagdschloss Kranichstein mit seinen einmaligen jagdkundlichen Sammlungen hier wieder Einzug hielt.

Schloss Dehrn
65594 Dehrn
Landkreis Limburg-Weilburg

Das heutige Altersheim war ursprünglich im Besitz der Grafen von Diez, aber vom 16. Jahrhundert bis 1737 in den Händen der seit 1190 nachweisbaren Freys

Jagdschloss Kranichstein, Darmstadt

Dickschied-Geroldstein

von Dehrn, deren gleichnamiger Ort nördlich von Limburg liegt. Im 19. Jahrhundert erneuerte und ergänzte man den Bau. Baulich umfasst das Schloss einen runden Bergfried und Tonnengewölbe im obersten mittelalterlichen Geschoss und darüber ein achteckiges Geschoss mit Zinnen aus dem 19. Jahrhundert. Südlich davon finden wir einen im Kern gotischen Wohnbau mit erneuerten Staffelgiebeln, einigen gekuppelten Fenstern und spätgotischem westlichem Treppenturm. Im Innern kann ein schöner Kamin mit Maßwerk und Wappen aus dem Jahre 1571 bewundert werden. Angrenzend steht ein Gebäude des 18. Jahrhunderts mit Mansarddach, die Gebäudegruppe westlich des Bergfrieds ist neugotisch aufgeführt.

Burgruine Geroldstein
Burgruine Haneck
65321 Dickschied-Geroldstein
Rheingau-Taunus-Kreis

Vermutlich entstand die **Burg Geroldstein** einsam über dem Wispertal, unweit des Rheingaugebirges und nördlich von Rüdesheim, im 12. Jahrhundert und wurde vom Erzstift Mainz zur Sicherung der nördlichen Rheingaugrenze erbaut. Erwähnt wurde sie erstmals im Jahre 1200. Sie war Sitz der 1573 ausgestorbenen Herren von Gerhartstein und ging 1321 an die Katzenelnbogener Lehensoberhoheit und 1479 an Hessen. Ruine ist die Anlage seit 1634, nachdem sie zerstört wurde. Sie stellte eine hoch über dem Wispertal gelegene Ausläuferanlage mit Halsgraben dar. Die erhaltenen Mauerreste stammen im Wesentlichen aus dem 14. Jahrhundert. Aus dem an der südlichen Angriffsseite schildmauerartig verstärkten Bering springt ein kleiner Achteckturm mit Treppenschacht vor, und ein größerer, außen siebeneckiger, innen runder Hauptturm, der Bergfried. Zu sehen sind auch noch Reste eines zwei- oder dreigeschossigen Wohnbaus, des einstigen Palas, sowie eine Toranlage.

Die **Burg Haneck** stellte eine Vorfestung nordwestlich unterhalb des Geroldstein dar, wobei beide Burgen ursprünglich durch die Wisper getrennt waren. Der Burgadel wird im 13. Jahrhundert urkundlich erwähnt. Die Burg wurde 1386 durch Philipp von Gerhartstein als mainzsches Lehen erbaut, nach Aussterben der Gerhartsteiner ging sie an Mainz. Dadurch, dass die Burg stark verfiel, zeigen sich nur noch wenige Reste der Toranlage eines Gebäudes und eines Turmes.

Dieburg D

Wasserburg, Schloss Fechenbach und Schlossanlage Stockau
64807 Dieburg
Landkreis Darmstadt-Dieburg

Die Stadt Dieburg, im Süden Hessens gelegen, erhielt bereits 1277 von König Rudolf von Habsburg erweiterte Stadtrechte. Als Kurmainzer Amtsstadt und Münzstätte, Sitz verschiedener Adelsgeschlechter und eines existierenden Halbstifts, kam Dieburg im Mittelalter zu einer hohen Blütezeit. Stumme Zeugen der großen Vergangenheit sind heute noch die Reste der 1372 gebauten Stadtmauer, Schloss und Mühlturm. Die einstige **Wasserburg** wird heute teils privat, teils als Landratsamt genutzt und liegt westlich von der mittelalterlichen Stadt, von ihr durch die Gersprenz getrennt. Die Burg wurde 1169 erstmals genannt. Vom 14. bis frühen 19. Jahrhundert war sie kurmainzisch und wurde im 15. Jahrhundert zu einer regelmäßigen quadratischen Anlage ausgebaut. 1809 brach der damalige Besitzer, Freiherr von Albini, fast alle mittelalterlichen Teile ab und errichtete an der Südseite ein lang gestrecktes Herrenhaus mit Eckpavillons. An der Ostseite steht ein Gebäude, gebaut von 1900 bis 1902, unter Einbeziehung eines alten runden Wehrturmes. In der ehemals freien Hofmitte steht ein Neubau von 1961. Bevor 1861 Hugo von Fechenbach das heutige **Schloss Fechenbach** in klassizistischer Form umbauen ließ, war es einst ein Herrensitz der Familie Ulner von Dieburg. Es steht in einem kleinen Park an der Nordseite des Marktplatzes und beherbergt heute das Kreis- und Stadtmuseum mit archäologischen Sammlungen. Darüber hinaus werden dem Besucher wertvolle volkskundliche und stadtgeschichtliche Exponate nahe gebracht. In der Präsentation sind die siedlungs- und kulturgeschichtliche Entwicklung der Stadt und des ehemaligen Kreises Dieburg dominant. In fünf Räumen kann der Besucher typische Zeugnisse der jungsteinzeitlichen, bronze- und eisenzeitlichen Kulturen und der frühmittelalterlichen sowie der Römerzeit besichtigen. Interessante Modelle und Schaubilder ergänzen die Sammlungen, so besonders die beidseitig skulptierte

Schloss Fechenbach, Dieburg

D Dillenburg

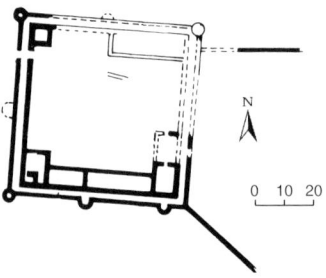

Wasserburg, Dieburg, Grundriss

Reliefplatte eines Mithras-Kultbildes aus Dieburg. Sie stammt aus den bedeutenden provinzialrömischen Funden des Starkenburger Raumes. Ebenso interessant ist die Blaudruckfärberei aus dem 19. Jahrhundert. Die vor dem Schloss gestalteten Blumenrabatten und Rondelle geben in der Blütezeit der Anlage einen farbigen Tupfer, und der angrenzende Park lädt zum Spaziergang ein.

Die ehemalige **Schlossanlage Stockau** der Freiherren von Groschlag oberhalb des Stadtkerns in den Gersprenzwiesen ist bis auf wenige Reste der im 18. Jahrhundert berühmten Gärten zerstört.

Burg und Stadtschloss Dillenburg

35683 Dillenburg
Lahn-Dill-Kreis

Im tief zwischen Westerwald und dem Gladenbacher Bergland eingeschnittenen Dilltal liegt die Kleinstadt mit ihrem hoch aufragenden Wilhelmsturm der Dillenburg. Hier wurde um 1130 die erste Burganlage erbaut, wo die Grafen von Lauenburg-Nassau ihre Landesgrenzen absicherten. 1325 wurde sie in der lange andauernden Fehde mit den Herren von Dernbach in Schutt und Asche gelegt. Doch kurze Zeit darauf entstand die **Burg** neu, schöner und massiver denn je. Im 14. Jahrhundert bildeten sich durch die hiesigen Besitzer enge Beziehungen zu den Niederlanden heraus. 1533 wurde Wilhelm von Oranien in Dillenburg geboren. Die Burg zählte in ihrer Zeit zu den am stärksten befestigten Anlagen Westdeutschlands. Von der einst riesigen Anlage sind heute nur noch Relikte vorzufinden, in deren ehemaligem oberen Schlosshof heute noch der 1872–1875 erbaute Wilhelmsturm steht. Die neue Burg entstand zwischen 1450 und 1470 mit einer gewaltigen Erweiterung nach Süden im Auftrage des Grafen Johann IV. Johann V. setzte den Bau der Befestigungsanlage fort, zumal während seiner Regierung der langwierige Katzenelnbogische Erbfolgestreit mit Hessen entstand und somit sich das Schloss in dauernder Gefahr eines hessischen Überfalls befand. Sein Sohn, Wilhelm der Reiche, und seine Gemahlin, die Gräfin Juliane von Stolberg, setzten vehement die Bautätigkeit fort, in

Dillenburg

deren Ergebnis auch die hohe Umfassungsmauer entstand, um sich vor der noch ständig drohenden Gefahr zu schützen. Erst 1536 wurde dieser Bau abgeschlossen. Starke Wehrbauten entstanden somit unter und über der Erde. Johann VI. der Ältere, Sohn und Nachfolger des Vorgenannten, legte weiter Hand an die Befestigungsanlage, wobei nach Westen das „Jägergemach" und die große Toreinfahrt, nach Norden das „Scharfe Eck", nach Osten das „Junkergemach" und nach Süden das „Rondell" mit Kasematten entstanden. Laufgräben, untereinander verbunden, bildeten ein Verteidigungssystem, das die Burg schier uneinnehmbar werden ließ. Wilhelm von Oranien führte von der Dillenburg aus zweimal einen Feldzug in den Niederlanden. Unter Graf Wilhelm Ludwig hatte die Rüstkammer ein Waffenarsenal beherbergt, mit dem man 3000 Mann sofort hätten ausrüsten können. Nachdem der Dreißigjährige Krieg ohne größere Schäden überstanden war, lag bereits 1673 Ludwig XIV. mit seinen Horden des Marschalls Turenne unter dem benachbarten Greifenstein. Im Laufe des Siebenjährigen Krieges brach 1760 auch über die Dillenburg das Unheil ein. Französische Truppen beschossen mit Feuerkugeln das Schloss, woraufhin die „Heuscheuer" in Brand geriet und weitere Objekte erfasste. Die innen liegende Besatzung wurde somit zur Übergabe gezwungen. Das Schloss wurde geschleift und die Überreste wurden später für den Straßenbau genutzt. Dank solcher Menschen, die Geschichtsverständnis besitzen und der Historie ein bleibendes Denkmal setzen möchten, ist ein Teil der verfüllten unterirdischen Gänge wieder freigelegt worden.

Das einstige **Stadtschloss** wurde später Kollegiengebäude und Rentamt und beherbergt heute Mietwohnungen. Es entstand 1737 für Fürstin Isabella unter Einbeziehung des Untertores und erhielt 1757 einige

Wilhelmsturm, Schloss Dillenburg

D Dornholzhausen/Dreieichenhain

Veränderungen. Das Schloss stellt einen schlichten zweigeschossigen massiven Barockbau mit Mansarddach dar.

Jagdschloss Dornholzhausen
61350 Dornholzhausen
Hochtaunuskreis

Dornholzhausen ist ein Ortsteil von Bad Homburg vor der Höhe und ist in der Stadt nordwestlich gelegen. Errichtet wurde der Bau 1823–1826 als Jagdschloss für die Landgräfin Elisabeth, Tochter König Georgs II. von England. Joseph Zobel baute das Schloss unter Einfluss Georg Mollers. Der große Saal blieb ohne Ausbau und ist von niedrigeren Räumen umgeben. Gedeckt wurde der Bau mit Flachdächern hinter Zinnen. Hier ist stark der Einfluss englischer neugotischer Parkhäuser zu erkennen. Heute wird das Schloss als Gaststätte genutzt.

Wasserburg Hayn
63363 Dreieichenhain
Landkreis Offenbach

Dreieichenhain erreicht man direkt an der Abfahrt der A 661 südlich von Frankfurt am Main. Die ehemalige Wasserburg Hayn zeigt sich heute dem Besucher als Ruine und steht unmittelbar am Stadtzentrum. Grabungen ermittelten unter und unmittelbar südwestlich vor dem heutigen Burgbezirk einen durch Sumpfgraben geschützten königlichen Jagdhof aus dem 10.–11. Jahrhundert. Dieser bestand aus einem zweigeschossigen Herrenhaus mit großem Saal und Vorhalle und war in frühromanischer Quadertechnik ausgeführt. Weiterhin gehörten zur Anlage vier Nebengebäude und die ottonische Pankratiuskapelle, die sich unter der heutigen Kirche befand. Es war ein kleiner Rechteckbau mit schmalerem quadratischem Chor und nördlich angebauter Sakristei. Im 11. Jahrhundert legten vermutlich die Reichsministerialen von Hagen eine wasserumwehrte Turmburg in der Nordostecke des heutigen Burgbezirkes an. Sie stellte einen hohen, fünfgeschossigen, fast quadratischen Wohnturm in Füllmauerwerk mit Kleinquaderverblendung dar, der nach dem Brand von 1460 spätgotisch verändert wurde. Ein Ausbau der Burg erfolgte im 15. und 16. Jahrhundert. Nach dem Einsturz 1750 ist nur die Südwestwand in voller Höhe erhalten geblieben. Ende 12. Jahrhundert vollzog man eine Erweiterung der Burg zur heutigen, etwa viereckigen Grundrissform mit Bergfried und Palas. Im Jahre 1255 wurde der Palas ver-

Ebersburg   E

Wasserburg Hayn, Dreieichenhain

größert. Die Anlage gilt seit dem 17.–18. Jahrhundert als verfallen, worauf die Palasruine 1938 umfassend restauriert wurde. Die äußere Wehrmauer zeigt sich zum Teil im Fischgrätenverband. Der wuchtige, runde Bergfried besteht aus Kleinquaderwerk mit Bruchsteinfüllung und hatte zwei hoch liegende Zugänge, von denen einer vermauert wurde. Vom Palas aus romanischer Zeit sind Teile der nördlichen Längsmauer erhalten und ein doppelbogiges Fenster mit Mittelsäule befindet sich im Dreieich-Museum. Die westliche Schmalseite mit Eingang und Treppengiebel wurde neu aufgemauert, an der südlichen Innenseite befinden sich Reste eines frühgotischen Kamins. Die erhaltenen Fensterformen sind meist spätgotisch. Im nicht unterkellerten Teil des Palas befand sich vermutlich die romanische Burgkapelle.

Ruine Ebersburg
36157 Ebersburg
Landkreis Fulda

Bei Wanderungen durch die Hessische Rhön, unmittelbar nördlich der Deutschen Alleenstraße bei Poppenhausen, erreicht man die noch umfangreichen Reste der einstigen Ebersburg. Der verdiente Heimatforscher Dr. Luckard gibt zur Ebersburg sinngemäß nachfolgende Beschreibung: Im Jahre 1219 werden erstmals die

E Ebersburg

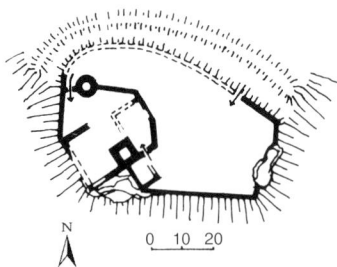

Ruine Ebersburg, Grundriss

Ruine Ebersburg

Ritter von Ebersberg, genannt von Weyhers, ein Adelsgeschlecht, das zu den bedeutendsten des früheren Hofstiftes Fulda gehörte und auch dem Bischof von Würzburg diente, erwähnt. Diese waren auch die Erbauer der Burg. Nach dem Mord an dem Fuldaer Abt Bertho II. am 18. 3. 1271, an dem zwei Ebersberger Ritter beteiligt waren, wurde die Burg zerstört und erst um 1396 mit Genehmigung des Johann von Merlau wieder aufgebaut. Die beiden Türme, die teilweise ergänzte Ringmauer, sind Reste einer Burganlage, deren Baubeginn wohl in die Hohenstaufenzeit um 1100 fällt. Sie war Teil des Festungsdreiecks Poppenhausen – Ebersberg – Weyhers und wurde von den Gesamteigentümern unterhalten. Verschiedene Urkunden zeigen, dass über einen längeren Zeitraum Beleihungen durch Fuldaer Äbte erfolgten und der Burgfrieden durch Vertrag öfter erneuert wurde. Ob die Burg, wie manche Geschichtsschreiber sagen, 1449 oder 1460 erneut zerstört wurde, ist sehr fraglich. Im Jahre 1504, als der Ebersberg schon wehrtechnisch bedeutungslos geworden war, traten noch M. von der Tann und Philipp von Eberstein dem Burgfrieden bei. 1513 war die Burg noch bewohnt. In den Wirren der Reformationszeit dürfte sie endgültig aufgegeben worden sein. Seit 1516 gilt die Anlage als verfallen. Die Bauern von Neuwart übernahmen den zugehörigen Grundbesitz und verwerteten brauchbares Steinmaterial. 1646 verpachtete L. von Ebersberg das alte Burggemäuer an seine Lehensleute, damit sie sich und ihre Habe im Dreißigjährigen Krieg schützen konnten. In einer romantischen Anwandlung errich-

Echzell

Schloss Echzell

teten 1664 die Ganerben auf den festen Grundmauern ein leichtes Laubenhaus, das aber bald wieder verfiel. Erst 1852–1854 veranlasste das damalige bayrische Landgericht Weyhers eine Restaurierung der Ruine. Nach den Ausgrabungen 1957 konnte eine genauere bauliche Beschreibung der Burg vorgenommen werden. Sie stellt eine regelmäßige viereckige Kernanlage staufischer Zeit dar. Neben dem durch einen kleinen Rechteckzwinger ehemals geschützten Zugang befindet sich der quadratische Bergfried mit Eckbuckelquadern und rundem gotischem Oberbau. Ende des 14. Jahrhunderts erfolgte ein größerer Ausbau mit nördlich erweiterter, durch Rundturm verstärkter Ringmauer und großer, das Felsengelände geschickt ausnutzender Vorburg. Weiterhin fand man Reste einer vorgeschichtlichen Ringwallanlage. Erhaltungsmaßnahmen ließ das Land Hessen 1963 und 1994 durchführen.

Schloss Echzell
61209 Echzell
Wetteraukreis

Das Schloss, auch als so genannter Burghof bezeichnet, das man am Rande des Kleinstädtchens findet, das wiederum nordöstlich von Bad Nauheim liegt, war ursprünglich eine mittelalterliche Wasserburg. Diese ging 1737 an die Familie von Bretlack. An ihrer Stelle wurde durch Johann Rudolf von Bretlack ein Barockschloss errichtet. Anfang des 19. Jahrhunderts kam das Schloss in den Besitz der Familie von Harnier, die der Anlage 1864 die beiden Seitenflügel anfügte. Die ehemaligen Wassergräben wurden trockengelegt. Das Herrenhaus ist ein stattlicher Bau mit Mansarddach und einem Treppenhausvorbau an der Rückseite. Das Schloss befindet sich im Privatbesitz und ist heute das Internat Lucius.

E Ederbringhausen

Burgruine Keseberg
Burg Hessenstein
34516 Ederbringhausen
Landkreis Waldeck-Frankenberg

Die 1144 erstmals genannte **Burg Keseberg** war einst Sitz der Vögte von Keseburg. Sie lag hoch über dem Edertal nahe der alten Handelsstraße Frankfurt–Bremen. Man muss schon die Augen offen halten, wenn man auf der B 252 von Frankenberg in Richtung Korbach fährt, um die Abzweigung zur Burg Hessenstein und somit auch zur Ruine Keseberg nicht zu verpassen. Im Jahre 1277 wurde die Anlage von Landgraf Heinrich I. von Hessen zerstört. Heute findet der Besucher hier Reste der ovalen, durch einen Quergraben nachträglich halbierten Hauptburg und den Stumpf eines Bergfrieds vor.

Burg Hessenstein dagegen ist ein sehr gut erhaltenes Objekt, das heute als Jugendherberge und Forsthaus dient. Ebenfalls malerisch über dem Edertal gelegen, entstand die Burg als Ersatz für die zerstörte Burg Keseberg am Anfang des 14. Jahrhunderts. Errichtet wurde sie auf Hainaer Boden mit Einwilligung des Landgrafen Heinrich II. Die Vögte von Ke-

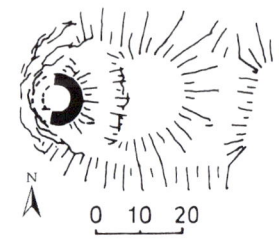

seburg waren hier seit 1334 Erbburgmannen; 1348 verpfändete man die Burg an das Kloster Haina. Seit 1450 ging sie wieder in hessischen Besitz, doch bis 1555 war die Anlage noch mehrfach verpfändet. Sie ist eine kleine Dreiflügelanlage um einen schmalen, rechteckigen Binnenhof. Im 15.–17. Jahrhundert erneuerte man die Wohngebäude an den Längsseiten. Das an sich schmucklose Äußere ist wirkungsvoll durch die Geschlossenheit der Anlage gestaltet. Der Bau besteht zum Teil aus Fachwerk. Die einstige alte Kapelle ist mit einer Balkendecke versehen und stammt von 1481. Beachtenswert ist das Weihwasserbecken mit seinem hochgotischen Blendmaßwerk.

Burg Keseberg, Ederbringhausen, Grundriss

Burg Hessenstein, Ederbringhausen

Eichenberg/Eichenzell

Burg Arnstein
37249 Eichenberg
Werra-Meißner-Kreis

Die Burg steht beherrschend auf einer steilen Anhöhe zwischen Werra- und Leinetal über der alten Handelsstraße nach Leipzig. Zu finden ist sie an der Landesgrenze zu Thüringen, unmittelbar oberhalb der Gabelung in Richtung Heilbad Heiligenstadt und Friedland. Erwähnt wurde die Burg erstmals 1337. Die Herren von Bodenhausen hatten sie seit 1434 als hessisches Lehen inne. Im Krieg gegen die Franzosen 1760 wurde die Burg erfolgreich verteidigt. Die Anlage ist ein mächtiger, rechteckiger Baukörper, der im Kern spätgotisch ist und um 1600 wesentlich umgestaltet wurde. Aus dieser Zeit stammen die den Bau umziehenden Schießscharten unter den Fenstern. An der Hofseite befinden sich zwei zierliche, symmetrische Flügelbauten und östlich davon steht ein Torgebäude mit dem Wappen derer von Bodenhausen von 1615. Der westliche Flügelbau stammt aus dem 19. Jahrhundert, wobei das Innere stark verbaut wurde. An der Südseite zu beiden Seiten der mittleren Halle befand sich je ein Saal, wovon der im Erdgeschoss erhalten blieb. Bemerkenswert sind der Renaissancekamin und der Wappenfries vom Anfang des 17. Jahrhunderts. Das Grabdenkmal der Familie von Bodenhausen mit Relief der Verstorbenen ist vom Ende des 16. Jahrhunderts. Die bestehenden Wirtschaftsgebäude gehören zum Teil noch in das 18. Jahrhundert und sind teilweise in Fachwerk mit Mansarddächern aufgeführt. Der Terrassengarten wurde um 1804 angelegt. Die Anlage befindet sich heute im Privatbesitz, weist jedoch zurzeit einen desolaten Zustand auf.

Schloss Eichenzell
Schloss Fasanerie
36124 Eichenzell
Landkreis Fulda

Eichenzell ist ein südlicher Vorort von Fulda. Das **Schloss Eichenzell** wurde 1584 von den Herren von Ebersberg erbaut und 1715 durch Fürstabt Konstantin von Buttlar verändert. Es stellt einen stattlichen, dreigeschossigen Steinbau mit kräftigem viergeschossigem Eckrundturm und rundem Treppenturm sowie alter Ummauerung dar. Heute dient das Schloss als Rathaus mit Gaststätte und wird von einem kleinen Garten begrenzt.

Das ebenfalls zum Ort gehörende **Schloss Fasanerie** aus dem

E Eichenzell

18. Jahrhundert ist ein beliebter Ausflugsort für Erholungssuchende und Wissbegierige. Bezeichnungen wie „Wilde Fasanerie" und „Adolfshof", in kurhessischer Zeit auch „Adolphseck", sind aus vergangener Zeit bekannt. Einst war es Sommerschloss der Fürstäbte von Fulda und später des Landgrafen von Hessen. Das einstige alte Schloss entstand um 1710 für Fürstabt Adalbert von Schleiffras und wurde vermutlich durch Johann Dientzenhofer erbaut. Die Ausstattung wurde jedoch erst um 1730 unter Adolph von Dalberg vollzogen. Der großzügige Neubau entstand als „Lustschloss Fasanerie" unter Amand von Buseck in der Zeit von 1739 bis etwa 1750 unter Einbeziehung des alten Schlosses nach Skizzen des Bauherren und unter Leitung des Hofbaumeisters Andreas Gallasini. Heinrich von Bibra ließ die lange Auffahrtsallee bepflanzen. Nach der Säkularisation 1815 ging das Schloss an die Kurfürsten von Hessen. 1825–1827 erfolgten Umbauten, besonders im Innern, von Johann Konrad Bromeis für den Kurfürsten Wilhelm II. Wirkungsvoll zeigt sich die gesteigerte Schlossauffahrt durch drei Toranlagen, wovon das Parktor und das Tor am Vorhof jeweils mit seitlichen Wachhäuschen begrenzt sind. Das Bauwerk zeigt sich als eine ausgedehnte, streng symmetrische Schlossanlage mit einem östlich dahinter liegenden Binnenhof. Der geschlossen umbaute Marstallhof schließt sich an. Zweigeschossige Bauten mit Mansarddächern werden durch dreigeschossige Pavillonbauten betont. Die Gesamtkomposition mit der wirkungsvollen Gruppierung und Staffelung der Baukörper zeigt den künstlerischen Einfluss Julius Ludwig Rothweils, des Lehrers Gallasinis. Die Flügelbauten des Ehrenhofes sind durch eine Steinbalustrade und durch ein Gitter mit vasenbekrönten Steinpfeilern verbunden und haben seitlich je ein Kavalierhaus vorgebaut. Das Corps de Logis ist durch einen breiteren und höheren Mittelbau mit großen Rundbogenfenstern von 1826 und einer Durchfahrt sowie Mittelrisalit ausgezeichnet. Der darunter liegende Quertrakt zwischen Bin-

Schloss Eichenzell

Eichenzell

nen- und Marstallhof enthält das alte Schloss mit Walmdach. An den östlichen Enden der beiden nördlichen und südlichen Längstrakte wurden kurze Querflügel mit hohen, von Haubenhelmen bekrönten Türmen angesetzt. Die innen stark verbaute Schlosskapelle befindet sich im südlichen Flügel. Ansprechend ist die Südfront des Schlosses, die als Gartenfassade gestaltet wurde und eine vorgebaute Terrasse und Freitreppe besitzt. Der Mittelpavillon wurde 1827 verändert. Im Innern zeigen sich ein stattliches dreiläufiges Treppenhaus und ein großes Deckengemälde von Emanuel Wohlhaupter aus dem Jahre 1748, das die vier Erdteile darstellt. In mehreren Räumen finden wir Stuckdecken, im Alten Schloss mit Pendelwerk um 1730 und in den übrigen Teilen in Rokokoformen aus der Mitte des 18. Jahrhunderts von den Stuckateuren Sturzenhöffer, Albin und Koch. Reizvoll ist auch der Kleine Saal mit Symbolen der geistlichen und weltlichen Macht. Die meisten Deckengemälde von 1746 bis 1749 stammen von E. Wohlhaupter, von denen das große Gemälde im Festsaal „Speisung der Fünftausend" besonders zu erwähnen ist. Im Chinesischen Kabinett eine handgemalte Tapete von 1784. Von den klassizistisch umgestalteten Gemächern ist der Festsaal hervorzuheben. Der

Schloss Fasanerie, Eichenzell

Galerie- und Antikensaal mit Tonnendecken, das Gartenzimmer mit Landschaftstapete um 1825 von Dufour und mehrere ornamentale Deckenbemalungen sind ebenfalls bemerkenswert. Im zweigeschossigen Reihersaal haben wir sechs große Ölgemälde des Jahres 1764 von Johann Heinrich Tischbein d. Ä. aus Schloss Wabern. Eine reiche Ausstattung mit vielen erlesenen Kunstwerken europäischer Künstler ist im Schloss **Fasanerie** vorzufinden. Die Sammlungen und die Ausstattung zeigen wertvolle Möbel, Gemälde, Skulpturen und Porzellan. Die vor dem Corps de Logis wachenden zwei Wappenlöwen aus dem Jahre 1735 stammen vom ehemaligen Schloss Thiergarten. Der von Hofgärtner Benedikt Zick angelegte, in einem Plan von 1779 überlieferte barocke Park wurde von 1824 bis 1827 durch den hessen-kasselschen Hofgartendirektor Wilhelm Hentze erwei-

E Eiterfeld

tert. Das achteckige chinesische Teehaus mit offenem Laubengang aus dem 18. Jahrhundert blieb erhalten. Der japanische Teepavillon wurde dagegen klassizistisch verändert. Die barocken Steinplastiken sind bis auf geringe Reste heute verstreut, wovon einige gute Werke in Bronnzell und Fulda wieder zu finden sind.

Burg Fürsteneck, Eiterfeld, Grundriss

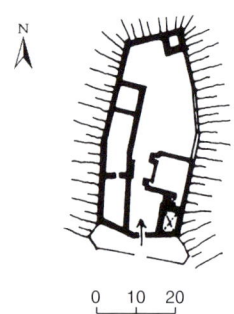

Burg Fürsteneck
36132 Eiterfeld
Landkreis Fulda

Südöstlich von Bad Hersfeld liegt das kleine Städtchen Eiterfeld und nördlich auf dem Hausberg steht Burg Fürsteneck. Sie wurde als nördliche Grenzfestung des Hochstifts Fulda, vermutlich unter Fürstabt Heinrich V. von Weilnau, 1288–1313 anstelle einer älteren Burg errichtet. Unter Nennung des Amtmannes Heinrich Vinke wird Fürsteneck urkundlich erstmals 1309 erwähnt. Die Burganlage stellt ein lang gestrecktes, unregelmäßiges Viereck dar, an deren Südseite die Vorburg mit Außentor und Zwinger sowie einem Wehrgang auf Rundbögen liegt. An der Westseite befindet sich ein Eckrondell mit Wappen des Fuldaer Fürstabtes Johann Bernhard Schenk von Schweinsberg. Ein zweites Tor mit Segmentbogen gewährt den Zugang zum Burghof, in dem sich der dreigeschossige Palas befindet. Über dem Türgewände finden wir ein Wappen des Fuldaer Fürstabts Adalbert von Schleifras, der durch Kauf die Burg erworben hatte. Dessen Wappen ist an weiteren Gebäuden angebracht. Im oberen Burghof stehen zwei alte Grenzsteine mit dem Fuldaer Stiftskreuz, dem hessischen Löwen, versehen mit der Jahreszahl 1709. Damals wurde die Burg zum Schloss umgebaut. Die wohl frühesten Burg-

Burg Fürsteneck, Eiterfeld

Elbenberg   E

männer auf Fürsteneck zählten zum Geschlecht der „von Buchenau" und waren Ritter. Aufgrund der ungeheuren Abgaben durch die Äbte an Kaiser und Reich zwang man diese, ganze Ländereien zu verpfänden. So bekam Otto von Buchenau Fürsteneck und Amt als Pfand. 1440 verkaufte der Abt das gesamte Amt an das Kloster Hersfeld, und bereits 1450 ging es in den Besitz derer „von Tann" über. Hans von der Tann wurde 1460 Amtmann auf der Burg und ließ diese in besten Wehrzustand versetzen. Graf von Henneberg versuchte die Burg zu erstürmen, was aber misslang. Später, im Dreißigjährigen Krieg, wurde sie teilweise bis auf die Grundmauern zerstört. Im 18. Jahrhundert richtete man die Burg wieder her. Heute werden hier Weiterbildungsveranstaltungen durchgeführt.

Schloss Elbenberg
34311 Elbenberg
Landkreis Kassel

Die ursprüngliche Burg derer von Elben, deren Geschlecht 1535 ausgestorben ist, wird heute als Gutshof genutzt und ist im Habichtswald südwestlich von Kassel zu finden. Seit 1559 war die Burg im Besitz derer von Buttlar. Aus mittelalterlicher Zeit ist das „Alte Schloss", ein Steinbau des 15. Jahrhunderts, mit schlankem, rundem Treppenturm von 1583 bekannt. Das Erdgeschoss ist gewölbt. Das einfache, klassizistische Herrenhaus von 1837 wurde in den Jahren 1860–1861 verändert. Der tonnengewölbte Keller ist noch nach späterer gotischer Inschrift von 1205 mittelalterlich. Im Wirtschaftshof steht ein Fachwerkwohnhaus von 1752 und im Park die Statue einer knienden, betenden Maria vom Beginn des 14. Jahrhunderts. Der Privatbesitz ist für die Öffentlichkeit nicht zugänglich.

Schloss Elbenberg

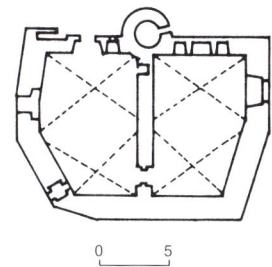

Schloss Elbenberg, Grundriss

Elkerhausen/Elm

Wasserburg Elkerhausen
35796 Elkerhausen
Landkreis Limburg-Weilburg

In der ehemaligen Wasserburg befindet sich ein kleines Museum. Besuchen kann man dieses, wenn man sich 8 km südlich von Weilburg über Weinbach durch die reizvolle Landschaft nach Elkerhausen begibt. Ursprünglich war die Burg Sitz der Herren von Elkerhausen, sie wurde erstmals 1191 erwähnt. Als die Anlage 1352 zerstört wurde, verhinderte man den Wiederaufbau durch Verbot. Zu Beginn der ersten Hälfte des 16. Jahrhunderts entstand ein Neubau als zweistöckiger spätgotischer Fachwerkbau, der teilweise verschiefert wurde. Der westliche Querflügel entstand im 17. und 18. Jahrhundert. Heute werden hier interessante wechselnde Ausstellungen gezeigt.

Wasserburg Elkerhausen

Schloss Brandenstein
36381 Elm
Main-Kinzig-Kreis

Die erste Burg entstand wahrscheinlich 1240 durch die Herren von Steckelberg, denen wohl die landschaftlich schöne Lage in der Nähe der heutigen Märchenstraße bei Schlüchtern zusagte. Den Namen Brandenstein bekam die Anlage von den Herren von Brandenstein, die sie ab 1299 im Besitz hatten. 1522 wurde die

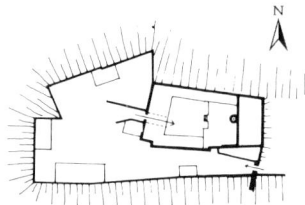

Schloss Brandenstein, Elm, Grundriss

Burg erobert und 1719 ging sie an Hessen-Kassel. 1895 kam sie wieder in den Besitz der Familie von Brandenstein. Die Hauptburg mit ihren zwei Vorburgen besteht im Kern seit dem 15. Jahrhundert, wobei die Kernburg nach 1543 erneuert wurde. Es ist ein mächtiger, geräumiger Wohnturm über großem tonnengewölbtem Keller. Der vorgestellte Treppenturm wurde 1564 vollendet, wobei der Oberbau in das Jahr 1888 einzuordnen ist. Die Fensterformen sind in der Art des Steinacher Baumeisters As-

Eltville am Rhein

mus gestaltet und der Palas ist spätgotischen Ursprungs. Das Gebälk im Innern wurde teilweise 1747 erneuert, wie einer Inschrift zu entnehmen ist. Stilvolle Möbel des 17. und 18. Jahrhunderts zieren die Räumlichkeiten, sie stammen teilweise aus Württemberg. Das vordere Burgtor ist 1565 erbaut worden und die innere Vorburg um 1633. In einem 1885 eingerichteten Pferdestall baute man seit 1970 ein Holzgerätemuseum auf, das nur nach Voranmeldung besucht werden kann.

Kurfürstliche Burg Eltville und Burg Craß
65343 Eltville am Rhein
Rheingau-Taunus-Kreis

Die heute im städtischen Besitz befindliche **Kurfürstliche Burg** entstand an Stelle einer älteren, vielleicht bis in ottonische Zeit zurückreichenden, ein wenig südlicher am Rheinufer gelegenen Wasserburg. Die Burg am Rhein wurde ursprünglich an den drei Landseiten von mächtigen Zwingern geschützt. 1301 wahrscheinlich zerstört, wurde das heutige Bauwerk um 1330 durch Erzbischof Balduin von Luxemburg begonnen. Vermutlich wurden die Baumaßnahmen schon 1332 wieder eingestellt und erst um 1345 durch Heinrich von Virneburg vollendet. Seitdem war die Burg bis gegen 1480 Hauptresidenz der Erzbischöfe. Bis 1475 wohnten hier derer elf. Im Dreißigjährigen Krieg wurden bis auf den Hauptturm alle Gebäude von schwedischen Truppen zerstört, doch 1682 von Giovanni Angelo Barella erneut hergestellt. 1938 erfuhr die Anlage eine Restaurierung von Ernst Stahl. Dem Besucher zeigt sich die Burg als eine viereckige Anlage, die teilweise von einem Zwinger und ausgemauertem, stets trockenem Graben umgeben war. An der südöstlichen Ecke springt der mächtige Hauptturm aus der Zeit Virneburgs vor, ein besonders charakteristisches Beispiel für die seit dem 14. Jahrhundert bei den Stadt- und Wasserburgen der drei rheinischen Erzbischöfe beliebten wohnturmartigen Bergfriede. Der jetzige, fast quadratische Turm ist bewohnbar, mit vier Geschossen unter

Schloss Brandenstein, Elm

E Eltville

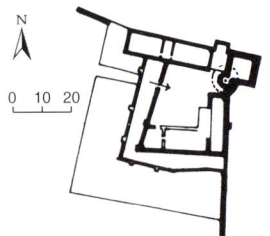

Kurfürstliche Burg Eltville, Grundriss

Kurfürstliche Burg Eltville

tonnengewölbtem Verlies. Das oberste Geschoss hat Kreuzrippengewölbe mit Wappenschlusssteinen von Mainz und Virneburg. An der nordwestlichen Ecke stehen ein achtseitiger Treppenturm und drei Ecktürmchen des 15. Jahrhunderts. Im ersten und zweiten Geschoss befinden sich gotische Kamine mit Wappen, Wandschränke und restaurierte Reste ornamentaler Wandmalereien des 14. Jahrhunderts. Nördlich anstoßend ein zweigeschossiges, im Kern gotisches Wohngebäude, mit einem Portal von 1682. An der Südseite des Berings steht die Ruine des Palas und ein runder, südwestlicher Eckturm. An der Nordseite stehen das spitzbogige Burgtor und davor die Steinbrücke über den Graben.

Im Jahre 1459 wurde Dieter von Isenburg-Büdingen zum Mainzer Erzbischof gewählt, doch Papst und Kaiser vertrauten ihm nicht. Als dieser dann sogar einen vom Papst aus der Kirche ausgeschlossenen Adligen zum Berater ernannte, wurde er vom Papst für abgesetzt erklärt und Adolf von Nassau zum neuen Erzbischof ernannt. Die von Gutenberg gegründete Druckerei von Mainz lieferte Flugzettel für beide Seiten, was sicherlich auch zum anschließenden Krieg beitrug, in dem der Nassauer siegte. Zu den 400 aus der Stadt ausgewiesenen oppositionellen Bürgern gehörte auch der Drucker Gutenberg, dem Obdach im erzbischöflichen Eltville gewährt wurde. Während Gutenbergs Aufenthalt in Eltville gründeten unter seiner Beratung die Brüder Heinrich und Nikolaus Bechtermünze eine Druckerei, die das neue Verfahren der Setzkunst

Eppstein E

anwendete. Als Wiedergutmachung wurde Gutenberg vom Erzbischof zum Hofedelmann ernannt. Heute ist in der Erzbischofsburg eine Gedenkstätte für Johannes Gutenberg untergebracht. In der Burg kann man außerdem die historische Sammlung Eltville sowie eine Originaldruckmaschine aus dem 15. Jahrhundert besichtigen. In den Gartenanlagen rund um die Burg fallen die zahlreichen Rosenstöcke auf, die Eltville zu einer der deutschen Rosenstädte machen.

Burg Craß, Eltville

Burg Craß wurde als abgabenfreier Adelssitz außerhalb der Siedlung um 1080 errichtet. Dieser Bau erhielt eine vielfache Umgestaltung in Gotik, Renaissance, Barock und Neugotik. Bis 1872 war die Burg bewohnt von wechselnden Adelsgeschlechtern, am längsten den Frey von Dehrn und zuletzt den Grafen Grunne. Danach wurde unter dem Namen Burg Craß ein Gasthof betrieben. Das kleine romantische Burghaus ist einer der ältesten Profanbauten an Mittelrhein und Mosel. Am östlichen Treppengiebel im Obergeschoss ist eine spätromanische Arkade integriert. An der Südwestecke steht ein runder Treppenturm. Im Westen befindet sich ein einstöckiger Anbau mit spätgotischen Fenstern und Wappen sowie einer Inschrift von 1565. Das Ganze wurde um 1840 stark neugotisch verändert. Die Burg beherbergt heute wiederum eine gastronomische Einrichtung.

Burgruine Eppstein
65817 Eppstein
Main-Taunus-Kreis

Nordöstlich von Wiesbaden erreicht man auf der B 455 nach 12 km die Kleinstadt Eppstein. Die Burg, die im Zentrum des Ortes steht, wurde um 1100 gegründet und 1122 erstmals erwähnt. Sie war seit Gerhard II. von Haimhausen Stammsitz der Herren von Eppstein, die 1114 erstmals urkundlich genannt wurden. Leider fehlen ältere Baunachrichten. Um das Jahr 1500 vollzog sich der Aufbau der Kemenate durch Hessen und

E Erbach im Odenwald

Burgruine Eppstein, Grundriss

1616 sowie 1619 gab es erste Ausbesserungen. Seit 1776 begann der Verfall des hessischen und seit 1803 des mainzischen Teiles. Von der Anlage des 12./13. Jahrhunderts sind keine deutlichen Spuren erkennbar. An der Ostseite zeigt sich ein ungefähr rechteckiger Bering mit Halsgraben und Schildmauer und auf der höchsten Stelle des Felsens ein runder Bergfried über viereckigem Unterbau des 14. Jahrhunderts. Im Inneren haben wir ein flaches Kuppelgewölbe und drei gotische Türgewände, von denen das untere 1872 erst ins Verlies eingefügt

Burgruine Eppstein

wurde. Dem schließt sich ein vierstöckiger Wohnbau mit großen Stichbogenfenstern an. Östlich davon die ehemalige Kemenate mit spätgotischem Portal, bezeichnet mit 1616. Im östlichen Teil des Berings befindet sich innseitig, anstoßend an die Schildmauer, das so genannte Mainzer Schloss, teilweise noch unter Dach, da der nördliche Flügel vom 17. Jahrhundert bis 1903 als katholische Kirche diente. Darin finden wir heute das Heimatmuseum.

Schloss Erbach
64711 Erbach im Odenwald
Odenwaldkreis

Es ist das Schloss der Grafen zu Erbach-Erbach, die es teilweise den Besuchern als Museum zugänglich gestaltet haben. Der historische Bau steht im Zentrum der Stadt, die wiederum im Naturpark Bergstraße-Odenwald liegt und mit Michelstadt im weiten Bereich die größte Ortschaft ist. Von der ehemals ringförmig von Zwinger und Graben umgebenen mittelalterlichen Wasserburg ist nur der hohe runde, ursprünglich frei stehende Bergfried mit Buckelquaderverkleidung von ca. 1200 erhalten. Ehemals war dieser mit Zinnenkranz und Wehrgang als

Erbach im Rheingau

Abschluss gestaltet, jetzt Bekrönung mit drei Zwerchgiebeln und steilem Helm aus der Zeit von 1497. Die Brunnennische gehört in das Jahr 1579. Anstelle des gotischen Wohnbaues 1736 wurde unter Graf Georg Wilhelm ein nüchterner, dreigeschossiger Schlossbau mit Mansarddach geschaffen. Es war der Ansatz eines aufgegebenen größeren Bauvorhabens, für das Johann Friedrich Stengels Pläne zum Saarbrücker Schloss vorlagen. 1900–1902 hatte Graf Georg Albrecht das Gebäude mit einer Barockgliederung versehen. Von den Innenräumen sind der 1803 eingerichtete, zwei Geschosse umfassende neugotische „Rittersaal", zwei „Römische Zimmer" um 1800 und die Hirschgalerie mit reicher Holzdecke bemerkenswert. Der anstoßende Archivbau mit Tordurchfahrt stammt aus der zweiten Hälfte des 16. Jahrhunderts, hofseitig wurde ein Treppenturm integriert. Der Schlosshof ist begrenzt durch den Kanzleibau von 1540, der 1893 erneuert wurde, und den so genannten Alten Bau von 1550, restauriert 1894. Im Schloss befinden sich sehr bedeutende Sammlungen des Grafen Franz. Ausgrabungsfunde von 1792 bis 1796 aus Herculaneum und Tivoli, mittelalterliche Glasgemälde, Tafelmalereien und Bildwerke zeigen die Ausstellungsbereiche. Waffen und Rüstungen, Schenkenbecher des Mainzer Kurfürsten Dietrich von Erbach um 1450, Elfenbeinarbeiten und Grabsteine aus der Einhardsbasilika in Steinbach ergänzen das Interieur. Von der ehemaligen Burgkapelle St. Nikolaus stammt vermutlich eine spätromanische Säule mit Würfelkapitell. Jenseits der Mümling, im ehemaligen Lustgarten, steht die Orangerie von 1722, ein eingeschossiger Bau mit 1980 wiederhergestelltem Mansarddach und Pilastergliederung, dessen Inneres umgebaut wurde.

Schloss Erbach

Schloss Reinhartshausen
65346 Erbach im Rheingau
Rheingau-Taunus-Kreis

Der Besitz des Prinzen von Preußen ist heute ein renommiertes Hotel am Westrand des Ortes,

E Ermschwerd

westlich von Eltville, unmittelbar am Rhein. Er entstand aus drei mittelalterlichen Höfen und trägt seit 1857 den Namen Reinhartshausen. Der Herrenbau wurde ab 1801 für Graf Clemens August von Westphalen geschaffen und 1855 für Prinzessin Marianne von Preußen um ein Geschoss erhöht. Das Schloss stellt einen schmucklosen, dreigeschossigen Baukörper mit flach geneigtem Dach dar. Im Obergeschoss befindet sich ein Festsaal im pompejanischen Stil, der um 1825 gestaltet wurde. Die Wände zieren Pilaster in Stuck und dazwischen Vasen mit Blumen und Grotesken. Der um 1860 errichtete, kulturgeschichtlich bemerkenswerte Galeriebau wurde 1958 durch das Hotel ersetzt. Zum Schlossareal gehören weiterhin hufeisenförmige Wirtschaftsgebäude vom Anfang des 19. Jahrhunderts, die später eine Veränderung erfuhren.

Schloss Ermschwerd
37217 Ermschwerd
Werra-Meißner-Kreis

Das Herrenhaus des ehemaligen Buttlar'schen Hofes, das als Schloss bezeichnet wird, unmittelbar nordwestlich von Witzenhausen gelegen, wurde 1551 erbaut und beherbergt heute einen Kindergarten. Es ist ein stattlicher Bau, in zwei Fachwerkobergeschossen aufgeführt, an dessen massivem Untergeschoss Vorhangfenster gestaltet wurden. Das Portal ist besetzt mit Wappen derer von Buttlar und von Boyneburg, versehen mit der Jahreszahl 1616. Über der Freitreppe befindet sich ein zweigeschossiger Fachwerkerker. Der seitliche Erkervorbau in Stein stammt von 1585 und wurde 1795 restauriert. An der Rückseite ist ein Treppenturm mit Fachwerkaufsatz und Barockhaube integriert. Eine Wappentafel mit Wappen von Buttlar und von Oeyenhausen finden wir in der Erdgeschosshalle, versehen mit einem Spruch. Gestaltet wurde diese 1586 von Andreas Herber. An der nördlichen Schmalseite steht ein Anbau mit Fachwerkobergeschossen des 17. Jahrhunderts, der anschließende Hofflügel entstand 1801. An der Südseite ein weiterer, jedoch unvollendeter Anbau von 1596. Südöstlich vom

Schloss Reinhartshausen, Erbach

Ernsthofen/Ersrode E

Dorf auf dem Burgberg stand eine frühmittelalterliche Fliehburg mit Wällen und Gräben.

Wasserburg Ernsthofen
64397 Ernsthofen
Landkreis Darmstadt-Dieburg

Die ehemalige Wasserburg der Herren von Wallbrunn, gelegen zwischen Mühltal und Modautal, südöstlich von Darmstadt, wurde als Talsperre in der ersten Hälfte des 15. Jahrhunderts angelegt und im 16. Jahrhundert erneuert. Die Landgrafen von Hessen kauften 1722 diesen Besitz und gestalteten ihn als Jagdschloss um. Restauriert und verschiedentlich ergänzt wurde das Schloss 1923 mit dem Übergang in Privatbesitz. Der runde Bergfried und ein Eckrundturm der Hauptburg stammen aus spätgotischer Zeit. Das barocke Herrenhaus mit Mansarddach erhebt sich über spätgotischem, rippengewölbtem Kellergeschoss und besitzt ein Wappenportal. Interessant ist im Inneren die flachbogige Tür mit der Bezifferung 1592. Ergänzt wird der Bereich durch ein eingeschossiges, gewinkeltes barockes Vorburggebäude mit Mansarddach und spätgotischem Eckrundturm. Zwischen der Vor- und Hauptburg liegt ein ehemaliger gemauerter Graben.

Schloss Ermschwerd

Burg Ludwigseck
36251 Ersrode
Landkreis Kassel

Inmitten großer Waldungen, auf einer steilen Basaltkuppe gelegen, steht stolz die Burg Ludwigseck, sie ist nordwestlich von Bad Hersfeld auf der gekennzeichneten, landschaftlich schönen Straße zu erreichen. Die Burg wurde auf Veranlassung des Landgrafen Ludwig I. errichtet. Erbaut haben sie die Ritter von Röhrenfurt und von Holzheim Anfang des 15. Jahrhunderts. Schon seit 1432 war die Burg teilweise, seit 1459 ganz und bis heute im Besitz derer von Riedesel. Im Dreißigjährigen Krieg brannte sie bis auf die Mauern nieder und wurde in der zweiten Hälfte des 17. Jahrhunderts wiederhergestellt. 1858 erfolgte nochmals eine umfassende Erneuerung der Anlage, die

E Escheberg

Schloss Escheberg
34289 Escheberg
Landkreis Kassel

Ursprünglich war der frühere Bau ein Königsgut. Er ist zu erreichen von der Abfahrt Zierenberg der A 44 in nördlicher Richtung. Seit Anfang des 14. Jahrhunderts kam das Gut in Besitz der Herren von der Malsburg. Im 19. Jahrhundert stand das Schloss im Mittelpunkt eines Künstlerkreises der Spätromantik um Emanuel Geibel. Die einstige Wasserburg mit dem dreigeschossigen Herrenhaus und stattlichem Zwerchgiebel verdankt ihre gegenwärtige Gestalt einem durchgreifenden Umbau am Ende des 18. Jahrhunderts. Teile des ursprünglichen Bestandes stammen noch aus dem 16. Jahrhundert, die tonnengewölbten Keller gehen wohl noch ins Mittelalter zurück. Im Jahre 1922 erfolgten Veränderungen der Flügelbauten, von denen der östliche die Kapelle von 1791 enthält. Das Interieur wies Empiremöbel, Familienbilder, unter anderem von August von der Emde sowie ein Gemälde der Louise von der Malsburg von Wilhelm Böttner, um 1800 auf. Auch Erinnerungen an Napoleon I. waren hier zu finden. Die Kapelle besitzt ein Holzrelief, das Christus vor Pilatus zeigt und

heute schlichte Wohngebäude um einen kleinen nach Süden offenen, querrechteckigen Hof präsentiert. Die Hauptgebäude befinden sich an der Ost- und Westseite und sind durch einen niedrigeren Nordflügel verbunden. Eine Wehrmauer mit der Toreinfahrt finden wir an der Südseite. Der Bau gehört größtenteils in die gotische Zeitepoche. Auch der Westflügel trägt einen spätgotischen Erker, der im oberen Teil 1858 ergänzt wurde. Am Verbindungsflügel im nördlichen Bereich gibt es einen rundbogigen Kellereingang mit Renaissanceornamenten von 1593. Im Innern befindet sich eine Treppe auf Holzsäulen aus dem 17. Jahrhundert. Die Ausstattung wies vorzügliche deutsche und ausländische Möbel, vorwiegend des 16.–18. Jahrhunderts, sowie eine Gemäldesammlung mit Werken von Tischbein auf. Der gesamte Burgbereich ist in Privatbesitz und wird als Domäne genutzt.

Schloss Escheberg

Eschwege

Landgrafenschloss Eschwege
37269 Eschwege
Werra-Meißner-Kreis

Im Norden der Stadt erhebt sich schroff am linken Ufer der Werra und im Süden sanfter abfallend der Cyriaksberg, wohl die Wiege Eschweges. Auf seiner Anhöhe stand einst die berühmte Abtei und ohne Zweifel auch das alte Kaiserschloss. Am westlichen Ende, auf einem kleinen Hügel, erblicken wir das alte Landgrafenschloss. Fast zwei Jahrhunderte dauerte es, bis aus der Zwingburg des Landgrafen Balthasar von Thüringen das jetzige dreiflügelige Schloss erwuchs. Die Gebäude zeigen schlichte und würdige Renaissancebauten, jedoch mit einigen gotischen Erinnerungen verbrämt. Es besteht aus einem Hauptgebäude mit zwei vortretenden Flügeln, die eine Mauer mit fünf Durchfahrten verbindet. Der linke Flügel ist der jüngste Teil des Schlosses und wurde erst 1581 durch den Landgrafen Moritz errichtet. Vor dem Hauptflügel und dem rechten Seitenflügel ist je ein achteckiger Treppenturm angebaut. Im Innern des Schlosses befanden sich ehemals schöne Säle. Die herrlichen Gemälde im Roten und Schwarzen Saal sind in den verschiedenen Kriegen, die über Stadt und Schloss hinwegbrausten, verloren gegangen. Im Roten Saal soll viel Blut geflossen sein, dessen Spuren man noch lange sehen konnte. Landgraf Philipp der Großmütige ließ im Jahre 1562 Veränderungen vornehmen, wobei eine durchgreifende Erneuerung erst 1581 unter seinem Nachfolger Wilhelm IV. stattfand. Dieser legte auch den Lustgarten am Schloss an und umgab ihn mit einer Mauer und zwei Rondellen. Am anmutigsten Platz des Gartens errichtete er 1592 ein Lusthaus, das später die Wohnung des Hofgärtners war. Landgraf Moritz der Gelehrte, der von 1592 bis 1627 regierte, baute den Pavillon, in dem sich der Goldene Saal befand, und verschönerte auch den Schlossgarten. Durch den Brand von 1637 wurde die Anlage vernichtet, doch das Schloss gerettet. Landgraf Mo-

vom Ende des 15. Jahrhunderts stammt. Zum Schlossareal gehört ein großer Park des 18. Jahrhunderts, der im 19. Jahrhundert im englischen Stil umgestaltet wurde. Ergänzend befinden sich in diesem ein Gewächshaus und ein ehemaliger Teepavillon vom Ende des 18. Jahrhunderts, der später verändert wurde. Das Schloss ist der Öffentlichkeit nicht zugänglich, da es sich im Privatbesitz befindet.

E Eschwege

Landgrafenschloss Eschwege

ritz, der bereits 1627 die Zügel der Herrschaft aus der Hand legte, beschloss am 15. März 1632 im Schloss zu Eschwege sein bewegtes Leben. Im Dreißigjährigen Krieg waren auch die Verwüstungen am Schloss groß. Danach residierte dort der Landgraf Friedrich, ein Sohn aus Moritz' zweiter Ehe, der Eschwege als Apanage erhielt, nebst seiner Gemahlin Eleonore Katharine von Pfalz-Zweibrücken. Dieser stellte das verwüstete Gebäude wieder her. Als er 1655 aus Posen nicht zurückkehrte und keine männlichen Erben hinterließ, bekam seine Tochter Christine das Schloss, das 1713 Landgraf Christian übernahm und es 40 Jahre lang besaß. Dieser versetzte die Gesamtanlage wieder umfassend in würdigen Zustand. Später, im Siebenjährigen Krieg, hatten die Franzosen hier ein Lazarett und danach war es Sitz einer Freimaurerloge. Im Schwarzen Saale, wo die Richter im schwarzen Talar sieben Jahre lang nach dem Tode Napoleons gerichtet hatten, ergötzte sich die frohe Casinowelt. Mitte des 19. Jahrhunderts dienten die Räumlichkeiten des Schlosses Verwaltungsbehörden und später sogar als Museum. Einige Bemerkungen sollten noch der Beschaffenheit des Schlosses gelten. Eine fünfteilige Arkade schließt die offene östliche Hofseite. Aus der Zeit der Erbauung der Burg 1386–1389 durch die Landgrafen von Thüringen besteht noch Mauerwerk am Nordflügel. Der zweigeschossige Steinerker am Ostgiebel stammt von 1552, und die beiden fünfseitigen Treppentürme an den Hofseiten sowie die hohen Renaissancegiebel an den fest stehenden Schmalseiten sind 1581 unter Landgraf Wilhelm IV. und vermutlich durch den landgräflichen Baumeister Hans Wetzel (Hans von Allendorf) gestaltet worden. Im Westflügel befindet sich ein zweischiffiger Rittersaal, der ab 1736 zeitweise als Kapelle genutzt wurde. Unter Landgraf Moritz wurde wohl 1617 an der Südostecke ein wuchtiger, turmartiger, viergeschossiger Baukörper erbaut, der einen „Goldenen Saal" besaß. Die Kunstuhr in der Dachlaterne mit dem bekannten „Dietemann" entstand 1650 unter Landgraf Friedrich von Hessen-Eschwege. Der anschließende Südflügel fällt in

Falkenberg

die Zeit um 1755 und besitzt ein Fachwerkobergeschoss mit Mansarddach. Heute befindet sich im Schloss das Landratsamt.

Ruine Oberburg und Unterburg (Schloss)
34590 Falkenberg
Schwalm-Eder-Kreis

Beide Anlagen sind zu erreichen auf der B 254 nördlich von Homberg/Efze. Die **Oberburg**, die auch als so genannte Alte Burg bzw. Ritterburg Falkenberg bezeichnet wird, besteht nur noch als Ruine in geringen Resten, die hinter dichtem Gestrüpp verborgen sind. Ihre Entstehung liegt in der Mitte des 13. Jahrhunderts. Sie wurde von den Herren von Hebel angelegt und gehörte zu den geräumigsten Burgen Hessens. Sie bestand aus einem Hochschloss mit gewaltiger Umwehrung. Die Ost- und die Südseite, an der ein Zwinger vorgebaut war, schützte ein breiter Graben. Ab etwa 1270 war sie Sitz der Nebenlinie von Falkenberg und ging 1309 in hessisches Lehen über. Im 14. Jahrhundert erlitt die Burg starke Kriegsschäden, die 1437–1454 ausgebessert wurden. Als die Unterburg erbaut wurde, verließ man die Oberburg, sie verfiel und wurde ab 1621 abgebrochen.

Die **Unterburg**, auch als Schloss bezeichnet, entstand durch die Herren von Hebel um 1510 am Fuße des Berges und ging bereits 1521 an die von Falkenberg über. Ab 1613, nachdem das Geschlecht der Falkenbergs ausgestorben war, gehörte das Schloss Hessen und war bis 1828 bei Hessen-Rotenburg. Familie Henschel besaß von 1932 bis 1961 diesen stattlichen Fachwerkbau von unregelmäßiger Gestalt, der im Kern vom Anfang des 16. Jahrhunderts ist und gewölbte Keller besitzt. Das Schloss wurde um 1560 vergrößert, aus dieser Zeit stammt auch der steinerne Turmanbau an der Gartenfront. Die großen Räume in allen drei Geschossen sind mit Balkendecken auf kurzen Holzsäulen versehen. Im Erdgeschoss steht ein Kamin. Erweiterungen erfolgten von 1613 bis 1616 im südlichen Bereich. Aus dieser Zeit stam-

Unterburg (Schloss), Falkenberg

F Falkenstein

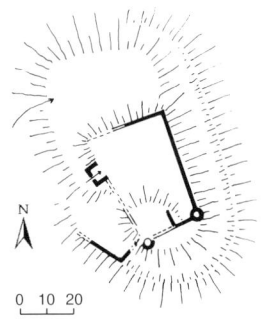

Ruine Oberburg, Falkenberg, Grundriss

men die reichen Kamine im ersten und zweiten Obergeschoss mit dem Wappen und den Initialen des Landgrafen Moritz und der Landgräfin Juliane. 1780 entstand der auf Holzsäulen errichtete Vorbau an der Parkseite. Restaurationen erfuhr das Schloss, das wertvolles Mobiliar besitzt, 1924/25 und 1936. Die Gartenplastiken der vier Jahreszeiten wurden um 1760 und die Brunnenfigur Neptun im 17. Jahrhundert gefertigt. Heute beherbergt das ehemalige Rittergut die „Schlosstöpferei Falkenberg", in der Rehabilitationsarbeit geleistet wird, es besitzt darüber hinaus auch einen Reitbetrieb. Sie sind dem Verein „Hoffnung für Dich" e. V. angeschlossen.

Burgruine Falkenstein
61462 Falkenstein
Hochtaunuskreis

Wo man heute die noch erhaltenen Bauteile der Ruine Falkenstein erblickt, stand noch vor dem 13. Jahrhundert die Burg Nüring, von der jedoch nichts erhalten blieb. Ihre Herren waren die von Bolanden. Anfang des 14. Jahrhunderts wurde wohl die Burg Falkenstein erbaut, die nordöstlich von Königstein im Taunus liegt und die 1385 an Nassau-Weilburg ging. Die im 19. Jahrhundert dem Verfall preisgegebene Burg war eine rechteckige Ausläuferanlage mit einem quadratischen Bergfried und einem Eingang in 4 m Höhe. Dieser befand sich an der höchsten Stelle und hatte ursprünglich ein viereckiges Aufsatztürmchen. Errichtet wurde er vermutlich im 14. Jahrhundert, die runde Aufstockung stammt aus dem 15. Jahrhundert. Zwei Wohngebäude, von

Burgruine Falkenstein

Felsberg F

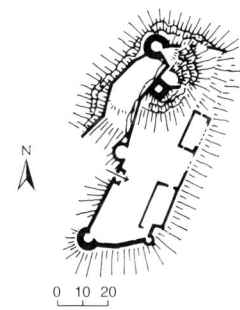

Burgruine Falkenstein, Grundriss

zugrunde liegen. Im Jahre 1060 wurde erstmals das Geschlecht der Grafen von Felsberg urkundlich erwähnt. Diese sind in die Meginsippe einzuordnen und waren mit dem Grafen von Reichenbach sowie derer von Ziegenhain verwandt. Im Bereich des Hunsrücks gibt es eine „alte Burg", die ein Grafenschloss getragen haben soll, was aus einer Inschrift auf dem Schloss Koppenstein hervorgeht. Hier wird ein Graf mit Namen Meginhard genannt, der ein Vorfahre der Felsberger Grafen gewesen sein könnte. Die auf dem 199 m hohen Basaltfelsen stehende Burg wird mit der später stark befestigten Stadt Stützpunkt gegenüber Kurmainz. Im Jahre 1238 ziehen sich die Grafen auf ihre niedersächsischen Besitztümer zurück und bald darauf stirbt das Geschlecht aus. Burg und Stadt kommen in den Besitz der Landgrafschaft Thüringen. Doch wenig später werden sie Bestandteil der Landgrafschaft Hessen unter dem Hause Brabant. Felsberg erhält durch die hessischen Landgrafen 1247 fünf Burgensitze, die mit Rittern besetzt werden, um die Landgrafschaft in diesem Bereich zu sichern. Im Jahre 1333 verstärkt Landgraf Heinrich II. die Burgbefestigung wesentlich. So entstehen der Zwinger mit Schießscharten und Wehrgängen, ein Torturm sowie ein neuer Ein-

denen nur noch Reste vorzufinden sind, standen an der östlichen Längsseite. Da die Südseite die Angriffsseite war, verstärkte man hier die Ringmauer schildartig. Die Entstehungszeit der starken Rondellbauten ist ebenfalls in das 15. Jahrhundert einzuordnen. Ende des 17. Jh. wurde sie teilweise abgebrochen. 1855 bekam das Burgtor eine Erneuerung.

Burgruine Felsberg
34587 Felsberg
Schwalm-Eder-Kreis

Die Stadt Felsberg mit ihrer Burg finden wir in der landschaftlich herrlichen hessischen Schweiz im Bereich des Edertales, das durch seine Hügellandschaft einstiger Vulkane geprägt ist. Die Existenz der heute weithin sichtbaren Burg soll einem Streit zwischen dem Landgrafen von Hessen und dem Erzbistum Mainz

F Felsberg

Burgruine Felsberg

gang. Der Bergfried von 1388 erhält einen weiteren Aufsatz durch einen schmaleren Teil mit einem Kegeldach. 1373 verpfändet der Landgraf die Steuereinnahmen der Stadt Felsberg an den Landvogt von Niederhessen, Friedrich von Felsberg. Ein Förderer der Burg und Stadt Felsberg war der von 1413 bis 1458 regierende Landgraf Ludwig I. von Hessen. So lässt dieser zum besseren Schutz der Burg auf der Nordseite den Zwinger mit Wehrgang vorbauen und den Bergfried durch einen kleineren Turm erhöhen. Landgraf Ludwig I. führt 1427 einen Reiterkampf gegen den Grafen Gottfried von Leiningen, der mit 600 Reitern von Fritzlar kommend die Gemarkungen Felsberg, Gutensberg und Melsungen im Dienste von Kurmainz verheert. In der Ederniederung kommt es zum Kampf bei Englis und bei Felsberg, wo Ludwig den Grafen von Leiningen schlägt und ihn zum Frieden in Frankfurt zwingt. Daraufhin entstand der recht lustige Spruch „frisch – fromm – fröhlich – frei – holt Ludwig den Sieg herbei". Die Gemahlin Ludwigs II., Mechthild von Württemberg, erhält 1453 Felsberg als Wittum. Wie schon Böttcher auf Geheiß Augusts des Starken in Meißen Gold herstellen sollte, hat auch Landgraf Ludwig I. einen Alchemisten, Klaus von Urbach, nach Felsberg geholt, um im Schlosse Gold zu machen, was bei beiden ein Irrglaube der damaligen Zeit gewesen war. Ab 1486, nach dem Aussterben der hessischen Burgmannenfamilie von Felsberg, wird das Schloss häufig als Wittum für die Landgräfinnen benutzt. So bekam es die Landgräfin Anna, Tochter des Herzogs Magnus I. von Mecklenburg. Sie war die Mutter des bedeutendsten hessischen Landgrafen Philipp, der die Reformation in Hessen einführte und die erste evangelische Universität in Marburg gründete. Nach 1514 wurde das Felsberger Schloss nicht mehr für herrschaftliche Wohnzwecke genutzt. Von 1544 bis 1826 wird die umgebaute Pankraziuskapelle zum Lagern von Pulver genutzt. Der hier im Dreißigjährigen Krieg abgehaltene Landtag durch Landgraf Moritz den Gelehrten hatte zur

Fränkisch-Crumbach

Grundlage, den bestehenden Religionskrieg im Lande zu verhindern, was ihm jedoch nicht gelang, weshalb er schließlich am 17. März 1627 abdankte. Familiengeschichtlich hat sich in Felsberg die Schlacht bei Lutter am Barenberge, in der König Christian von Dänemark eine schwere Niederlage durch die kaiserlichen Feldherren Tilly und Wallenstein erlitt, ausgewirkt. So griff 1640 der Dreißigjährige Krieg auch auf Felsberg über, wobei der größte Teil der Stadt niedergebrannt wurde. Die heute noch gut erhaltenen Schießscharten an der Burg stammen aus dem Jahre 1761, der Zeit des Siebenjährigen Krieges, als die Franzosen das Terrain besetzten. Hessische Bürger mussten Schanzdienste für eine neue Befestigung leisten. Hessische Jäger unter Major von Linzingen beschießen die Burg 1762 von der Gutensberger Höhe aus und nehmen im Anschluss Franzosen gefangen. 1809 liefern sich Hessen erbitterte Schlachten mit den Soldaten Napoleons, wobei Erstere bis vor die Tore Kassels rücken und dort von den Soldaten des Königs Jerome in einem blutigen Gefecht bei der Knallhütte geschlagen werden. Preußen verleibt sich 1866 Kurhessen ein. Der Schlossberg wird Eigentum der Provinz Hessen-Nassau und wird verwaltet durch die staatliche Verwaltung der Schlösser und Gärten in Bad Homburg vor der Höhe. Der Burgenverein Felsberg e.V. pachtet diesen. Heute ist man emsig dabei, durch Restaurationsarbeiten die Burg der Öffentlichkeit wieder zugänglich zu machen.

Burgruine Rodenstein und Schloss Fränkisch-Crumbach
64407 Fränkisch-Crumbach
Odenwaldkreis

Etwa in der Mitte des 13. Jahrhunderts errichteten die Herren von Rodenstein, deren Geschlecht 1671 ausgestorben ist, mit Hilfe der Grafen von Katzenelnbogen die **Burg**, deren Reste heute südwestlich der Stadt zu finden sind,

Burgruine Rodenstein, Fränkisch-Crumbach

Frankfurt am Main

als Trutzburg. Gerichtet war die Burg vor allem gegen die Schenken von Erbach. Als sie den Ansprüchen nicht mehr gerecht wurde, erweiterte man sie 1346 und nochmals 1500 durch Türme und neue Palasbauten. Die Freiherren von Gemmingen-Hornberg erwarben 1693 die Burg, die jedoch im 17. Jahrhundert bereits verfiel. Nach dem Tode Adams von Rodenstein im Jahre 1635 verwendete man Dachziegel und Gebälk für neue Gebäude, und später diente die Burg als Steinbruch. Als funktionsfähige und bewohnte Anlage wies sie eine etwa rechteckige Form auf, gelegen auf dem Osthang eines Bergmassivs. Sie war eine Kernburg mit zwei Palasbauten, umgeben von einem Zwinger mit quadratischen Flankentürmen, von denen der Mühlturm gut erhalten blieb. An der Talseite war ein zweiter Zwinger angelegt worden, der eine Geschützbastion besaß. Burg Rodenstein ist eine sagenumwobene Stätte, wovon auf Lehrtafeln beim Rundgang auszugsweise berichtet wird. Im Sinne der Erhaltung unseres Kulturerbes nahm man 1938 und seit 1961 Sicherungsarbeiten vor, bei denen man zum Teil ganze Mauerzüge neu aufrichtete.

Das **Schloss** ist Besitz der Freiherren von Gemmingen-Hornberg. Ein erster Bau wurde 1575 für Philipp von Rodenstein errichtet und im Dreißigjährigen Krieg zerstört. 1645 entstand ein Neubau für Neithart von Rodenstein in schlichter Bauweise. Das Fachwerkobergeschoss wurde verputzt. Zugehörig sind die ehemalige Kellerei sowie eine Parkanlage.

Saalhof
(ehem. Königsburg)
60314 Frankfurt am Main
Kreisfreie Stadt Frankfurt am Main

Frankfurt am Main kann auf eine wahrscheinlich staufische Königsburg verweisen. Einst war es vermutlich der Sitz eines Burgvogtes oder auch die Wohnung einer hochgestellten Persönlichkeit. Nachdem sie bereits um 1280 als Reichslehen vergeben wurde, war die Burg endgültig 1333 im bürgerlichen Besitz. Die Anlage wurde in den folgenden Jahrhunderten mehrfach umgebaut und verändert. Unter Rudolf Burnitz kam auf der Mainseite 1842 ein Flügelbau in romantisierenden Formen hinzu, der alte Teile der Anlage in diesen Bau mit einbezog, doch im Zweiten Weltkrieg wurde dieser zerstört. Im Jahre 1970 entstand der Saalhof neu mit einem angefügten Erweiterungsbau. Besucher finden in diesem

Frankfurt-Bergen-Enkh./Frankfurt-Bockenh.

Bauwerk heute das Historische Museum der Stadt Frankfurt.

Wasserschlösschen
60322 Frankfurt am Main
Kreisfreie Stadt Frankfurt am Main

Im Holzhausenpark steht ein Wasserschlösschen, das einst als Gutshof „Große Öde" bezeichnet wurde und für Justinian I. von Holzhausen 1540 erbaut worden war. Doch bereits 1552 zerstörte man dieses bei der Belagerung Frankfurts. Im Jahre 1571 wurde es wieder aufgebaut und von 1727 bis 1729 entstand ein Neubau durch Louis Remy de la Fosse für Johann Hieronymus von Holzhausen, der die gotischen Fundamente mit einbezog. Die Stadt Frankfurt bekam das Wasserschlösschen 1910 als Geschenk. Baulich stellt es einen schlichten, viergeschossigen Rechteckbau mit Mansarddach dar, der ein Oberlicht mit Zeltdach trägt. Das rundbogige Portal ist in das Jahr 1571 einzuordnen. Das dreiteilige Portal von der barocken Anlage blieb erhalten. Der Park wurde im 19. Jahrhundert und nochmals nach dem Zweiten Weltkrieg umgestaltet. Im Wasserschlösschen befand sich zuletzt das Museum für Vor- und Frühgeschichte.

Schelmenburg
60388 Frankfurt-Bergen-Enkheim
Kreisfreie Stadt Frankfurt am Main

Ursprünglich war es einst die Wasserburg Gruckau, die nordöstlich Frankfurts zu finden ist. Seit 1144 war die Anlage nachweisbar Stammsitz des 1844 ausgestorbenen Geschlechtes der Schelme von Bergen. Die zu jener Zeit vorherrschenden Wassergräben sind teilweise heute noch erhalten. Das Herrenhaus, das ein schönes Steinportal besitzt, zeigt sich im Kern gotisch und wurde 1700 erneuert. Die Gesamtanlage besitzt einen kleinen Park und ist der Öffentlichkeit nicht zugänglich.

Schönhof (ehem. Wasserburg)
60325 Frankfurt-Bockenheim
Kreisfreie Stadt Frankfurt am Main

Nicht nur Bergen besitzt eine ursprüngliche Wasserburg, auch in diesem Stadtteil Frankfurts, der im Westen der Stadt zu finden ist, stehen schlichte Bauten des 18. Jahrhunderts in unregelmäßiger Gruppierung mit teilweise

Frankfurt-Höchst

verputztem Fachwerk, die an Stelle oben genannter Burg entstanden. Die Wirtschaftsbauten von 1819 stammen von Salins de Montfort. Zur Anlage gehörte weiterhin ein im ehemaligen Garten stehender achteckiger klassizistischer Tempel, mit korinthischen Halbsäulen versehen. Dieser wurde 1964 aus verkehrstechnischen Gründen in den Grüneburgpark umgesetzt.

Schloss Höchst
65929 Frankfurt-Höchst
Kreisfreie Stadt Frankfurt am Main

In Frankfurts Stadtteil Höchst im Südwesten stand einst eine Wasserburg der Erzbischöfe von Mainz, aus der das heute in neuer Fassade stehende Schloss hervorging. Ursprünglich war Erstgenannte vermutlich eine ottonische Turmburg. Reste von Buckelquadermauern verweisen auf staufische Neu- und Erweiterungsbauten um das Jahr 1200. Die Anlage wurde 1396 durch Frankfurt zerstört, aber schon 1397 unter Erzbischof Johann von Nassau wieder aufbaut. Der Kaiser jedoch verbot 1408 die Weiterführung der Baumaßnahmen, die Dieter von Ysenburg erst von 1475 bis 1482 fortsetzte. Anstelle der Vorgängerburg errichtete man 1586–1608 ein Schloss. In dem dreißig Jahre andauernden Krieg wurde 1635 die ehemalige Vierflügelanlage bis auf den nördlichen Teil zerstört und 1665 wurden die ausgemauerten Gräben trockengelegt. Der schlanke, runde, aus Basalt bestehende Bergfried aus dem 14. Jahrhundert überstand alle Kriege und Veränderungen am Schloss und ist heute das Wahrzeichen von Höchst. Die steinerne Haube und Laterne bekam er 1681. Erst im 16. Jahrhundert entstand der massive Rechteck-Wohnbau mit geschweiften Giebeln, wobei der mächtige Eckrundturm im Kern um 1400 erbaut wurde. Beeindruckend ist der reiche Torbau mit seinen toskanischen Halbsäulen und ionischen Pilastern

Schloss Höchst, Frankfurt-Höchst

Frankfurt-Niedererlenbach

vom Ende des 16. Jahrhunderts. In einer Nische über dem Torbogen befindet sich eine Steingruppe, die den hl. Martin mit Bettler zeigt. Um 1480 entstand das Spitzbogenportal an der Mauer der Mainfront, die im Zuge der Stadtbefestigung mit weiteren Rundtürmen errichtet wurde. Das Neue Schloss, ein Winkelbau mit Schweifgiebel, wurde als Kavalierstrakt um 1600 erbaut und im 19. sowie 20. Jahrhundert verändert. Höchst besaß seit 1355 Stadtrecht und wurde 1928 als Stadtteil Frankfurt angegliedert. Das an einen Park angrenzende Schloss erfuhr für die kulturelle Nutzung 1971 eine umfassende Sanierung. In ihm wurden eine Galerie sowie ein Museum für Heimatkunde untergebracht.

Wasserburg und Lersner'sches Schloss
60437 Frankfurt-Niedererlenbach
Kreisfreie Stadt Frankfurt am Main

Beide Objekte stehen am Rande des Zentrums im Ortsteil nördlich von Frankfurt, bei Bad Vilbel. Die ehemalige **Wasserburg** der Herren von Glauburg war einst von Wassergräben umgeben, die man nur noch in Resten vorfindet. Heute dient sie als Gymnasium. Anfang des 18. Jahrhunderts entstand unter Johann Ernst von Glauburg das Herrenhaus mit seinem verschieferten Fachwerkobergeschoss und dem geschweiften Zwerchgiebel, es ist aber im Kern vermutlich älter. Einst gehörte zur Anlage eine große Zehntscheune aus dem 18. Jahrhundert. Ein englischer Park umgibt die historische Anlage.

Das ehemalige **Lersner'sche Schloss** wurde als Herrenhaus 1746 errichtet und 1893 verändert. Die Wohn- und Wirtschaftsbauten entstanden 1840 sowie 1893. Heute befinden sich in der Anlage nach umfassender Erneuerung Eigentumswohnungen.

Wasserburg, Frankfurt-Niedererlenbach

F Freienfels

Burgruine Freienfels

Burgruine Freienfels
35796 Freienfels
Landkreis Limburg-Weilburg

Trutzig ragt die Nassauer Burg des 14. Jahrhunderts auf waldigem Fels ins Weiltal, südöstlich vom nahen Weilburg. Als nassauischer Besitz wird die Burg 1327 erstmals erwähnt, wobei ihre Entstehungszeit, vermutlich 1195, weitgehend im Dunkeln liegt. Die Grafen von Schönborn hatten hier ihren Wohnsitz als Pfandlehen von 1466 bis 1687. Seit dem 18. Jahrhundert gilt Freienfels als verfallen. Noch heute zeigt sich eine gut erhaltene Ruine in Spornlage auf steilem Fels über dem Weiltal. Die Ringmauern umschließen einen viereckigen Hof und stehen unmittelbar am Felsrand. Zwinger und Vorburg besaß die Anlage nicht. Geschützt wurde sie südlich zum Dorf hin durch einen tiefen Halsgraben mit Zugangsbrücke, und die Angriffsseite war durch eine Schildmauer mit eingebautem Wehrgang gesichert. Darüber befand sich ein weiterer Wehrgang in Fachwerk ausgeführt. Der quadratische Bergfried war in die Mauer eingebunden und hatte eine Höhe von 20 m, sein tonnengewölbtes Untergeschoss war durch eine ehemals hoch gelegene Tür erreichbar. Im westlichen Bereich stößt an die 8 m hohe Schildmauer das spitzbogige Burgtor an, das von einem kleinen quadratischen Eckturm flankiert ist. Im Osten wurde die Burg im Bereich des Hofes durch eine Wehrmauer mit großen Spitzbogenblenden, schmalen Schießscharten und Zinnen gesichert. Der Palas befand sich an der Rückseite der Anlage und wurde in der spät- und mittelalterlichen Zeit verändert. Dieser bestand aus drei Stockwerken mit zwei Giebeln an den Schmalseiten, an dessen östlichem

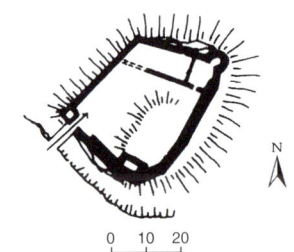

Burgruine Freienfels, Grundriss

Friedberg

Ende, in einem ehemaligen gewölbten Raum mit Ausweitung in einen runden Eckturm, sich vermutlich die Kapelle befand.

Burg Friedberg
61169 Friedberg
Wetteraukreis

Die einstige Burganlage bildet in der Stadt Friedberg, die zwischen den beiden Autobahnen A 5 und A 45 südlich vom Gambacher Kreuz liegt, einen ummauerten eigenständigen Bereich und wirkt auf den Besucher wie ein mittelalterliches Städtchen. Friedberg ist heute Verwaltungszentrum und wirtschaftlicher Mittelpunkt der Wetterau. Zu dem Wehrsystem zählt auch die einstige Reichsburg Friedberg, die von Kaiser Barbarossa gegründet wurde. Diese Anlage war einmal die größte ganz Deutschlands. Die mittelalterliche Wehranlage aus dem 14.–16. Jahrhundert ist in wesentlichen Teilen bis heute erhalten geblieben. Sie zeigt sich als ein lang gestrecktes großes Rechteck, an dessen Südseite sich ein ausgemauerter Graben befindet. Die doppelte Ringmauer sowie die Flankentürme stammen aus den Jahren um 1500, so auch der mächtige Dicke Turm, das alte Bollwerk und das Torhaus mit seinen zwei Ecktürmen. Neben dem Torhaus steht der ehemalige Adolfsturm, der aus dem Lösegeld des Grafen Adolf von Nassau 1347 als zweiter, nördlicher Bergfried erbaut wurde. Das weit umfassende Burgareal besitzt mehrere Burgmannenhäuser, die sich innerhalb eines ummauerten Terrains befinden. Das Burggrafenhaus wurde 1604–1610 unter Johann von Cronberg erbaut und diente seit 1683 als Amtshaus der Burggrafen. 1817 kam das großherzoglich-hessische Schloss hinzu, das sich als zweigeschossiger

Burg Friedberg

F Friedewald

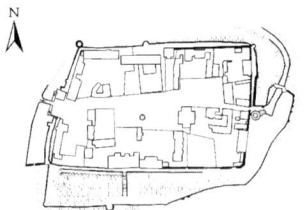

Burg Friedberg, Grundriss

Reckteckbau mit Spätrenaissancegiebeln dem Besucher zeigt. Am Portal finden sich die Wappen Cronbergs und Riedesels. Unter dem Landkomptur Graf Damian Hugo von Schönborn entstand 1715–1717 ein aufwändiger Portalaufbau. Die beiden großen Höfe am Burggrafen- und Ordenshaus werden durch das Kavaliershaus getrennt, das um 1605 mit Spätrenaissancegiebeln errichtet wurde. Jedes Gebäude dieser Anlage ist mit einer Tafel versehen, die auf historische Hintergründe verweist.

Wasserburgruine Friedewald
36289 Friedewald
Landkreis Hersfeld-Rotenburg

Die Wasserburg Friedewald ist ein Nachfolgebau der Drygenburg auf dem Dreienberg, die im 13. Jahrhundert entstand. Der Standort der Burg liegt am einstigen Kreuzungspunkt der mittelalterlichen Heer- und Fernhandelsstraßen Nürnberg–Bremen und Frankfurt–Leipzig. Heute besser zu finden östlich von Bad Hersfeld an der Abfahrt Friedewald von der A 4. Erstmals urkundlich erwähnt wurde die Anlage im Jahre 1302. Aus einer anderen Urkunde geht hervor, dass 1476 Landgraf Heinrich der III. von Hessen seinen Hofbaumeister Hans-Jacob von Ettlingen mit dem Neubau der Burganlage ab 1485 beauftragte. 1530 traf sich Landgraf Philipp der Großmütige mit dem sächsischen Kurfürsten Johann dem Beständigen zur Vorbereitung des Bündnisses von Schmalkalden. Um seinen Vater Philipp aus der Gefangenschaft von Kaiser Karl V. zu befreien, traf sich Landgraf Wilhelm IV. 1551/52 mit anderen Fürsten zur Vorbereitung eines Feldzuges. Landgraf Moritz der Gelehrte lässt vermutlich im 16. Jahrhundert den Umbau des Palas in der Wasserburg vornehmen. Der Saal wird durch den Einbau eines Renaissanceportals und fünf großformatiger Fenster in der Außenwand verändert. Aus der wehrhaften Anlage entstand ein Jagdschloss. Das heutige Schlosshotel „Prinz von Hessen" mit Rittersaal entstand einst im Norden als Vogthaus, vor dem auch der Markt abgehalten wurde. Im Süden gestaltete sich der Marstall, das heutige Heimatmuseum. Im Westen wurde eine große Scheune mit Meierei in der Mitte des 19. Jahrhun-

Friedewald

derts abgerissen, hier steht heute der Neubau des Schlosshotels. Etwas außerhalb der Anlage liegt das Senghaus, die ehemalige Wildküche, die zur Aufbereitung des Wildbrets diente. Mit der Errichtung des Brunnens, vermutlich durch den Kasseler Hofbildhauer Wilhelm Vernucken gestaltet, war die Gesamtanlage vollendet. Obwohl die Burg während des Dreißigjährigen Krieges von 1618 bis 1648 mehrmals erobert wurde, diente sie trotzdem ständig als Jagdschloss. Die verschiedensten Besatzer belegten die Burg. So waren hier 1759 die Österreicher, danach die Preußen und 1760 und 1762 die Franzosen. Im letztgenannten Jahr kam es zur Zerstörung der Burg. Leutnant Matthias Steigleder vom Hannoveranischen Regiment hielt mit 50 Mann und 10 Reitern die Anlage, als der französische General Graf Stainwille angewiesen wurde, die Nachschubwege zu sichern. Dieser General besetzte mit 500 Mann Infanterie, 300 Mann leichter Kavallerie, 8 Geschützen und 2 Haubitzen die Höhen um den Ort und die Burg Friedewald. Auf Grund erheblicher Zerstörungen sowie einem Brand der Burg am 7. August 1762 mussten sich nach zwei Tagen die Verteidiger den Angreifern ergeben. Nachdem General Stainwille erkennen musste, wie klein die Schar der Verteidiger war, die seinen Truppen getrotzt hatten, gab er Leutnant Steigleder den Degen zurück und ließ die Jäger abziehen. Seine Truppen hatten ganze Arbeit geleistet, die Burg war eingeäschert und wurde nicht wieder aufgebaut. Um die geschichtliche Bedeutung des Schlosses wieder aufleben zu lassen, gründeten interessierte Frauen und Männer im Jahre 1968 den Heimatverein Friedewald. Das Land Hessen restaurierte in den Jahren 1986–1989 das Schloss aufwändig. Die Gründungsmitglieder trugen umfangreiche Sammlungen von kulturhistorischen Exponaten zusammen und richteten in den Räumen des zum Schloss gehörenden Marstalls ein Heimatmuseum ein. Beginnend mit vorerst drei Räumen, in denen gespendete und ausgeliehene Exponate untergebracht wurden, wuchs das Museum im Laufe der Zeit zu seiner jetzigen Größe von 650 qm heran. In einem zusätzlich 100 qm großen Raum werden im ständigen

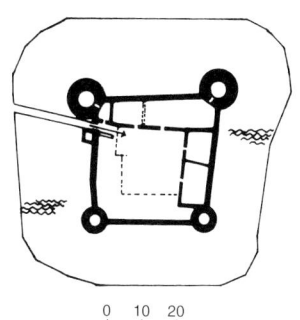

Wasserburgruine Friedewald, Grundriss

F Frischborn

Wechsel regionale und überregionale Ausstellungen gezeigt. Darstellungen des bäuerlichen und herrschaftlichen Lebens des vorigen Jahrhunderts sind dominierend. Fünfzehn Großvitrinen zeigen Originalwerkstätten aus dem vergangenen Jahrhundert, Zeugnisse der Vor- und Frühgeschichte geben Auskunft über die Besiedlungsgeschichte Friedewalds. Interessant ist auch das Modell, das die Wasserburg und das Schloss in seiner ursprünglichen Gestalt vor der Zerstörung im Siebenjährigen Krieg zeigt. Original erhalten und detailgetreu ausgestellt finden wir die ehemalige Friedewalder Tracht. Die Handwerkskunst am Beispiel einer Spinnstube und Gerätschaften der Flachsverarbeitung bieten Einblicke in das Leben unserer Vorfahren. Besucher können hier eine Schmiede, Stellmacherei, Büttnerei, Bürstenbinderei, Schuhmacherei sowie Schneiderei begutachten. Während des Ersten und Zweiten Weltkrieges flohen Menschen aus ihrer Heimat und fanden in Friedewald eine neue. Sie brachten die Glasbläserei und Glasschleiferei als nicht bodenständiges Gewerbe mit. Ein Ausstellungsraum „Unter Tage" zeigt die anstrengende und gefährliche Arbeit des Bergmanns. Dem Kali- und Salzraum angeschlossen ist eine dauernde Mineralienausstellung.

Schloss Eisenbach
36341 Frischborn
Vogelsbergkreis

Schloss Eisenbach bei Lauterbach im Vogelbergkreis liegt prachtvoll inmitten des Naturparks über dem verwunschenen Lautertal und ist Stammsitz der Freiherrn Riedesel zu Eisenbach. Die mittelalterliche Burg der Abtei Fulda, seit 1217 beurkundet, ist im Laufe der Jahrhunderte mehrfach verändert und umgebaut, schließlich zum Schloss verändert worden. Das Schloss mit mittelalterlichem Kern bewahrt Stilmerkmale der Spätgotik und Renaissance. Die Herren von Eisenbach bauten eine 1269 zerstörte Burg 1287 wieder auf und wurden im Jahre 1343 durch den Landgrafen von Hessen mit dem Erbmarschallamt belehnt. Ab 1429 ging die Anlage als Zie-

Wasserburgruine Friedewald

Fronhausen

genhain'sches Lehen an die von Riedesel. Obwohl sich 1529 die Riedesel in drei Linien teilten, blieb Eisenbach gemeinsamer Besitz. Das Schloss stellt eine große mittelalterliche Anlage dar, die in der Renaissancezeit ausgebaut wurde. Die Kernburg ist durch einen Graben von der Vorburg getrennt. Die Ringmauer der Burg ist in das 13. Jahrhundert einzuordnen, und im 14. Jahrhundert wurden die vorragenden Ecktürmchen erhöht. Der mächtige fünfeckige Bergfried gehört in seiner Entstehung in das 13. und

Schloss Eisenbach, Frischborn

das seit 100 Jahren unbewohnt ist. Im südwestlichen Hofbereich findet man einen Treppenturm mit reichem Sandsteinportal und Doppelwappen der Riedesel-Boyneburg. Hugo von Ritgen errichtete 1848 einen zweigeschossigen, neugotischen Quaderbau mit großem Saal. Eisenbach ist ein beliebtes Ausflugsziel, kann aber nur von außen besichtigt werden. Vorgelagert dem Schloss ist die reizende gotische Annenkapelle.

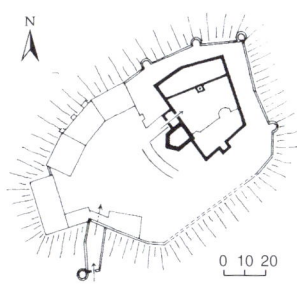

Schloss Eisenbach, Frischborn, Grundriss

erfuhr eine Veränderung Mitte des 15. Jahrhunderts. Das Burgportal aus dem 16. Jahrhundert neben dem Turm ist mit Zinnen und Bogenfries aus dem 19. Jahrhundert geziert. An der Ostseite der Kernburg steht das Wohngebäude der Linie Hermannsburg, das an den einstigen Palas angebaut wurde. An der westlichen Hofseite steht das Hofgebäude der Linie Eisenbach-Altenburg,

Ober- und Unterburg Fronhausen
35088 Fronhausen
Landkreis Marburg-Biedenkopf

An der ehemaligen **Oberburg**, die sich im Privatbesitz der Freiherren Schenk zu Schweinsberg befindet, kann man noch deutlich die Grabenstruktur der ursprüng-

Fürstenberg/Fulda

lichen kleinen Wasserburg erkennen. Zu finden ist Fronhausen nordöstlich von Biedenkopf und südlich von Battenberg. Obwohl die Fundamente der Burg noch weit vor das 14. Jahrhundert zu datieren sind, wurden Arbeiten erst im genannten Jahrhundert nachgewiesen. Ein Umbau der Anlage erfolgte 1559. Nachdem die Burg im Dreißigjährigen Krieg ausgebrannt war, wurde darin später ein Brauhaus eingerichtet. Im Jahre 1851 ging sie durch Verkauf in Privatbesitz über. Umfassend instand gesetzt wurde die Burg ab 1974, auch wurde ein Anbau als Wohnhaus hinzugefügt. Die ehemalige Anlage präsentiert sich als spätmittelalterlicher Steinbau, an dessen Ostseite sich im ersten Stockwerk ursprünglich ein Chorerker befand.

Die **Unterburg**, 1367 durch Craft Vogt von Fronhausen als hessisches Lehen errichtet, befindet sich ebenfalls seit 1917 im Privatbesitz obengenannter Herren. Sie war im 15.–16. Jahrhundert im Besitz mehrerer Familien und ging 1589 an Hessen, woraufhin sie zeitweise als Wohnsitz des landgräflichen Schultheißen diente. Die quadratische Anlage wurde 1923 restauriert und stellt einen großen gotischen Steinbau mit barockem Mansarddach dar. Die Burg ist durch einen Torbau mit einem Wirtschaftsgebäude in Fachwerk verbunden. Letzteres wurde 1945 restauriert.

Schloss Reckenberg
35104 Fürstenberg
Landkreis Waldeck-Frankenberg

Die ehemalige Wasserburg der Abtei Corvey liegt über dem Orketal nördlich von Frankenberg im Lichtenfelser Gebiet und ging als Lehen an die von Erpe. Das Herrenhaus von 1671 mit zwei runden Ecktürmen erhielt neugotische Veränderungen. Das Wirtschaftsgebäude gehört ebenfalls in das 17. Jahrhundert und besitzt Eckrundtürme.

Stadtschloss Fulda
36041 Fulda
Landkreis Fulda

Als eine schöne Stadt mit bedeutenden historischen Denkmalen präsentiert sich Fulda in der Mitte Deutschlands. Gegründet wurde der Ort mit der Errichtung des Benediktinerklosters am 12. März 744 durch Sturmius. Heute ist dieses Kloster ein begehrtes Reiseziel für Touristen von nah und fern. Im Bereich des Schlosses stand eine ehemalige Abtsburg, später ein fürstäbtliches Schloss. Der Bau der mittelalterlichen „Neuen Burg" wurde unter Fürstabt Heinrich V. von Weilnau, vermutlich anstelle einer

Fulda F

Stadtschloss Fulda

Königspfalz, nach 1294 begonnen und 1313 vollendet, sie stellte eine viereckige Anlage mit Bergfried und hohem dreigeschossigem Palas dar. Im Bürgeraufstand wurde sie zerstört, doch bis 1335 wieder aufgebaut. Reste dieser Anlage, außer dem Bergfried, sind im Mittelbau des Schlosses erhalten geblieben. Abt Johann Friedrich von Schwalbach baute die Burg 1607–1612 zum Renaissanceschloss um. In der Barockzeit des 18. Jahrhunderts entstand auch der neue Schlossbau mit dem Schlossgarten sowie das Schmuckstück, die Orangerie, und andere sehenswerte Gebäude. Die heutige barocke Schlossanlage entstand im Auftrag der Fürstäbte in der Zeit von 1706 bis 1721 in Erweiterung sowie Umbau des ehemaligen Renaissanceschlosses, sie wurde von Johann Dientzenhofer entworfen. Im Zeitraum von 1712/13 wurde der Graben verfüllt, der noch aus der Zeit der Burganlage stammte. Dientzenhofer verließ in dieser Zeit Fulda und wandte sich nach Bamberg, worauf die Leitung des Schlossbaues Fuldaer Hofbeamte übernahmen. Ein Jahr später verstarb der Bauherr Adelbert von Schleifras, und es kam zur Bauunterbrechung. Im Jahre 1720 wurde Andreas Gallasini, Fuldaer Bauinspektor, die Leitung am Schlossbau übertragen. 1759 war die Innenausstattung abgeschlossen, wobei es noch 1816 einige Veränderungen im Innenbereich gab. Die Stadt nahm das Schloss 1893 in ihren Besitz. Dieses zeigt sich als eine lang gestreckte zwei- und dreigeschossige Anlage mit einem Vorhof. Nachdem 1944 der südliche Ehrenhofflügel ausgebrannt war, wurde dieser 1949 in gleicher Form wieder errichtet. Heute steht das Schloss der Öffentlichkeit zur Verfügung, besichtigt

Fulda-Johannesberg

werden können die historischen Räume und Privatappartements der Fuldaer Fürstäbte, Festsäle, Spiegelsäle, Kaisersaal, Fürstensaal und die berühmte Sammlung Fuldaer Porzellans. Weiterhin beherbergt das Schloss Kunstsammlungen deutscher und ausländischer Künstler. Zwischen dem Schloss und der Orangerie liegt der Schlossgarten und bildet somit die Verbindung zwischen den beiden prachtvollen Objekten. Er trug barocken Charakter und wurde im 19. Jahrhundert in einen englischen Landschaftsgarten verändert, wobei heute noch barocke Anklänge sichtbar sind. Das 16 m große Fontänebecken liegt im Zentrum des Gartens. Uralte Buchen und Eichen, aber auch vielfältige Rosen- und Rhododendronanlagen strahlen auf den Besucher eine angenehme Ruhe im sonst lebhaften Stadtbetrieb aus. Der Prachtbau der Orangerie mit seinen beeindruckenden barocken Sälen bietet nationalen und internationalen Kongressen und Tagungen eine angenehme Atmosphäre. Sie entstand von 1722 bis 1725 nach den Plänen des kurmainzischen Baudirektors Maximilian von Welsch, die Floravase vor der Orangerie wurde vom Bamberger Bildhauer Johann Friedrich Humbach entworfen.

Propsteischloss
36041 Fulda-Johannesberg
Landkreis Fulda

Im Ortsteil Johannesberg steht das ehemalige Propsteischloss, das unter Propst Konrad von Mengerser als großzügige Neuanlage von Andreas Gallasini 1726 begonnen, aber nur teilweise bis 1747 vollendet wurde. Zwei Pavillonbauten mit Mansarddächern wurden nördlich und südlich der Anlage hinzugefügt. Das dreigeschossige stattliche Herrenhaus, der so genannte Rote Bau, entstand von 1727 bis 1733 südöstlich der Kirche. Dieses schmückt ein Wappenportal und es hat im Obergeschoss einen Festsaal, geziert durch Wandpilaster und Bandlwerk-Stuckaturen, die 1732 von Andreas Schwarzmann, Gottfried Hopf und vermutlich von Johann Martin Hummel stammen. Das my-

Propsteischloss, Fulda-Johannesberg

Gammelsbach/Gedern

thologische Deckenfresko ist von Emanuel Wohlhaupter. Die einstige prachtvolle, in drei Terrassen abfallende Gartenanlage mit ihren Steinpfeilern und Vasen von 1740 ist heute leider nur ein Torso. Das Brunnenbecken stammt aus der Zeit von 1745. Auf der ersten Terrasse befinden sich zwei Pavillons von 1732/33 und ein Springbrunnen mit Statuen der vier Jahreszeiten. Auf der zweiten Terrasse steht ein Obelisk mit reichen Inschriften. Außer durch die Propstei werden die Räumlichkeiten durch verschiedene Firmen und Institute genutzt.

Burgruine Freienstein
64743 Gammelsbach
Odenwaldkreis

Die kleine quadratische Kernburg, malerisch am Hang über dem Dorf im Naturpark Bergstraße-Odenwald an der B 45 südlich von Beerfelden gelegen, war durch eine an der Bergseite mächtige Schildmauer des 13.–14. Jahrhunderts bewehrt. Sie wurde zwischen 1275 und 1350 durch die Schenken von Erbach erbaut, die 1286 urkundlich genannt werden. Die Burg war ursprünglich Lorscher'scher Besitz und ging später als Pfälzer Lehen an Erbach, worauf sie als Grenzburg ausgebaut wurde. Gedient hat sie bis Ende des 18. Jahrhunderts als Sitz eines Erbacher Amtes, mit Beginn des 19. Jahrhunderts begann sie zu verfallen. Zum Tal vorgelagert hatte sie einen Zwinger mit runden Flankentürmen des 15. Jahrhunderts und war ursprünglich im 14. Jahrhundert mit einem Wehrgang versehen. An der West- und Südseite befanden sich Wohnbauten. Einen Bergfried besaß die Burg nicht.

Burgruine Freienstein, Gammelsbach

Schloss Gedern
63688 Gedern
Wetteraukreis

Gedern liegt in einem reizvollen Talkessel an den Südwesthängen des Vogelsberges, etwa in der Mitte zwischen Fulda und Friedberg, und ist von mittelhohen Bergzügen umgeben. 1155 wird in einer Urkunde ein Wolfram von

G Gedern

Schloss Gedern

Gaudern als Zeuge genannt. Darauf begründet sich, dass Schloss Gedern noch heute im Volksmund „Wolframsburg" genannt wird. Entstanden ist das Schloss vermutlich in der ersten Hälfte des 13. Jahrhunderts, wovon die Bausubstanz Zeugnis ablegt. Es wechselte seine Besitzer von Eberhard von Breuberg über die Geschlechter der Trimmberger, Eppsteiner und Königsteiner, bis das Schloss 1535 von den Stolbergern übernommen wurde. 1677 nahm Graf Ludwig Christian seinen Wohnsitz im Gederner Schloss und begann sogleich mit Um- und Ausbauten. Auf sein Geheiß hin entstanden eine Kellerei, Brauerei, Getreideböden, Gärtnerei, Gartenlusthaus, Orangenhaus und eine Schmiede. Später stellte der Stolberger Friedrich Karl, der vom deutschen Kaiser das Fürstendiplom erhielt, das Rentamt fertig und gestaltete die Außenmauern des Schlossbaues, die er in ihren Abmessungen verdoppelte. Es entstand ein parkartig angelegter Burgbereich aus drei unregelmäßig gruppierten Flügeln, mit einem viergeschossigen Hauptflügel und Uhrtürmchen. An der Rückseite steht ein schlanker Treppenturm von 1706, der an den Mittelbau anschließt. Die Brücke und das Torhaus stammen von 1605–1609. Im Treppenhaus befindet sich eine starke Eichentreppe, die um 1730 gefertigt wurde. Als im Jahre 1804 der Enkel Friedrich Karls, Carl Heinrich, verstirbt, fällt das Schloss an das gräfliche Haus Stolberg-Wernigerode zurück. 1837 erblickt der später unter Bismarck tätige deutsche Vizekanzler Otto Graf zu Stolberg-Wernigerode, an den heute ein Gedenkstein im Schlosspark erinnert, im Schloss das Licht der Welt. Das Gedener Schloss wurde in den Jahren 1930–1945 an den Reichsarbeitsdienst verpachtet. Nach dem Zweiten Weltkrieg diente es lange Jahre als Unterkunft für Vertriebene aus dem Osten. Fürst Christian Heinrich zu Stolberg-Wernigerode verkaufte das Schloss an die Stadt Gedern. Mit erheblichen Mitteln renoviert und restauriert, entstand es in neuem Glanz. 1997 zog in die Anlage die Stadtverwaltung ein, sie bietet darüber hinaus ein komfortables Hotel mit einem Chinarestaurant und einem Gewölbekeller.

Geisenheim G

Schloss Monrepos, Schloss Kosakenberg, Schloss Schönborn (Stockheimer Hof)
65366 Geisenheim
Rheingau-Taunus-Kreis

Einen bezaubernden Anblick bietet die Region um Geisenheim, in der sich links und rechts vom Rhein an den Berghängen Weinbauflächen entlangziehen, so weit das Auge reicht. So ist es nicht verwunderlich, dass in diesem Bereich prachtvolle Bauten entstanden sind. **Schloss Monrepos** beherbergt eine Lehr- und Forschungsanstalt für Wein-, Obst- und Gartenbau. Es war ehemals ein Landsitz des Generalkonsuls Fr. von Lade und wurde von 1860 bis 1863 in nachklassizistischen Formen errichtet und 1873 erweitert. Mit seinen zweigeschossigen Eckpavillons und der Figurenattika wirkt der gestreckte, eingeschossige Bau recht imposant.

Schloss Kosakenberg ist ein weiteres Beispiel für die Stadt Geisenheim als hessisches Forschungszentrum für Wein-, Obst- und Gartenbau. Denn hier kann man nicht nur vorzüglich speisen, sondern auch die besten Weine dieser Region genießen. Schloss Kosakenberg, erbaut 1681, präsentiert ein besonderes Ambiente, und die Räume bieten einen herrlichen Blick in den Schlosspark. Heute werden hier nebst vielen anderen Weinsorten auch die des eigenen Weingutes Freiherr von Zwierlein angeboten. Christian Jakob Freiherr von Zwierlein legte 1784 den Grundstein für das Weingut, heute, nach weit über zweihundert Jahren, ist es in fachkundiger Hand von Mathias Decker-Horz. Im Jahre 1996 erfolgte die Aufnahme in den Gault Millau, den wichtigsten und renommiertesten Weinführer Deutschlands.

Das **Renaissanceschlösschen Schönborn** mit seinem achteckigen Treppenturm, dem Erker aus Fachwerk und seinen vier Ecktürmen ist ebenfalls ein sehenswertes Schlösschen. Das Wappen über der Eingangstür verrät uns, dass es durch die Herren

Schloss Kosakenberg, Geisenheim

G Geisenheim-Johannisberg

von Stockheim 1550 erbaut wurde. Daher auch sein Beiname. Dieses Geschlecht bekleidete mehrfach das Amt des Vitztums, was so viel wie Vertreter der Landesherren im Rheingau bedeutet. Seit 1651/52 bis heute ist das Schloss im Besitz der Grafen von Schönborn (Wiesentheid). Erzbischof Johann Philipp von Schönborn nutzte den Bau häufig als Sommersitz. Dieser hatte maßgeblichen Anteil am Zustandekommen des Westfälischen Friedens 1648. Das Interieur zeigt wertvolle Täfelungen und geschnitzte Türen mit der Jahreszahl 1683. Besucher können das Schlösschen, auf dessen Grundstück ein kleiner Weingarten angelegt ist, jedoch nur von außen besichtigen.

Schloss Schönborn (Stockheimer Hof), Geisenheim

Schloss Johannisberg und Burgruine Schwarzenstein
65366 Geisenheim-Johannisberg
Rheingau-Taunus-Kreis

Um das Jahr 1100 bauten Mainzer Benediktiner auf dem Bischofsberg, nordöstlich der Stadt Geisenheim über dem Rhein, das erste Rheingauer Kloster. Der Baubeginn der ehemaligen Abteikirche war bereits um das Jahr 1100. Die Weihe an St. Johannes dem Täufer war am 24. Juni im Jahre 1130. Daher ist der Name **Johannisberg** statt des alten Namens Bischofsberg zu erklären. Die Fürstabtei Fulda kaufte nach der Zerstörung 1716 die beschädigte Anlage, und das Schloss trägt sich seit dieser Zeit mit goldenen Lettern in die Weinchronik durch den Riesling-Anbau ein. Das Schloss ist eine ursprüngliche großzügige Barockanlage nach Plänen von Andreas Gallasini für Fürstabt Konstantin von Buttlar und gestaltet durch Johann Kaspar Herwarthel. Es wird 1718–1725 neu erbaut und wiederum von 1826 bis 1835 durch Georg Moller in klassizistischer Form stark verändert. Ab dem Jahre 1802 besaßen es in der Folge Prinz Wilhelm von Oranien, danach Kaiser Napoleon und sein Marschall Kellermann, die Alliier-

Gelnhausen

ten der Freiheitskriege und Kaiser Franz I. von Österreich. Dieser schenkte es 1816 seinem Staatskanzler Fürst Clemens von Metternich mit der Auflage, jährlich den Zehnten der Weinernte an die Familie Habsburg zu entrichten, wozu auch der spätere Eigentümer Fürst Paul-Alfons von Metternich noch verpflichtet war. 1942 wurden Schloss und Kirche bombardiert und das Schloss brannte aus; seit 1954 ist es in leicht veränderter Form wieder als dreiflügelige, zweigeschossige Anlage mit nach Norden offenem Ehrenhof aufgebaut. Der Hauptflügel besitzt einen Mittelpavillon, der ursprünglich dreistöckig war und eine kräftige Pilastergliederung aufwies. Das Obergeschoss des Mittelbaues ist beiderseits mit klassizistischen Balkonvorbauten, ähnlich wie an der Aussichtsterrasse des Schlosses, geziert. Im Hof steht ein reizvoller klassizistischer Wandbrunnen. Vor dem Ehrenhof liegt noch ein großer Außenhof, der ehemals durch zwei Flügel geschlossen war, von denen nur die nördlichen Eckpavillons des 18. Jahrhunderts erhalten geblieben sind.

Die Reste der **Burg Schwarzenstein** befinden sich nördlich oberhalb des Ortes und stellen eine malerische künstliche Ruine dar. Sie wurde 1874 als Sommer- und Gartenhaus der Familie von Mumm erbaut.

Kaiserpfalz Gelnhausen
63571 Gelnhausen
Main-Kinzig-Kreis

Gelnhausen liegt an der A 66 nordöstlich von Hanau in Richtung Fulda. Vor der freien Reichsstadt Gelnhausen ließ Kaiser Friedrich I. Barbarossa auf einer Kinziginsel zwischen 1180 und 1192, über einem riesigen Rost aus Eichenpfählen, eine Wasser-

Oben: Schloss Johannisberg, Geisenheim-Johannisberg

Unten: Kaiserpfalz Gelnhausen

A Gersfeld

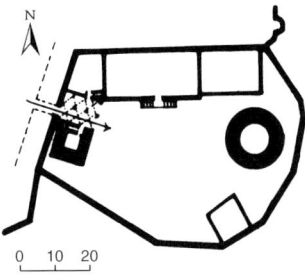

Kaiserpfalz Gelnhausen, Grundriss

burg erbauen. Die Reste gehören zu den bedeutendsten Dokumenten des deutschen Hochmittelalters. Mit der Hofwand des Palas ist eines der seltenen Beispiele profaner Architektur dieser Zeit erhalten. Obwohl das zweite Obergeschoss fehlt, genügen die Säulenarkaden des ersten Obergeschosses mit ihren reich geschmückten Kapitellen, um die Wirkung ahnen zu lassen. Das erste Geschoss enthielt die Wohnräume des Kaisers. Darüber lag ein großer Saal für Reichstage. In Gelnhausen ist eine der zahlreichen Pfalzen erhalten, die dem Reichsoberhaupt im Mittelalter als Stützpunkt für seine Machtausübung dienten. Eine Residenz gab es nicht. Die mittelalterlichen deutschen Kaiser und Könige übten ihr hohes Amt im „Umherziehen" aus, hielten sich bald hier und bald dort zeitweilig auf. In der Zeit der Stauferkaiser des 12.–13. Jahrhunderts waren die Wetterau und das Main-Kinzig-Gebiet Kernlandschaften kaiserlicher Territorialpolitik. Trotz wehrhafter Buckelquadermauern war die Anlage mehr Selbstdarstellung staufischer Kaiserherrlichkeit als Verteidigungsburg. Erhalten sind die Ringmauer der Kernburg, der Torturm, die Torhalle mit dem Rest der kaiserlichen Kapelle im Obergeschoss, die Hoffassade des Palas und die innere Palasnordwand mit Kaminresten. Das Bauornament gehört zum formschönsten, was romanische Meißelarbeit vollbracht hat. Kein anderer Profanbau der Zeit kann sich damit messen, konstatiert Dehio. Das Burgmannenhaus aus dem 16. Jahrhundert beherbergt eine Ausstellung zur Geschichte der Pfalz sowie ein Modell zur Stadt und Pfalz Gelnhausen um 1200.

Oberes, Mittleres und Unteres Schloss Gersfeld
36129 Gersfeld
Landkreis Fulda

Das Städtchen Gersfeld liegt in der hessischen Rhön, südöstlich von Fulda, nahe zu Unterfranken und wird erstmals urkundlich 944 erwähnt. Zins- und Kirchenbücher geben einen Aufschluss über die wechselvolle Geschichte der Stadt sowie ihre reizvolle Umgebung. Das Stadt- und Marktrecht wird Gersfeld 1359 durch den Fuldaer Abt Heinrich VII. verliehen.

Gersfeld G

Über die lange Zeitspanne von 1438 bis 1785 befand sich die Herrschaft von Gersfeld mit den zehn umliegenden Gemeinden in dem Besitz der Herren von Ebersberg, die diese käuflich erworben hatten. Das Geschlecht gehörte dem buchonischen Adel an. Die streitlustigen Ritter lagen meist in Fehde mit den mächtigen Fürstbischöfen von Würzburg und den Äbten von Fulda. Als Freunde der Luther'schen Lehre trotzten sie der von Fulda ausgehenden Gegenreform und erhielten somit der Herrschaft Gersfeld den evangelischen Glauben. Die Herren von Ebersberg waren stets gezwungen, sich gegen die beiden mächtigen Städte Fulda und Würzburg zu verteidigen, und machten Gersfeld zum Mittelpunkt der Rhön, wo sie auch eine glanzvolle Hofhaltung entfalteten. So entstand 1740 das **Untere Barockschloss** für Hugo Karl von Ebersberg-Weyhers, das wohl zu den schönsten Schlössern Hessens zählt. Es stellt einen stattlichen, dreigeschossigen Barockbau mit Mansarddach dar, und im Innern zeigt sich eine prächtige dreiflügelige Steintreppe. Im Obergeschoss befindet sich der Festsaal mit hervorragenden Rokokostuckaturen, des Weiteren Porzellanöfen und vier lebensgroße Porträts der Mainzer Erzbischöfe aus dem 18. Jahrhundert. Weitere wertvolle Gemälde und Möbel des 17. und 18. Jahrhunderts ziert das Interieur. Ergänzt wird das heutige Städtische Heimatmuseum durch Meißner und Fuldaer Porzellan. Die Liebe der Gersfelder Bevölkerung zur Musik liegt wohl schon im Bau der Barockkirche von 1780 bis 1785 begründet, auf dessen Orgel aus der Barockzeit des Öfteren Kirchenmusik für Liebhaber gespielt wurde. Die im Jahre 1803 nach Gersfeld eingewanderte gräfliche Familie Montjoye, die ihren Namen in Frohberg „verdeutschen" lassen musste, frönte ebenfalls stark der Musik. Graf Montjoye-Frohberg ließ auf seine Kosten „musikalische Jünglinge" ausbilden, die mit ihrer Unterhaltungsmusik bis an den Petersburger Zarenhof gelangten. Das **Mittlere Schloss** entstand 1607 und wurde im 18. Jahrhundert erneuert. Wir finden hier einen schlichten dreigeschossigen Steinbau mit Walmdach vor. Östlich vom Schloss stand einst eine Kemenate der Herren von Ebersberg, die

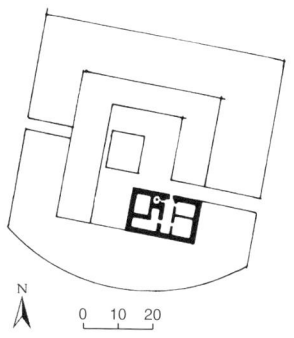

Schloss Gersfeld, Grundriss

G Gießen

Oben: Oberes Schloss Gersfeld

Unten: Unteres Schloss Gersfeld

zweiten Viertel des 18. Jahrhunderts. Der land- und forstwirtschaftliche Besitz, einschließlich der Schlösser, ging später durch Kauf in den Besitz der Familie von Waldthausen über. Doch bereits 1804 fiel der Gersfelder Bezirk an das Großherzogtum Würzburg, 1806 dann an Bayern und nach dem Bruderkrieg von 1866 kam das Gebiet an Preußen. Nach 1932 gehörte Gersfeld zum Kreis Fulda. Gersfeld wurde 1956 Luftkurort und seit 1958 ist er anerkannter Kneippkurort. Die bereits in der Mitte des vorigen Jahrhunderts als Sommerfrische beliebte Stadt Gersfeld ist heute ein viel besuchter Kurort mit anerkanntem Reizklima sowie umfangreichen Kuranlagen und -einrichtungen. Selbst im Zuge unserer modernen Zeit hat die Stadt ihren mittelalterlichen Charme nicht eingebüßt, besonders die im Stadtkern gelegenen drei Schlösser sowie die Barockkirche sind Zeugnis einer jahrhundertealten Geschichte.

1884 abgebrochen wurde. Einen schlichten Steinbau mit Satteldach stellt das **Obere Schloss** dar, dessen Westteil in das 14. Jahrhundert zu datieren ist, der ehemals die Kemenate der Herren von Schneeberg war. Anlässlich der Bruderteilung fügte man den Ostteil 1486–1493 an. Die gesamte Anlage erneuerte man in der Zeit von 1605 bis 1608 und nochmals im 19. Jahrhundert. Der Schlosspark und die Umfassungsmauer mit Portal zur Schlossstraße entstanden im

Landgräfliche Burg (Altes Schloss) und Neues Schloss Gießen
35390 Gießen
Landkreis Gießen

Urkundlich bezeugt wird Gießen erstmals 1248, obwohl man hier erwähnen muss, dass vom histo-

Gießen

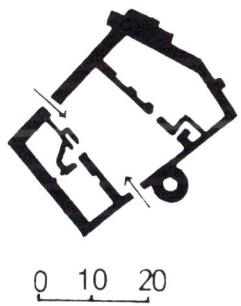

Schloss Gießen, Grundriss

rischen Baukern der Stadt, in dem auch die beiden Schlösser stehen, wenig erhalten blieb. In der Nacht des 6. Dezember 1944 wurde der gesamte alte Stadtkern von Bomben vernichtet. Doch blieben der Stadt noch eine Reihe sehenswerter historischer Bauwerke erhalten. Dazu gehört das 1364 erstmals erwähnte **Alte Schloss** als Sitz des Landgrafen Heinrich II. Wie viele andere Schlösser erfuhr auch das Alte Schloss im Laufe der geschichtlichen Entwicklung starke bauliche Veränderungen. Um 1500 diente die Anlage der Landgräfin Anna aus dem Hause Mecklenburg als Witwensitz. Das Schloss beherbergte 1604 eine Kanzlei, und im 19. Jahrhundert war es Hofgericht und Sitz der Oberhessischen Provinzialregierung. In den Jahren 1893 und 1905 wurde es im Stile der Neorenaissance umgebaut und im südlichen Flügel das Oberhessische Museum untergebracht. Der Nordflügel diente teilweise der großherzoglichen Familie als Wohnung. Die Ausgestaltung der Räume wurde vom Darmstädter Jugendstilarchitekten Olbrich vorgenommen. Im Zweiten Weltkrieg zerstört, 1976 wieder aufgebaut, wurde das Schloss besonders im Inneren neu konzipiert. 1980 besteht hier eine Gemäldegalerie sowie die kunsthandwerkliche Abteilung des Oberhessischen Museums mit den Gail'schen Sammlungen. Der als Heiden- oder Diebsturm bezeichnete Bergfried blieb als einzige ursprüngliche Bausubstanz erhalten.

Das nicht weit entfernte **Neue Schloss** entstand in den Jahren 1533–1539 unter Landgraf Philipp dem Großmütigen. Es repräsentiert die Übergangsphase vom gotischen Palas-Saalbau zum Renaissanceschloss. Der auf der Hofseite angebaute Treppenturm, dessen polygonale Form von den Ecktürmen wieder aufgegriffen wurde, gibt der Anlage ein imposantes Aussehen.

Landgräfliche Burg, Gießen

G Gleiberg

Neues Schloss Gießen

Das Schloss ist auch das einzige historische Bauwerk, das den Zweiten Weltkrieg unversehrt überstanden hat. Erneuerungen wurden 1899–1907 und nochmals nach 1945 durchgeführt. Es stellt einen stattlichen, lang gestreckten Bau dar. Das Erdgeschoss zeigt sich massiv und hatte ursprünglich einen großen Saal, das Obergeschoss wurde in Fachwerk ausgeführt. Heute ist im historischen Bau ein Teil der Universität, die Staatliche Ingenieurschule, untergebracht.

Burgruine Gleiberg
35435 Gleiberg
Landkreis Gießen

Das nördlich an Gießen angrenzende Gleiberg zeigt weithin die Reste einer einst stattlichen Burg, die im 11. Jahrhundert von den Grafen von Gleiberg erbaut wurde. Doch schon 1103 zerstörte diese Kaiser Heinrich. Im 13. Jahrhundert ging die Burg an die Herren von Merenberg und 1328 an Nassau-Weilburg. Die Oberburg wurde wiederum im Jahre 1646 zerstört und ist seitdem Ruine. Die Unterburg erfuhr nach 1879 eine Restaurierung. Die Gesamtanlage stellt eine Gipfelburg in beherrschender Lage auf einem Basaltkegel dar. Hinter der im südöstlichen Bereich gelegenen Mantelmauer erhebt sich der runde, dreißig Meter hohe Bergfried, wohl vom Ende des 12. Jahrhunderts stammend. Über dem ehemaligen Verlies befinden sich der rundbogige alte Turmeingang und darüber drei flach gedeckte Geschosse. Von der Gründungsanlage des 11. Jahrhunderts liegen westlich der Anlage die Fundamente eines quadratischen Turmes und nördlich davon die Ruine des im späten 15. Jahrhun-

Goldhausen

dert erweiterten und vergrößerten Palas, mit Resten einer spätstaufischen Burgkapelle um 1230. Gut erhalten ist die an den Palas anschließende Wehrmauer mit Bogenblenden, die in der ersten Hälfte des 14. Jahrhunderts neu erbaut wurde, wohl gleichzeitig mit der Mantelmauer. Im Norden und Westen befand sich ein Zwinger mit mehreren Ecktürmen des 15. Jahrhunderts. Die Unterburg wurde erst im 16. Jahrhundert angelegt. Die dominanten Gebäude sind der Albertus- und der Nassauer Bau. Die Anlage wird als gastronomische Einrichtung genutzt, von ihr hat man einen hervorragenden Ausblick über die Gießener Landschaft sowie zur Burgruine Vetzberg.

Ruine Eisenberg
34497 Goldhausen
Landkreis Waldeck-Frankenberg

Nahe der Stadt Korbach, südwestlich auf dem Eisenberg, liegen die verbliebenen Reste der ehemaligen Burg. Die von Wall und Graben umgebene Burg Eisenberg wurde laut Grabungsfunden im 13. Jahrhundert erbaut und 1345 urkundlich erwähnt. Die Erbauer sind nicht bekannt, doch kommt sie bereits im 14. Jahrhundert in den Besitz der Grafen von Waldeck. Vor der Burg im Gelände des heutigen Aussichtsturmes standen als Vorburg Wirtschaftsgebäude. Im 16. Jahrhundert wurde vor der Torbrücke das „Neue Schloss", ein kleiner, dreigeschossiger Renaissancebau, errichtet. 1586 wird auf der Südseite der Kernburg die „Neue Kirche" angebaut. Wegen des zum Teil sehr schlechten Steinmaterials waren immer wieder erhebliche Reparaturen an der Bausubstanz notwendig. Im Jahre 1621 war die Burg durch Truppen des Landgrafen von Hessen-Kassel und 1640 angeblich durch kaiserliche

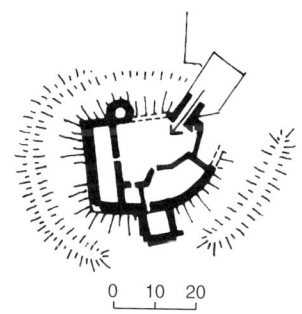

Ruine Eisenberg, Goldhausen, Grundriss

Ruine Eisenberg und Georg-Viktor-Turm, Goldhausen

G Gräfenhausen

Neues Schloss, Gräfenhausen

Truppen besetzt, was aber nicht zu Bauschäden führte. Ab 1700 wird das Schloss als verwahrlost bezeichnet, und 1729 war es eine unbewohnte Ruine. Mit dem Mauerabriss zur Gewinnung von Baumaterial begann man 1741. Aus älterer Zeit ist nur eine kleine Skizze des Rentschreibers Johann Berthold von 1586 vorhanden, die annähernd das Aussehen der Burg dokumentiert. Sie deckt sich genau mit dem Verlauf der ausgegrabenen Grundmauern. Auf dem nördlich unterhalb der Burg gelegenen Plateau am Abhang des Berges lag die Meierei. Der zur Burg gehörige Gutshof wird bereits im 16. Jahrhundert erwähnt, erst 1849 wird er nach einem Brand aufgegeben. Die Ausgrabungen an der Burg erfolgen seit 1974 durch eine freie Arbeitsgemeinschaft, finanziert mit Eigenmitteln. Die Restaurierung der ausgegrabenen Mauern wurde teils durch den Naturpark Diemelsee, teils durch die Arbeitsgemeinschaft, vorwiegend aber von der Verwaltung Waldeck durchgeführt, die Funde werden im Heimatmuseum der Stadt Korbach ausgestellt. Bekannt wurde der Eisenberg durch seine bedeutenden Goldlagerstätten, die zu Europas größten zählten. So musste auch schon zur damaligen Zeit an die Grafen von Waldeck ein Goldzehnt gezahlt werden. Ab 1496 ging ein Viertel davon an den Landgrafen von Hessen. Ab 1974 führte das Hessische Landesamt für Bodenforschung unter Leitung des Geologen Dr. Jens Kulicke ausführliche Untersuchungen durch. Kulicke leitete auch die Ausgrabungen der Burgruine Eisenberg, die bei Erduntersuchungen zum Vorschein kam. Auch von der Burg aus wurden Bergbau und ein Forschungslabor betrieben. Heute besteht freie Zugänglichkeit.

Neues Schloss
64331 Gräfenhausen
Landkreis Darmstadt-Dieburg

Das heutige Altenheim war das Schloss der Herren von Heusenstamm, welches nördlich von Darmstadt an der A 5 liegt. Es stellt eine ausgedehnte Anlage dar, dessen alter Bestand stark

Grebenstein G

verbaut worden ist. Ein achtseitiger Treppenturm von 1555 mit Renaissanceportal befindet sich am südlichen Bau. Zwei Flügel schließen sich im östlichen und nördlichen Bereich an. Das so genannte „Neue Schloss" stammt aus der zweiten Hälfte des 18. Jahrhunderts und ist mit einem Mansarddach gedeckt.

Burgruine Grebenstein
34393 Grebenstein
Landkreis Kassel

Die Burg wurde vermutlich 1265 durch Graf Ludolph V. von Dassel auf einer Basaltkuppe im Süden der Stadt errichtet, die wiederum nördlich von Kassel an der B 83 liegt. Erstmals erwähnt wurde sie 1272, ging 1297 durch Verkauf an Landgraf Heinrich I. von Hessen und war im 14. Jahrhundert mehrfach landgräfliche Residenz. Im Jahre 1400 erneuerte Hermann II. die Anlage. 1540 wurde die Burg als Fruchtspeicher genutzt und war in dieser Zeit unbewohnt. In der weiteren Folge war hier der hessische Amtssitz untergebracht. Im Dreißigjährigen Krieg, 1637, wurde die Stadt zerstört und die beschädigte Burg als Steinbruch genutzt. Die völlige Zerstörung musste die Burg 1700 über sich ergehen lassen, wobei das Mauerwerk des lang gestreckten dreigeschossigen Palas vom Ende des 14. Jahrhunderts fast in voller Höhe erhalten geblieben ist. Im 18. Jahrhundert galt sie als verfallen, und 1884 wurde der Burgberg aufgeforstet. 1912 erwarb die Stadt Grebenstein den Rest der einstigen Burg. Neben dem schon erwähnten Palas blieben Reste von zwei Erkern und offenen Kaminen sowie vom Zwinger im Norden und Westen erhalten. Von der Stadt-

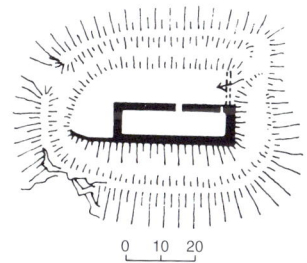

Burgruine Grebenstein, Grundriss

Burgruine Grebenstein

G Greifenstein

Burgruine Greifenstein, Grundriss

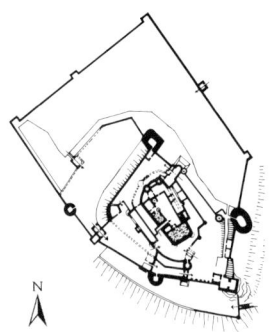

befestigung der Oberstadt blieb der Jungfernturm erhalten, der um 1300 erbaut wurde und als Wehrturm und Gefängnis diente. Mit seiner Höhe von 40 m und einem Durchmesser von 8,65 m war dieser bestens für ein Verlies geeignet und stellt den größten Turm der Stadtbefestigung dar. 1523 wurde hier Bartholomäus Riseberg, einer der ersten evangelischen Prediger in Hessen, durch Landgraf Philipp gefangen gehalten. Seit 1980 ist der Turm ausgebaut und begehbar. Samstags und an Sonn- und Feiertagen kann man an Turmführungen teilnehmen.

Burgruine Greifenstein
35753 Greifenstein
Lahn-Dill-Kreis

Burgruine Greifenstein

Die Anlagen auf dem hohen Bergrücken über dem Dilltal, nordwestlich von Wetzlar, beherrschen weithin die Landschaft. Burg Greifenstein ist bekannt, seit 1200 erstmals urkundlich ein Burgherr Crafto von Greifenstein erwähnt wurde. Bereits 1298 zerstören die Nassauer und Solmser Grafen gemeinsam mit dem Wetterauer Städtebund die Burg, worauf sich diese einschließlich der Hessen bis 1381 vergebens bemühen, den Wiederaufbau zu vollziehen. 1381 gelingt ihnen ihr Vorhaben, und aus dieser Zeit stammt auch der mächtige Bergfried mit seinen Doppeltürmen, dem Nassauer und dem Bruderturm. Ab dem Jahre 1342 wird Greifenstein Besitz der Grafen von Solms-Braunfels, von diesen verwaltet und bis 1693 deren Residenz. Gute zweieinhalb Jahrhunderte später, im Jahre 1602, wird der Braunfelsische Besitz geteilt, und drei Brüder erhalten ihren Anteil. Greifenstein wird somit selbständige Grafschaft, und umfangrei-

Großkarben

che Befestigungen sind die Folge. Der Landesherr, Graf Wilhelm II., gibt 1643 seinen Greifensteinern den Freiheitsbrief. Als Graf Moritz von 1676 bis 1724 die Festung zu einem Barockschloss ausbaut, errichtet er auch eine Schlosskirche. Die Güte des Grafen zeigt sich besonders darin, dass er 1685 aus Frankreich geflüchteten Hugenotten Aufnahme gewährt und sie in den Orten Daubhausen und Greifenthal ansiedelt. 1693 stirbt die Solms-Braunfelser Linie aus, Graf Wilhelm Moritz erbt den Besitz und siedelt nach Braunfels über. Das Schicksal von Greifenstein ist besiegelt, und im 18. Jahrhundert ist die Burg verfallen. Im Jahre 1969 wird die Burgruine dem Greifenstein-Verein durch Schenkung vom Besitzer Graf von Oppersdorf übergeben. Ein Burg- und Ortsmuseum wird errichtet und das Glockenmuseum entsteht.

Schloss Großkarben
61184 Großkarben
Wetteraukreis

Schloss Großkarben

Das im Zentrum der Kleinstadt gelegene Schloss, auf halber Strecke zwischen Frankfurt am Main und Friedberg liegend, war Stammsitz der 1229 zuerst erwähnten und 1729 ausgestorbenen Familie von Karben. Heute befindet es sich im Besitz des Freiherrn von Leonhardi. Das Herrenhaus entstand im Jahre 1775, und die Zwerchgiebel wurden 1804 hinzugefügt. Nochmalige neugotische Veränderungen wurden gegen Mitte des 19. Jahrhunderts vorgenommen. Aus der Zeit um 1850 stammte ein kleiner neugotischer Wohnbau mit Treppenturm, vor dem sich ein Ziehbrunnen befindet, der um 1600 geschaffen wurde und 1851 eine Restaurierung erfuhr. An zwei Seiten der Hofanlage sind geringe ältere Baureste und vermauerte Portale aufzufinden, die aus den Jahren 1614 und 1618 stammen. Im Garten steht ein romanischer Taufstein aus Klein-Karben mit Rundbogenblenden, gefertigt um 1200, sowie eine Brunnenschale aus Ilbenstadt.

Groß-Umstadt

Darmstädter Schloss
Pfälzer Schloss
Wambold'sches Schloss
Curti-Schloss
64823 Groß-Umstadt
Landkreis Darmstadt-Dieburg

Groß-Umstadt liegt am Rande des Naturparks Bergstraße-Odenwald, südöstlich von Dieburg, und konnte einmal auf vier Schlösser im Bereich des Ortes verweisen, was im gesamten deutschen Raum nicht allzu häufig zu verzeichnen ist. Sind es auch nicht besonders bedeutende Objekte, sind sie dennoch sehenswert und geschichtlich interessant.

So ist als Erstes das **Darmstädter Schloss** an der Nordostecke der Stadt zu erwähnen, dessen ursprünglicher Bau eine Hanau'sche Burg gewesen ist, die 1376 erstmals erwähnt wurde. Sie ist eine im Winkel gebaute Anlage mit gotischen Teilen von 1465. Ein Um- und Neubau erfolgte von 1747 an.

Das **Pfälzer Schloss** war ursprünglich eine Fuldaer Burg, als Rechteck erbaut. Der mächtige gewölbte Keller mit zwei Steinsäulen und das massive Erdgeschoss stammen aus der Zeit um 1500. Obergeschoss und Dach wurden nach dem Brand von 1806 erneuert.

Das **Wambold'sche Schloss** war Stammsitz der Freiherren Wamboldt von Umstadt und ist wohl das sehenswerteste dieser Bauten. Die Anlage wurde hufeisenförmig aufgeführt, wovon der Nord- und der Westflügel mit Volutengiebeln in der Zeit von 1600 bis 1602 entstanden. Der Südflügel von 1681 wurde mit schlichteren Giebeln gestaltet. Im Inneren der erstgenannten Flügel finden wir Stuckdecken. Das zur Anlage gehörende ehemalige Jägerhaus von 1609 stellt einen schmalen, dreigeschossigen Fachwerkbau dar. Ein ehemaliger Remisenbau

Wamboldsches Schloss, Groß-Umstadt

Grünberg G

des 18. Jahrhunderts vervollständigt die Gesamtanlage. Heute ist hier eine Seniorenresidenz etabliert.
Schließlich sei noch das **Curti-Schloss** erwähnt, das 1662 abgebrochen wurde. Das dem Schloss zugehörige Wappen befindet sich heute am Nebengebäude des neuen Gymnasiums.

Schloss Grünberg
35305 Grünberg
Landkreis Gießen

Grünberg ist von Gießen aus in östlicher Richtung auf der B 49 nach 10 km zu erreichen. Der sich heute präsentierende Bau war einst ein Antoniterkloster und später landgräfliches Schloss, das vor 1242 gegründet wurde und eine der ältesten deutschen Niederlassungen dieses Ordens ist. 1527 wurde es aufgehoben und die Güter der Universität Marburg überwiesen. Die Anlage wurde 1569 zum Witwensitz der Landgräfin Hedwig, Gemahlin Ludwigs des Ä., und seiner zweiten Gemahlin, Marie, bestimmt. E. Baldewein erbaute das Schloss 1578–1582 auf massivem Erdgeschoss mit zwei verputzten Fachwerkobergeschossen und zwei breiten Erkern mit hohen Giebeln. Beim Betreten zeigt sich dem Besucher eine hölzerne Wendeltreppe. An der Hofseite entdeckt man eine Mönchsfigur mit Allianzwappen des Landgrafen Wilhelm II. Die ehemalige Klosterkirche liegt im dahinter liegenden Hof, ein in Wohnräume unterteilter und entstellter Rechteckbau. Weitere stark verbaute Reste der ehemaligen Klostergebäude stehen an der Nordseite. An der Ostseite, durch eine Mauer abgetrennt, befindet sich der so genannte Universitätsbau, ein stattliches dreigeschossiges Objekt aus Fachwerk. Die Anlage ist für die Öffentlichkeit nicht zugänglich.

Schloss Grünberg

H Hadamar

Schloss Hadamar
65589 Hadamar
Landkreis Limburg-Weilburg

Das Renaissanceschloss der Fürsten von Nassau-Hadamar befindet sich inmitten der Stadt, die unweit nördlich von Limburg liegt. Im Jahre 1190 wurde an der Stelle der heutigen Schlossanlage der Grundstein zum Bau eines Klosterhofes gelegt. Graf Emich I. von Nassau erwarb den Hof des Klosters um 1320 in der Absicht, hier seine künftige Residenz zu errichten. In den folgenden Jahren entstand nun eine Wasserburg mit Wirtschaftshof, die nach einem Brand im Jahre 1540 zerstört wurde. Im Ergebnis der Erbauseinandersetzung erhielt Graf Johann Ludwig Burg und Stadt Hadamar, ließ im Jahre 1612 durch Baudirektor H. Johann Hederich Sprenger den mittelalterlichen Bergfried abbrechen und begann mit den Umbau- und Erweiterungsarbeiten des Schlosses. Danach setzte Joachim Rumpf die Arbeiten fort. Mit dem im Jahre 1629 vollendeten neuen Erweiterungsbau, dem Südflügel, entstand eine hufeisenförmige Gebäudegruppe von einheitlicher Gestalt. Ab dem Jahre 1637 ruhten dann die Bauarbeiten wegen der Abwesenheit des Grafen, der zu dieser Zeit als Vertreter des Kaisers in Köln und Münster an Friedensgesprächen teilnahm. Für seine besonderen Bemühungen um den europäischen Frieden wurde Graf Johann Ludwig am 8.10.1650 in den Fürstenstand erhoben. Eine wesentliche Bereicherung erfuhr der Südflügel des Schlosses im Inneren durch Fürst Franz Alexander. Während seiner Regentschaft (1679–1711) wurde das Werk des Großvaters fürstlich ausgebaut. Mit dem Tode von Franz Alexander 1711 war die männliche Fürstenlinie der Nassau-Katzenelnbogener ausgestorben. Das Baugeschehen ruhte bis in die Mitte des 19. Jahrhunderts. Das Schloss besteht aus einem hufeisenförmigen Hauptgeschoss mit drei Flügeln, die um einen nach Westen offenen Hof gruppiert sind. Der Nord- und der Ostflügel sind im Kern spätgotisch, etwa nach 1566 entstanden und 1612 ausgebaut worden. Der Ostflügel gehört in die Zeit von 1614 bis 1617 und der Südflügel, der wohl die architektonisch beste Leistung aufweist, entstand von 1622 bis 1629. Äu-

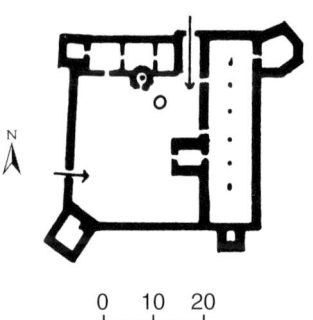

Schloss Hadamar, Grundriss

Hadamar

ßerlich zeigt die Anlage eine einheitliche Renaissancearchitektur. Auf den Dächern befinden sich zahlreiche Zwerchgiebel und im nordöstlichen Eckbereich ein Achteckturm mit Zeltdach. Auch am Nordflügel steht hofseitig ein achteckiges Treppentürmchen mit spätgotischem Rundbogenfries und Renaissancehaube. Der am Südflügel stehende hohe achteckige Treppenturm ist von einem zweistöckigen Haubenhelm mit kleiner Laterne bekrönt. An diesem Flügel befindet sich ein Hofportal mit Durchfahrt zum Marstallhof. Hier ist ein Relief mit Brustbild des Grafen Johann Ludwig angebracht und darüber ein Balkon mit zierlichem Gitter aus der ersten Hälfte 18. Jahrhunderts. Die Südseite schmücken zwei Erker mit einer Bauinschrift und Allianzwappen von 1617. Im nordöstlichen Eckturm lag die ehemalige Kapelle, heute mit zerstörtem Gewölbe. Im Südflügel sind erwähnenswert die Wendeltreppe des Hauptturmes mit offener Spindel und die ehemalige Schlossküche aus dem 16. Jahrhundert mit Tonnengewölben über Steinsäulen. Interessant ist die Schlosskapelle aus dieser Bauzeit, ein quadratischer Raum mit zweigeschossigen Emporen und reichen Schnitzereien. Die Ausstattung der übrigen Räume des Südflügels fällt in die Zeit von 1698 bis 1700, hier sind besonders der „Sommer- und Wintersaal" zu nennen.

Prunkvolle Stuckdecken von 1705 bis 1710 stammen aus der Werkstatt Eugenio Castellis. Von den 1619–1625 errichteten Gebäuden blieben nach Abbrüchen von 1858 nur der westliche Flügel und ein Teil des Südflügels erhalten. Insgesamt besaß die Anlage vier Höfe. Auf dem Hof nördlich vom Hauptschloss 1694 wurde der „Neue Bau" vollendet, der heute als Amtsgericht dient. In der ersten Hälfte des 18. Jahrhunderts kam auf dem Hof die Steinfigur der Justitia hinzu. Die Gesamtanlage mit allen vier Höfen war ursprünglich von Wassergräben umgeben, die Anfang des 19. Jahrhunderts verschüttet wurden. Das Schloss diente außer zu Wohn- und Verwaltungszwecken nun auch der Unterbringung von Behörden und wurde in Kriegszeiten als Lazarett genutzt. Im Jahre 1822 ließ dann der Nassausche Zentralstudienfond hier Schulräume einrichten. Bis zum Jahre 1939 war das Hadamarer Gymna-

Schloss Hadamar

Hanau

sium im Schloss untergebracht. Während des Zweiten Weltkrieges wurde das Gebäude als Lehrerfortbildungsanstalt genutzt. Nach dem Krieg hielt dann das Gymnasium wieder Einzug und nutzte das Gebäude bis zur Fertigstellung der neuen Schule im Jahre 1971. Nach Übernahme des Schlosses in den Besitz des Landes Hessen erfolgte in der Zeit von 1982 bis 1989 eine Restaurierung des Gebäudes und der Umbau zum Behördenhaus. Das Schloss unterliegt vielfältiger Nutzung durch Behörden wie das Staatliche Amt für Arbeitsschutz und Sicherheitstechnik, das Landratsamt des Landkreises Limburg-Weilburg und das Forstamt von Hadamar sowie das Staatliche Amt für Lebensmittelüberwachung, Tierschutz und Veterinärwesen.

Schloss Philippsruhe und Burgruine Wilhelmsbad
63450 + 63452 Hanau
Main-Kinzig-Kreis

Die Stadt Hanau ist jederzeit eine Reise wert, nicht nur wegen der vielen Geschäftsstraßen im Stadtzentrum, sondern besonders des **Schlosses Philippsruhe** wegen, das am Mainufer im Stadtteil Kesselstadt zu finden ist. Graf Philipp Reinhard von Hanau-Lichtenberg ließ 1701 hier den Grundstein für ein Landschloss legen, und der Architekt Julius Ludwig Rothweil entwarf dieses nach französischem Muster. Der Mittelbau des Schlosses ist das dominierende Bauwerk, und um den Ehrenhof gruppieren sich zweigeschossige Wohntrakte, wobei die seitlichen Flügelbauten nur eingeschossig erstellt sind. Die Eckpavillons der Anlage schuf Rothweils Nachfolger, der Pariser Ingenieur Jacques Girard. Dem Hauptgebäude vorgelagert wurden 1706 die Remise und der Marstall. Die Stuckateure Eugenio Castelli sowie Antonio Genone begannen gleichzeitig mit dem Innenausbau. Die Landgrafen von Hessen-Kassel übernahmen 1736 den Besitz, und Kurfürst Wilhelm II. von Hessen-Kassel ließ das Schloss durch Johann Conrad Bromeis teilweise renovieren. An diese Zeit erinnern uns die klassizistische Innenausstattung des Weißen Saales sowie die seitlichen Treppenhäuser, aber auch das südliche Treppenhaus des Remisengebäudes und der Gartenpavillon, das „Teehaus". Landgraf Friedrich Wilhelm von Hessen-Rumpenheim ließ von 1875 bis 1880 eine grundlegende Neugestaltung der Schlossanlage vornehmen, für die er den dänischen Architekten Friedrich Ferdinand Mel-

Hanau

dahl kommen ließ. Dieser vergrößerte den Mitteltrakt, gestaltete das heutige Haupttreppenhaus, den vorgelagerten Säulenportikus und die Kuppel. Räumlichkeiten wurden mit neuen Stuckdekorationen des Rokoko versehen sowie Holzeinbauten der Neorenaissance geschaffen. Das Museum besteht aus fünf Hauptabteilungen, in seinem Erdgeschoss befinden sich Ausstellungen des 20. Jahrhunderts, der Gründerzeit und Industrialisierung. Interessant und sehenswert sind die Ausstellung zur Romantik des 18. Jahrhunderts und das Hanauer Papiertheatermuseum im Obergeschoss. Ein besonders schöner Raum ist das Arbeitszimmer von Landgraf Friedrich Wilhelm von Hessen-Rumpenheim mit Gemälden von Moritz Daniel Oppenheim und der ehemalige Speisesaal von 1880 mit seinen „Hanauer Fayencen". Schwerpunkte der Sammlungen sind die moderne Kunst des 20. Jahrhunderts, die sich im Wesentlichen auf die hiesige Region bezieht, sowie die Entwicklung des Kunsthandwerks zu Beginn des 20. Jahrhunderts. Eine weitere Ausstellung zeigt die Geschichte Hanaus des 20. Jahrhunderts mit den Themen Erster Weltkrieg, Revolution von 1918/19, Weimarer Republik, Nationalsozialismus und Nachkriegszeit. Aus der Gründerzeit werden Exponate des Silber- und Hanauer Eisenkunstgusses gezeigt. Im rechten Flügel des Obergeschosses befinden sich

Schloss Philippsruhe, Hanau

H Harreshausen

Burgruine Wilhelmsbad, Hanau

Das besterhaltene Beispiel einer Kurbadanlage des 18. Jahrhunderts in Deutschland zeigt uns das Staatsbad Wilhelmsbad. Der vom Braubach durchflossene englische Park ist einer der ältesten und entwicklungsgeschichtlich bedeutendsten Landschaftsparks in Deutschland. Die künstliche **Burgruine** von 1779 bis 1781 war als Wohnung des Erbprinzen gedacht. Sie ist ein Rundbau mit eingeschossigem rechteckigem Wohntrakt, in dessen Turm ein prachtvoller klassizistischer Kuppelsaal mit Stuckaturen italienischer Künstler und Ahnenbildnissen in Medaillons von Hofmaler Anton Wilhelm Tischbein untergebracht sind.

Sammlungen der ersten Hälfte des 19. Jahrhunderts, die Zeit der Revolution von 1830 und 1848/49, der Brüder Grimm und Kunst des Biedermeiers. Im „Corps de Logis" ist das Kunsthandwerk des 17. und 18. Jahrhunderts zu finden. In den wenigen Zeilen sei nur ein knapper Einblick vermittelt, denn im Schloss Philippsruhe gibt es noch weit mehr zu entdecken. Ein Museumscafé, in dem auch kleinere Empfänge und Feiern organisiert werden, bietet einen erholsamen Abschluss eines Besuches im Schloss.

Jagdschlösschen
64832 Harreshausen
Landkreis Darmstadt-Dieburg

Das Jagdschlösschen liegt am westlichen Ortsausgang, am Ende einer langen, von Schloss Babenhausen kommenden Allee. Es ist ein kleiner quadratischer Barockbau mit Mansarddach, um die Jahre 1722/23 entstanden. Der Öffentlichkeit ist das Schlösschen nicht zugänglich.

Haselstein/Hattenbach/Hattenheim

Burgruine und Schloss
36167 Haselstein
Landkreis Fulda

Haselstein liegt im Naturpark Hessische Rhön, nahe der thüringischen Landesgrenze nordöstlich von Hünfeld. Die Burg wurde vermutlich im 11. Jahrhundert angelegt und um 1120 vom Fuldaer Abt ausgebaut. Die Herren von Haselstein waren 1122 die ersten Besitzer der Burg. Nachdem diese ausgestorben waren, ging sie in der ersten Hälfte des 14. Jahrhunderts an Fulda. Seit dem 16. Jahrhundert galt die Gipfelburg auf schroffem Felskegel als verfallen. Nach einer Darstellung der Fuldaer Geschichtsblätter stand auf dem Felskopf in der Mitte ein Bergfried von rund 6 m Durchmesser. Es blieben nur geringe Mauerreste erhalten.

Das Schloss, ehemals als Fuldaer Amtshaus genutzt, ist seit 1947 Kinderheim des Caritasverbandes und befindet sich unmittelbar unterhalb der Burgruine. Im Jahre 1546 wurde es als stattlicher lang gestreckter Steinbau über hohem Kellerunterbau errichtet. Im rechteckigen Treppenvorbau findet man eine Wendelstiege. In den Jahren 1960–1962 wurde das Schloss innen stark verändert.

Schloss Hattenbach
36272 Hattenbach
Landkreis Hersfeld-Rotenburg

Am Hattenbacher Autobahn-Dreieck findet man den Ort, südwestlich von Bad Hersfeld gelegen. Ursprünglich eine Burg der Abtei Hersfeld und Sitz des seit 1235 belegten und 1786 ausgestorbenen Geschlechtes von Hattenbach ist das so genannte, heute privat genutzte Schloss ein stattliches dreigeschossiges Herrenhaus und entstand in seiner jetzigen Erscheinung um 1713, mit spätromanischem Kernbau aus der ersten Hälfte des 13. Jahrhunderts. Über der Tür befindet sich eine Inschrift aus dem Jahre 1672 von einer Restaurierung. Erwähnenswert sind die Außenmauern der hufeisenförmig vorgelagerten Wirtschaftsbauten, die zum Teil noch auf das Mittelalter verweisen.

Burg Hattenheim
65347 Hattenheim
Rheingau-Taunus-Kreis

Im Jahre 1118 war die Burg, die sich unmittelbar am Rhein zwischen Geisenheim und Eltville befindet, Sitz des Geschlechts von Hattenheim. Nach deren

H Hausen

Burg Hattenheim

Aussterben 1411 ging die Burg an die Freiherren Langwerth von Simmern. Am Bering im nordwestlichen Bereich steht ein vierstöckiger, rechteckiger spätgotischer Wohnturm des 15. Jahrhunderts sowie ein kleines Zwerchhaus mit Treppengiebel. Südlich, im gegenüberliegenden Bereich des Berings, liegen der Stumpf eines kleinen quadratischen Turmes und ein zerstörter Wirtschaftsbau. Weiterhin sind verbliebene Reste eines Wehrganges am östlichen Teil der Ringmauer mit spätgotischem Bogenfries sichtbar. Ein zweiflügeliger Wohnbau mit Fachwerkobergeschoss um 1600 ist westlich der Anlage zu finden.

Wasserburg Hausen
63628 Hausen
Main-Kinzig-Kreis

Hausen liegt im Naturpark Hessischer Spessart und ist ein Ortsteil von Bad Soden-Salmünster, gelegen an der A 66. Die Burg wurde 1320 erstmals erwähnt und war seit 1345 im Besitz der Familie von Hutten. Im Jahre 1540 ging sie an Mainz. Die Anlage wurde im 19. Jahrhundert und nochmals 1953/54 verändert. Der Besucher findet auf einer flachen Erhebung einen quadratischen Wohnturm des 14. Jahrhunderts, an den ein Rechteckbau mit Treppengiebel aus dem 16. Jahrhundert anschließt. Der „Lange Bau" von 1568 steht außerhalb des inneren Grabens und wurde später umfassend verändert. An diesem befand sich einst das Mainzer Wappen, das in den Hauptbau verbracht wurde. Die mit Scharten und verzierten Erkern gebaute äußere Ringmauer von 1549 und 1572 blieb größtenteils erhalten. Heute dient die Anlage als Behindertenwerkstatt.

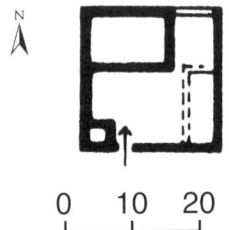

Burg Hattenheim, Grundriss

Hausen

Schloss Hausen
36280 Hausen
Schwalm-Eder-Kreis

Eine imposante, gedrängt aufragende Baugruppe, malerisch, wie eingewachsen in einen verwunschenen Park, zeigt sich die Schlossanlage von Hausen, die man von der Abfahrt am Kirchheimer Autobahn-Dreieck, Richtung Oberaula, erreicht. Vor 1311 wurde von der Abtei Fulda eine Burg gegründet, die 1356 durch Hessen zerstört und bis 1369 wieder aufgebaut wurde. Seit 1463 befindet sich die Anlage im Besitz der Freiherren von Dörnberg. Im Dreißigjährigen Krieg, besonders im Jahre 1642, wurde das Schloss geplündert und teilweise zerstört, worauf es Johann Kaspar von Dörnberg wieder aufbaute und die Arbeiten bis 1674 abschloss. Die Anlage gehört zum Bautyp der Talburgen, deren einstige Wassergräben um die Kernburg zum Teil noch erhalten sind. Ein Teil der Außenmauer von der ersten Anlage hat ebenfalls die Zeiten überstanden. Aus der Zeit von 1580 findet man einen ehemaligen Durchgang an der Nordwestseite. Als im 17. Jahrhundert der Ausbau zum Schloss vollzogen wurde, fügte man die viergeschossigen Wohngebäude an die Außenmauern an. Ein kleiner, schmaler Innenhof wird im südlichen Bereich von einer Wehrmauer abgeschlossen, die im 17. Jahrhundert von einem Fachwerkgang überbaut und durch ein Tor zum Park geöffnet wurde. Der Westflügel entstand hofseitig mit Fachwerkobergeschossen, der in der zweiten Hälfte des 17. Jahrhunderts zwei Vorbauten mit volutengeschmückten Giebeln vorgesetzt bekam. Das Treppenhaus befindet sich im östlichen Teil, und am nördlichen Bau zeigt sich ein fein gegliedertes Portal von 1687. Interessante und wertvolle Einrichtungsstücke aus damaliger Zeit finden sich, Möbel und Truhen des 17.–19. Jahrhunderts und ein Prachtofen aus Eisen mit Tonaufsatz von 1661, vermutlich aus Celle. Ein zweiter Ofen stammt aus der gleichen Zeit, mit dem Wappen Hessen-Kurland. An der Nordseite stand ehemals die Vorburg, ergänzt mit neueren

Parkanlage Schloss Hausen

Heldenbergen/Helmarshausen

Wirtschaftsbauten und einer Zehntscheune in Fachwerk aus dem 16. Jahrhundert. Noch heute erkennt man den Verlauf des 1797 ausgetrockneten Burggrabens um die Vorburg. Das als christliches Jugenddorf genutzte Schloss ist nicht frei zugänglich, doch der Park ist begehbar.

Ober- und Mittelburg Heldenbergen
61130 Heldenbergen
Main-Kinzig-Kreis

Über der Nidder, nordöstlich von Frankfurt am Main an der B 521, liegt Heldenbergen mit der auch als Schloss bezeichneten **Oberburg**, die ursprünglich Sitz der Herren von Heldenbergen und heute des Freiherrn von Leonhardi ist. In ihrer architektonischen Form ist sie eine hufeisenförmige Anlage des 17. und 18. Jahrhunderts, mit einem Kapellenanbau von 1803. Der Torbau der Vorburg entstand im Jahre 1702.

Die **Mittelburg** war ehemals Sitz der Herren von Edelstein. Die Anlage aus dem 18. Jahrhundert besteht aus schlichten Formen. 1970 wurde das Herrenhaus abgebrochen und von den Wirtschaftsbauten blieb nur der südwestliche Flügel erhalten. Das Areal beider Burgen wird von einem großen Parkgelände umrahmt.

Ruine Krukenburg
34385 Helmarshausen
Landkreis Kassel

Anfang des 13. Jahrhunderts wurde die Burg während der Streitigkeiten zwischen Helmarshausen und Paderborn von Erzbischof Engelbert von Köln errichtet. Heute findet man die erheblichen Reste am Rande des Weserberglandes, unmittelbar an der niedersächsischen Landesgrenze, bei Bad Karlshafen. Seit dem 15.–17. Jahrhundert gilt die Burg als verfallen. Erhalten blieben der hohe, runde Bergfried aus der Gründungszeit, große Teile der Ringmauer mit zwei halbrunden Flankentürmen an West- und Nordwestseite und das spitzbogige Zugbrückentor, ferner die Umfassungsmauer des unter Bischof Wilhelm von Paderborn

Ruine Krukenburg, Helmarshausen

Helmighausen/Heppenheim

1401–1415 erbauten, ehemals dreigeschossigen Wohnturmes. An der Südostseite befinden sich Keller und Mauerreste des ehemaligen Mainzer Baues. Inmitten der Burg liegt die ältere Johanneskapelle, ebenfalls Ruine, ein bemerkenswerter romanischer Zentralbau, vermutlich anstelle einer älteren Kapelle um 1100 errichtet und 1107 erwähnt. 1126 wurde sie durch Bischof Heinrich II. von Paderborn geweiht. In der Burganlage gab es eine kleine rechteckige Krypta, die später verschüttet wurde.

Wasserburg Helmighausen
34474 Helmighausen
Landkreis Waldeck-Frankenberg

Helmighausen liegt im Landschaftsgebiet Rotes Land, nordöstlich von Marsberg. Besitzer der ehemaligen Wasserburg waren die Herren von Thülen und Milchling von Schönstädt. Das Herrenhaus mit Fachwerkobergeschoss entstand von 1697–1700. Es wird durch ein reiches Barockportal mit späterem Wappenstein von 1757 geziert. Zur Anlage gehört ein Verwalterhaus aus dem Jahre 1710. Genutzt wird heute das Bereich der ehemaligen Wasserburg als Gutshof.

Burgruine Starkenburg
64646 Heppenheim
Landkreis Bergstraße

Burgruine Starkenburg, Heppenheim

Im Jahre 1065 erbaute das Kloster Lorsch die Burg auf einem Bergkegel oberhalb der Stadt als Passsperre, auf den Grundlagen einer vorgeschichtlichen Befestigungsanlage. Noch im selben Jahr erfolgte eine vergebliche Belagerung durch Erzbischof Adalbert von Bremen. Eine „Starkimberg" wird 1206 erstmalig erwähnt und später Starkenburg genannt. 1232 schenkt Kaiser Friedrich II. die Fürstabtei Lorsch mit der Starkenburg dem Erzstift Mainz, und 1267 wird erstmals

H Herborn

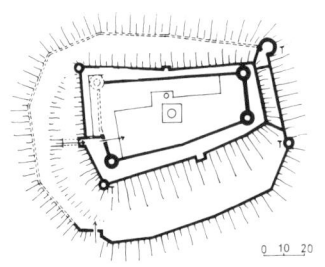

Burgruine Starkenburg, Heppenheim, Grundriss

ein Burggraf auf der Starkenburg genannt, der auch das Amt verwaltete. Bis zum Dreißigjährigen Krieg war die Burg Amtssitz des Mainzer Burggrafen. Die kaiserlichen Truppen unter Tilly erobern die Starkenburg 1621/22 und halten sie noch ein Jahr. Um- und Neubauten werden 1680 durchgeführt, bei denen ein Zwinger, Vorwerke, Bastionen und weitere Bauten entstehen und die Anlage zur Festung ausgebaut wird. 1803 kommt das Oberamt Starkenburg an die Landgrafschaft Hessen-Darmstadt, deren Regierung die Abfuhr von Steinen mit harten Strafen bedroht. Wegen Einsturzgefahr muss der Rest des alten Bergfriedes 1924 gesprengt werden, doch 1930 wird als Aussichtsturm mit zehn Geschossen der neue Burgfried, jedoch nicht mehr in der Mitte des Burghofes, eingeweiht. Dreißig Jahre später entsteht an der Stelle des ehemaligen Wohnhauses der Burg eine moderne Jugendherberge, und nach 1960 wurde emsig an der Erhaltung der Ruine und am Bau der Burggaststätte gearbeitet.

Schloss Herborn
35745 Herborn
Lahn-Dill-Kreis

Das Schloss zeigt über der Stadt liegend, die wiederum südlich von Dillenburg und nordwestlich von Gießen zu finden ist, ein malerisches Bild und ist seit 1869 Sitz des evangelischen theologischen Seminars. Es wurde in der zweiten Hälfte des 13. Jahrhunderts angelegt und 1307 erstmals erwähnt. Nachdem es im 19. Jahrhundert stark verwahrloste, wurde es 1869 restauriert. Eine umfassende Erneuerung, besonders im Innern, vollzog sich von 1929–1931. Die drei- bis viergeschossige Baugruppe mit hohen Satteldächern und drei schlanken, runden Ecktürmen stammt im Wesentlichen aus dem 14. Jahrhundert. Am Hof befindet

Schloss Herborn

Herleshausen

sich ein barocker Querflügel mit Treppenhausvorbau von 1930.

Schloss Augustenau
37293 Herleshausen
Werra-Meißner-Kreis

Ursprünglich ein sächsischer Königshof und zu finden unmittelbar an der thüringischen Landesgrenze nordwestlich von Eisenach, kam dieser 1019 an das Stift Kaufungen. Später ging er an Hessen und 1527 an Georg von Reckerode. Seit 1678 ist die Anlage im Besitz der Landgrafen von Hessen-Philippsthal-Barchfeld. Die weitläufige Anlage wurde nach 1527 begonnen und Ende des 16. Jahrhunderts sowie Anfang des 19. Jahrhunderts erneuert. Vor allem am Ende des 19. Jahrhunderts wurde Schloss Augustenau in historisierenden Formen stark verändert. Von dem älteren Bau blieben nur ein Treppenturm an der Westecke des Binnenhofes aus dem Jahre 1580 und der um 1601 errichtete Westflügel mit Tordurchfahrt erhalten. Das Schloss besaß gute Möbel, insbesondere aus dem 18. und frühen 19. Jahrhundert, sowie zahlreiche Familienbildnisse, ergänzt durch eine Bronzestatue König Friedrichs II. von Preußen aus dem Jahre 1778 von E. Bardoux aus Berlin.

Schloss Augustenau, Herleshausen

Schloss
37293 Herleshausen-Wommen
Werra-Meißner-Kreis

Einst Gutshaus der Familie von Schutzbar-Milchling, ist das Schloss am Rande des Ortes

Schloss Herleshausen-Wommen

H   Heusenstamm

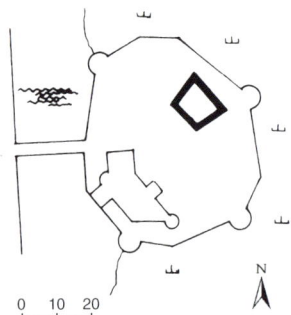

Eppstein'sche Wasserburg, Heusenstamm, Grundriss

Schloss Schönborn und Eppstein'sche Wasserburg
63150 Heusenstamm
Landkreis Offenbach

Die einstige Schönborn'sche Residenz liegt südlich der Stadt Offenbach. Der Torbau entstand 1764 durch Grafen Eugen Erwin von Schönborn, den letzten Spross der Linie Schönborn-Heusenstamm. Das Tor ist eine Erinnerung an den Besuch von Kaiser Franz I. von Habsburg-Lothringen und dessen Söhne anlässlich der Wahl des Prinzen Josef zum Römischen König und designierten Deutschen Kaiser in Frankfurt. Heute finden wir hier ein Museum. Vom Kirchplatz aus der Altstadt führt uns die Schlossstraße zur ehemaligen Schönburg'schen Schlossanlage. Früher wurde die Altstadt von einer Mauer umgeben und lag im Schutze der alten Burganlage der früheren Ritter und späteren Grafen von Heusenstamm, die dann den Besitz an die Grafen von Schönborn verkauften. Die **Schlossanlage** ist in zwei Teile gegliedert, das so genannte hintere Schloss, in dem noch Reste der alten Burg der Ritter von Heusenstamm zu sehen sind, und das vordere Schloss von 1663 bis 1670, von den Schönburgern erbaut. Be-

gelegen und zu finden an der A 4 bei Herleshausen, unmittelbar an der thüringischen Landesgrenze. Heute ist es im Besitz der Diakonissen. Es ist ein ansprechender historisierender Neubau von 1911/12, durch Bodo Ebhardt an eine ehemalige Wasserburg der Herren von Colmatsch angebaut, von der der Kernbau mit einer Treppenanlage und das Renaissanceportal mit darüberliegendem Wappenstein von 1535 erhalten blieben.

Schloss Schönborn, Heusenstamm

Hilders

kanntester Vertreter der alten Burganlage war Sebastian von Heusenstamm, von 1545 bis 1555 Erzbischof und Kurfürst von Mainz. Die **Burg** wurde erstmals urkundlich 1211 erwähnt. Der alte Wehrturm, auch Bannturm genannt, steht neben dem im 16. Jahrhundert umgebauten Wohngebäude, das im 19. Jahrhundert neu errichtet wurde. Die Schönborner erbauten auf dem Vorplatz dann das bereits erwähnte vordere Schloss im Renaissancestil, welches ihnen zeitweise als Residenz bis 1806 diente. Die Stadt kaufte 1987 die gesamte Anlage, gestaltete einen geschlossenen viereckigen Gebäudekomplex, brachte den Verwaltungssitz hier unter.

Burgruine Auersburg und Burgruine Tannenfels
36115 Hilders
Landkreis Fulda

Die **Auersburg** auf einem bewaldeten Felsen über dem Ulstertal, im Osten Hessens, nahe der thüringischen Landesgrenze zwischen Tann und Hilders, wurde im 12. Jahrhundert als einfache viereckige Spornanlage von den Hennebergern angelegt. Im Jahre 1214 ging die Burg von den Herren von Neidhardshausen durch Verkauf an die Abtei Fulda. Die Herren von der Tann bekamen sie 1270 als fuldaisches Lehen, und 1290 ging sie in den Besitz des Hochstifts Würzburg über. Das ursprüngliche Erbauergeschlecht bekam die Burg 1325 durch Verpfändung an Berthold den VII. von Henneberg zurück. Doch schon 1342 wurde die Burg durch Würzburg wieder eingelöst. 1354 erfolgte ein Neubau als Amtsschloss durch Würzburg, wurde jedoch im Jahre 1525 durch Brand der Innengebäude wieder zerstört. Abermals von 1550 bis 1557 wieder aufgebaut, verfiel sie im 17. Jahrhundert endgültig. 1803 kommen die Ruine und der Amtsbezirk zum Königreich Bayern. Erhaltungs- und Sicherungsarbeiten an der Ruine erfolgen von 1848 bis 1865. Noch während der Erhaltungsmaßnahmen geht 1864 die Burg nach dem Bruderkrieg zum Königreich Preußen über. Auf Anregung des Rhönklubs, Zweigverein Hilders, erfolgte erneut eine Restaurierung

Burgruine Auersburg, Hilders

H Hirschhorn

von 1876 bis 1879 und 1914 Reparaturen. Zur Erhaltung der Ruine werden auch während des Zweiten Weltkrieges und in der Nachkriegszeit Sicherungsmaßnahmen und größere Arbeiten in Abschnitten bis 1969 durchgeführt. Von der ehemaligen Burg hat man einen schönen Ausblick auf das Ulstertal. Die mehrere Meter hohe, zum Teil restaurierte Ringmauer ist mit einfachen Schießscharten versehen. An der östlichen Angriffsseite befinden sich Graben und Wall und in der Nordwestecke gibt es noch Reste eines Kellergewölbes.

Die **Burg Tannenfels** liegt gegenüber der Auersburg auf der westlichen Talseite. Sie war die Stammburg der Ebersteiner, die 1282 zerstört und wieder aufgebaut wurde. Im Jahre 1557 war die Burg noch bewohnt. Heute findet man nur noch geringe Reste der Anlage.

Burg und Schloss Hirschhorn
69434 Hirschhorn
Landkreis Bergstraße

Hirschhorn liegt malerisch an einer Schleife des Neckars an der baden-württembergischen Landesgrenze, unweit östlich von Heidelberg. Die Hirschhorner waren ein außerordentlich starkes und mächtiges Geschlecht. Johannes von Hirschhorn war urkundlich 1270 der Erstgenannte dieser Familie, doch weisen bauliche Merkmale der Hirschhorner Burg darauf hin, dass sie bereits vermutlich zwei Generationen vorher, vielleicht um 1200, existiert haben muss. Im 14. Jahrhundert erfuhr dieses Geschlecht einen enormen Aufstieg, der besonders dem Sohn Albrechts und Enkel Johanns zuzuschreiben ist. Es war Engelhard I., der in 25 Jahren ein erhebliches Vermögen zusammentrug, als er in Mainzer Diensten als Burgmann von Starkenburg, dann in pfälzischen Diensten als Vitztum stand und später eine enge Beziehung zum Kaiser Karl IV. hatte. Durch seine Geschäftstüchtigkeit erwarb Engelhard I. viele Dörfer und Güter rechts und links des Neckars und am Rhein. Sein Reichtum erlaubte ihm, seine Burg wesentlich zu vergrößern und durch Verteidigungsbauten zu verstärken. Sein Sohn Engelhard II. hingegen verlor im Laufe der Zeit viele seiner Besitzungen, da er sich als fehdelustiger Ritter gern mit anderen anlegte – so auch mit Burkhard von Sturmfeder, der mit einer seiner Schwestern verheiratet war – und er bei den Auseinandersetzungen den Kürzeren zog. Auch mit dem Erzbischof von Mainz lag er ständig im Streit. Erst Hans V., der Sohn Engelhards II., folgte wieder in seinen charakterlichen

Hirschhorn

Zügen seinem Großvater und war eines der bedeutendsten und angesehensten Mitglieder des Hauses Hirschhorn. Er holte sich die verlorenen Besitzungen zurück und vergrößerte diese noch. Im August 1632 verstarb der kleine Sohn Anselm Casimir des letzten Hirschhorners Friedrich, der diesen Verlust nicht überstand und seinem Kind im September des gleichen Jahres nachfolgte. Somit war das Haus Hirschhorn ausgestorben und der Besitz ging vorerst an Kurmainz über. Kurz darauf, 1634, besetzten die Schweden Stadt und Burg Hirschhorn, und nach deren Abzug wurde die Herrschaft durch das Erzstift 1636 an Rudolf Raitz von Frentz sowie anschließend bis 1699 an die von der Recke verpfändet. Ab 1700 diente die Burg 100 Jahre lang als Sitz der Mainzer Amtsleute. Mit der Säkularisation wurden 1803 die Burg und Stadt Hirschhorn hessisch. Baulich stellt die Burg eine ausgedehnte, gut erhaltene Anlage auf einem Bergrücken zwischen Neckar und Finkenbachtal dar. Die in Staufische Zeit zurückreichende Kernburg befindet sich an höchster Stelle, an der nördlichen, durch einen Halsgraben gesicherten Bergseite finden wir eine starke Schildmauer, um das Jahr 1200 erbaut. Innerhalb der Mauer steht an ihrem westlichen Ende ein erst in gotischer Zeit entstandener quadratischer Turm.

Burg Hirschhorn

Nördlich sind vor die Schildmauer um 1400 zwei Wehrmauern mit schmalen Zwingern vorgebaut worden, die ehemals Wehrgänge besaßen. Der im Schutze der Schildmauer gelegene frühgotische Palas entstand von 1583 bis 1586 durch Ludwig von und zum Hirschhorn und seine Witwe Maria von Hatzfeld. Die 1346 errichtete und 1350 geweihte Burgkapelle ist ebenfalls sehenswert. An der Südseite befinden sich eine innere und eine äußere Vorburg mit Türmen, die um 1400 im Zusammenhang mit dem Bau der

H Höchst a. d. Nidder

Burg Hirschhorn

Schloss Höchst, Grundriss

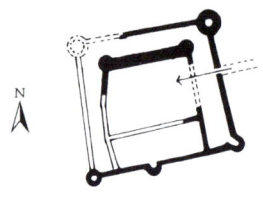

In Urkunden wird bestätigt, dass im 13. Jahrhundert die Familie von Buches eine Schenkung an ein Kloster gab und deren Nachfahren Höchst bis 1756 im Besitz hatten. Bereits 1280 wurde hier als Strafaktion gegen das Raubrittertum in der Wetterau durch Kaiser Rudolf eine Burg zerstört. Doch die Familie von Buches baute eine neue Anlage, die wiederum unter dem Vorwurf der Raubritterei vernichtet wurde. Nachdem Höchst in die Mark Altenstadt eingebunden wurde, verkauften die von Buches ihren Besitz an den Freiherren Johann Maximilian von Günderode, mit dem sich eine bemerkenswerte Entwicklung in der Geschichte des Dorfes vollzog. Dieser war sehr volksverbunden, was er unter anderem dadurch dokumentierte, dass er seine 20 000 Bände umfassende Bibliothek jedermann offen hielt und eine Stiftung zur Armenfürsorge einrichtete. Das Herrenhaus entstand 1718 mit zweiläufiger Freitreppe, Mansarddach und seit-

ersten Stadtbefestigung angelegt wurden. Die innere Vorburg hat darüber einen kleinen Fachwerkbau, in dem sich heute das Museum befindet. Von der Aussichtsterrasse hat man einen herrlichen Blick auf den Neckar und das umgebende Land. In der Burg befindet sich ein Schlosshotel.

Schloss Höchst
63674 Höchst an der Nidder
Wetteraukreis

Höchst an der Nidder liegt nordöstlich von Frankfurt am Main, nahe dem Städtchen Altenstadt.

Hofgeismar

lichen, etwas zurückspringenden Flügeln. Über dem Mittelportal wurde später ein Balkon angebracht, dessen Konsolen vom Anfang des 19. Jahrhunderts stammen. Der südliche Flügel wurde durch einen Bibliotheksanbau von 1766 in Fachwerk verlängert. Das Herrenhaus bekam 1820 eine umfassende Erneuerung, die zur Straße hin vorgelagerten Wirtschaftsbauten wurden später abgerissen. Heute befindet sich dort ein Schlosshotel.

Schlösschen Schönburg
34369 Hofgeismar
Landkreis Kassel

Im Park mit einem kleinen Teich am nördlichen Ende Hofgeismars, das wiederum ca. 20 km nördlich von Kassel zu finden ist, steht das Schlösschen Schönburg, das früher Montcheri genannt wurde und seit 1952 evangelische Akademie ist. Es wurde zwischen 1787 und 1789 von Simon Louis du Ry für Landgraf Wilhelm den IX. erbaut. Es stellt einen vorzüglich proportionierten Bau, durch Säulenhalle und Dachgiebel hervorgehoben, dar. An der Rückseite ist ein Treppenhausvorbau angebracht. Im Erdgeschoss hat das Schlösschen bis zum Boden herabgezogene Fenster. Die symmetrische Aufteilung der Innenräume blieb im Erdgeschoss erhalten, dessen Mittelsaal eine feine Pilastergliederung aufweist. Die Bibliothek und der Eckraum werden durch bemalte Decken geziert. Das Treppenhaus besitzt eine scheinarchitektonische Ausmalung. Im Obergeschoss gestaltete man eine breite Diele mit vier Holzsäulen.

Schloss Höchst

Schlösschen Schönburg, Hofgeismar

Hohensolms/Hohenstein

Burg Hohensolms
35644 Hohensolms
Lahn-Dill-Kreis

Die Burg wurde 1351 durch die Grafen von Solms anstelle der 1349 zerstörten Burg Alt-Hohensolms, heute nördlich von Wetzlar zu erreichen, errichtet. Im 14. Jahrhundert wurde sie mehrfach zerstört. Anfang des 15. Jahrhunderts bis 1718 war sie Residenz der Grafen von Solms-Hohensolms, wobei sie im Dreißigjährigen Krieg teilweise zerstört wurde. Die Burg stellt eine ungefähr viereckige Ausläuferanlage des 14.–18. Jahrhunderts mit tiefem Halsgraben dar. Das Hauptgebäude mit seinen zueinander stehenden drei- bis viergeschossigen Flügeln stammt aus der Zeit des 14.–16. Jahrhunderts. Der südliche, am Halsgraben gelegene Flügel enthält im Unterbau einen Wohnturm aus der Mitte des 14. Jahrhunderts mit abgerundeten Ecken und an der Südfront im dritten Geschoss vier vermauerte Arkaden, wohl von einem Laubengang des 16. Jahrhunderts. Zur Anlage führt ein tunnelförmiger Burgzugang. An der Westseite, zur Vorburg gehörend, stehen ein dachloser, achteckiger gotischer Turm und ein Wirtschaftsbau des 18. Jahrhunderts mit älterem Kern, wohl um 1580. Des Weiteren besitzt die Burg eine prachtvolle vierläufige Haupttreppe mit reich geschnitzter Brüstung und das ehemalige „Totengemach" mit geschnitzten Säulen und Girlanden, das heute als Kapelle dient. Sehenswert ist auch das ehemalige Schlafgemach mit reicher Türschnitzerei und Alkovenumrahmung, welches zum Bühnenraum umgestaltet wurde. Erwähnenswert ist weiterhin der große Rittersaal mit seinen vier Kreuzgewölben aus dem 15. oder 16. Jahrhundert. Die Burg wird heute als „Jugendburg" genutzt.

Burg Hohensolms

Burgruine Hohenstein
65329 Hohenstein
Rheingau-Taunus-Kreis

Hohenstein liegt im Naturpark Rhein-Taunus, nordwestlich von

Homberg (Efze) H

Taunusstein. Die Burg wurde um 1190 von den Grafen von Katzenelnbogen erbaut und 1422 von Johann III. erweitert und ausgeschmückt. Nach dem Tode Philipps des Älteren 1479 fiel die Burg an Hessen. 1604 veranlasste Moritz der Gelehrte die Ausbesserung der mittlerweile schadhaft gewordenen Anlage und ließ deren Befestigung verstärken. Im Jahre 1616 hielt er sich hier des Öfteren auf, während er in Bad Schwalbach zur Kur weilte. Im Dreißigjährigen Krieg wurde die Burg zerstört. Nach Kriegsende unternahm Landgraf Ernst den erfolglosen Versuch der Wiederherstellung. Der Verfall war nicht mehr aufzuhalten. Als große Ruine fiel die einst mächtige Burg 1815 an Nassau, 1866 an Preußen und ging 1949 auf das Land Hessen über. In dem Bestreben, die Burg mit neuem Leben zu erfüllen, richtete das Land 1968 einen Hotel- und Gaststättenbetrieb ein. Während des Sommers finden im Innenhof Burgspiele statt. Der Hauptzugang geht durch den Torturm und den Pförtnerbau. Im Objekt befindet sich noch ein Standesamt mit Trauzimmer.

Burgruine Hohenstein

Burgruine Hohenburg
34576 Homberg (Efze)
Schwalm-Eder-Kreis

Homberg (Efze) liegt nördlich vom Knüllwald zwischen Bad Hersfeld und Fritzlar. Die Burg liegt auf dem Homberger Schlossberg und ist wohl das markanteste Wahrzeichen der Stadt. Sie spielte zur Sicherung der Handelsstraße von Frankfurt nach Leipzig und einer das Edertal mit dem Fuldatal verbindenden Handelsstraße eine gewichtige Rolle. Bereits im 12. Jahrhundert krönte den Berg eine Burg der Ritter von Hohenburg, die vermutlich Lehensleute der

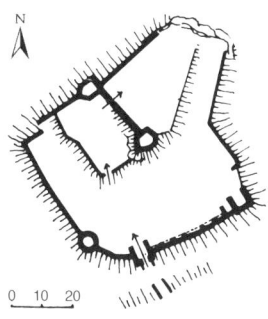

Burgruine Hohenstein, Grundriss

H Homberg a. d. Ohm

Burgruine Hohenburg, Homberg (Efze)

Reichsabtei Hersfeld waren und der Burg ihren Namen gaben. Erwähnt wird sie erstmals urkundlich 1162 als Sitz der Ritter vom „Hohen Berge". Im Jahre 1190 befand sich die Burg im Besitz des Landgrafen Ludwig von Thüringen. Als Simon von Hohenberg 1427 verstarb, erlosch auch das Geschlecht, und bereits 1451 baut Landgraf Ludwig I. die Burg aus. Landgraf Moritz lässt von 1605 bis 1613 einen Brunnen in den Felsen hauen, um damit auch die Verteidigungsfähigkeit zu stärken. Im Dreißigjährigen Krieg, in der Zeit zwischen 1623 und 1631, wird die Burg besetzt und verstärkt. Als der kaiserliche Generalfeldmarschall Johann Reichsgraf Götz 1636 mit 13 000 Mann über Homberg zog, hatte Hugh Tirelle bei seinem Abzug Stadt und Burg niedergebrannt. Nach weiteren kriegerischen Auseinandersetzungen wurde die Anlage durch massiven Beschuss völlig zerstört und ist seitdem Ruine. Mit Beginn des Jahres 1881 bis heute bemühten sich die Burgberggemeinde e.V. und deren Freunde in freiwilliger Arbeit um die Burganlage. Der erhaltene Gewölbekeller des Marstallgebäudes war ehemaliges Lager und Schutzraum, und im Erdgeschoss befand sich ein Pferdestall. Das Obergeschoss diente als Hafer- und Sattelkammer sowie Quartier der Rossknechte. Der Torturm war ehemals mit einer Zugbrücke verbunden. Zusammengefasst bestand die Burg aus einer vorderen Verteidigungsanlage, dem Vorburghof, dem Zwinger, der schon erwähnten Zugbrücke, zwei Toren mit darüber liegender Kapelle, einem Vorhof und dem Brunnenhaus, einem Marstall, dem neuen Turm und einem Rittersaal. Die Anlage ist für Besucher frei zugänglich.

Schloss Homberg
35315 Homberg a. d. Ohm
Vogelsbergkreis

Die Stadt bildet ein Dreieck mit Alsfeld westlich und Stadtallendorf südöstlich. Erstmals wird der Schlossberg, der wohl zu

Hungen

dieser Zeit eine Befestigung trug, 1065 urkundlich erwähnt. Das Schloss steht auf dem bebauten Berg an höchster Stelle, dessen Grundstein wohl im 13. Jahrhundert gelegt worden ist. Im Grundriss zeigt sich eine rechteckige Anlage, deren Ringmauern größtenteils in voller Höhe erhalten geblieben sind. Den Schlossbereich betritt man durch ein spitzbogiges Burgtor, in dessen Bereich sich einst der Marstall mit Fruchtböden und Scheune befand. Der im Dreißigjährigen Krieg zerstörte hohe Bergfried grenzte den inneren Schlossbereich ab. Der frühere dreigeschossige Hauptbau war im Kern vermutlich ein spätgotischer Wohnturm, und östlich finden wir die einstige Burgkapelle St. Georg. Diese ist in veränderter Form ebenfalls ein spätgotischer Rechteckbau mit quadratischem Chor.

Schloss Hungen
35410 Hungen
Landkreis Gießen

Es ist das Schloss der Grafen zu Solms-Braunfels, die frühere Burg der Münzenberger, die inmitten der Stadt zu finden ist, die auf halber Entfernung in östlicher Richtung ein Dreieck mit Gießen und Friedberg bildet. Die Anlage geht im Kern auf eine mittelalterliche Burg zurück, wovon der fünftürmige Torturm zeugt. Nach Mitte des 15. Jahrhunderts erfolgte unter Graf Bernhard von Solms ein Umbau, ab 1604 wird unter Graf Otto II. von Solms-Hungen die Burg schlossartig ausgebaut und unter Graf Wilhelm Moritz von Solms-Braunfels weiter verändert. Der Hauptbau umschließt mit drei Flügeln einen rechteckigen Hof. Die offene Seite im Südwesten war ursprünglich durch eine hohe Schildmauer mit rundem Bergfried gestaltet, die nach 1716 abgebrochen wurden. Das heutige Erscheinungsbild entstand im Wesentlichen von 1604 bis 1612. Am so genannten Frauenzimmerbau befinden sich hofseitig reich gezierte Zwerch-

Schloss Homberg, Homberg a. d. Ohm

Idstein

Schloss Hungen

giebel der Spätrenaissance. Die Anlage wurde später Witwensitz des Hauses Solms-Braunfels, heute ist sie in privaten Händen und dient Wohnzwecken.

Burg und Schloss Idstein
65510 Idstein
Rheingau-Taunus-Kreis

Burg und Schloss liegen inmitten der Stadt, auf schmalem, lang gestrecktem Felsen inmitten des breiten Wörsbachtales, nördlich von Wiesbaden. Die ehemalige **Burg** wird 1102 erstmals erwähnt und befand sich 1255 in nassauischem Besitz. Im Jahre 1615 brach man sie teilweise ab. Der hohe runde Bergfried, der wohl um 1400 errichtet wurde, steht an höchster Stelle. Ein schmaler runder Aufsatzturm, um 1500 errichtet, besaß einen Spitzhelm und vier Wichhäuschen, 1810 wurde es mit dem heutigen Kegeldach versehen. Das dreistöckige Torgebäude am südlichen Ende, gegen die Stadt gerichtet, entstand 1497 mit vier rechteckigen Erkern und einem steilen Walmdach, dessen oberstes Geschoss in verschiefertem Fachwerk gestaltet ist. Die dazwischen liegende Gebäudegruppe stammt aus dem 16. Jahrhundert nach Entwürfen von Ludwig Kempf. Der nördliche zweistöckige Steinbau ist mit einem achteckigen Treppenturm und einem Fachwerkgiebel von 1588 versehen.

Das ehemalige **Schloss**, das heute als Schule genutzt wird, liegt

Imshausen

nördlich vor dem Halsgraben der Burg. Es wurde unter Verwendung älterer Mauerteile der ehemaligen Vorburg 1614 für Graf Ludwig begonnen. Sein Sohn Graf Johann führte diesen Bau weiter. Im Dreißigjährigen Krieg musste man die Arbeiten mehrfach unterbrechen, besonders als Graf Johann von 1637 bis 1648 vertrieben wurde. Eine Feuersbrunst 1651 behinderte ebenfalls erheblich die Weiterführung der Arbeiten. August Rumpf führte danach den Ausbau weiter. Erst in den 90er Jahren schloss der Stuckateur Hieronymus Paerna die inneren Arbeiten ab. Im 18. und 19. Jahrhundert erfolgten weitere Änderungen im Interieurbereich, unter anderem durch Graf Georg August Samuel unter der Leitung von Maximilian von Welsch. Danach diente das Schloss als Landesarchiv. Die Gesamtanlage besteht aus drei schlichten Flügeln um einen nach Westen geöffneten Hof, mit einem integrierten, quadratischen Treppenturm. Über dem Hauptportal befindet sich ein großes Allianzwappen des Grafen Johann und seiner Gemahlin aus der Zeit um 1635. Die ehemalige Kapelle von 1717/18 mit schlichten Deckenstuckaturen von Carlo Maria Pozzi liegt am Ende des Südflügels. Die beiden Kaiserzimmer, 1713 reich stuckiert von Pozzi, liegen im zweiten Obergeschoss des Nordflügels. In weiteren Räumen findet man ebenfalls sehenswerte Stuckaturen und Wand- sowie Deckenmalereien.

Oben: Burg Idstein

Unten: Schloss Idstein

Schloss Imshausen
36179 Imshausen
Landkreis Hersfeld-Rotenburg

Der kleine Ort Imshausen liegt im Osten Hessens, wenige Kilometer nordöstlich von Bebra.

Ippinghausen

Schloss Imshausen

Der historische Bau ist das Schloss von Trott zu Solz und entstand in der zweiten Hälfte des 18. Jahrhunderts. Die reizvolle Dreiflügelanlage mit dem zweigeschossigen Herrenhaus wird mit eingeschossigen Seitenbauten begrenzt. Von der alten Ausstattung blieb nur ein Teil erhalten, wie Familienbildnisse von Tischbein. Das Wohnhaus von 1738 zeigt sich in schönem Fachwerk, und angrenzend befindet sich ein Gutshof. Das gesamte Areal ist im Privatbesitz, beherbergt eine Töpferei sowie eine psychosomatische Praxis.

Ruine Weidelsburg
34466 Ippinghausen
Landkreis Kassel

Zwischen Waldeck und Wolfhagen, oder auf halber Strecke zwischen Kassel und Korbach, liegen auf einem hohen Berg des Habichtswaldes die umfangreichen Reste der Weidelsburg. Entstehungszeit und Erbauer der Gipfelanlage können nicht exakt angegeben werden, doch im 12. Jahrhundert wird sie erstmals erwähnt. Gebaut wurde sie als Wehrburg zum Schutz der Verkehrswege und der hessischen Landesgrenzen. Sie war ehemaliger Besitz der Grafen von Naumburg. 1266 durch Kauf in den Besitz des Erzbistums Mainz gelangt, wurde sie 1273 in den Auseinandersetzungen des Erzbischofs mit Landolf Heinrich I. von Hessen von diesem zerstört. Die heute noch erhaltenen Teile der Burg stammen von dem 100 Jahre später in Angriff genommenen Wiederaufbau. Seit Ende des 16. Jahrhunderts blieb sie wahrscheinlich nach einem Brand endgültig Ruine. An den Schmalseiten der im Rechteck angelegten Burg stehen die Wohntürme, die mit ihren Fensternischen mit Steinbänken, Schranknischen, Kamin und Wendeltreppen uns das frühere Wohnen in der Burg erahnen lassen. Die umgebende Außenmauer war mit neun Halbrundtürmen, von denen noch sechs vorhanden sind, verstärkt. Gut erkennbar sind noch Kragsteine für den Wehrgang und die Zwingeranlage mit Pforte. Das im Haupttor angebrachte nach-

Jesberg

trägliche Relief erinnert an die Sage von der hessischen Weibertreue und damit gleichzeitig an die zahlreichen Ritterfehden, in denen die Burg eine Rolle spielte (so, wie schon erwähnt, im Streit mit den Landgrafen von Hessen mit dem Erzbistum Mainz und später dann noch mit dem Ritter Reinhard von Dalwigk, der wegen Verletzung seiner Lehnspflichten mehrmals vom Landgrafen zur Rechenschaft gezogen wurde). Ritter R. v. D. wurde das letzte Mal 1448 auf der Weidelsburg vom Landgrafen Ludwig von Hessen belagert. Die Sage berichtet: Als die Vorräte zur Neige gingen und die Situation aussichtslos wurde, begab sich Agnes von Hertringhausen, die Frau Reinhards, in das Lager des Landgrafen. Durch ihre Bitten, aber besonders durch einen Fußfall vor dem Landgrafen, erwirkte sie die Gnade, zusammen mit ihren Mägden frei abziehen zu dürfen. Das Liebste durften sie mitnehmen. Ritter R. war gerettet, denn seine Frau trug zum Erstaunen des Landgrafen ihren Mann auf dem Rücken aus der Burg. Die Burgruine ist für jedermann frei zugänglich.

Ruine Weidelsburg, Ippinghausen

Burgruine und Schloss Jesberg
34632 Jesberg
Schwalm-Eder-Kreis

Jesberg liegt nördlich von Schwalmstadt. Die **Burg**, die sich heute nur noch als Ruine zeigt, wurde Anfang des 13. Jahrhunderts durch die von Linsingen erbaut. Im Jahre 1426 erfolgten umfangreiche Neubauten. Landgraf Ludwig von Hessen erobert 1569 die Burg und zerstört sie teilweise, später wurde sie wieder aufgebaut. Gegen Ende des 16. Jahrhunderts beginnt ihr Verfall. Sie stellte

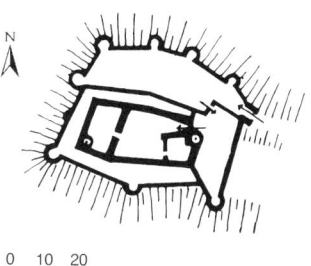

Ruine Weidelsburg, Ippinghausen, Grundriss

J Jestädt

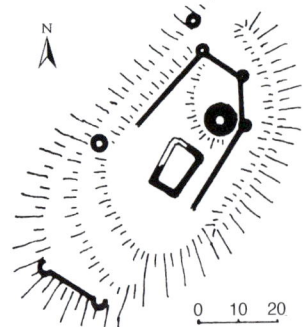

Burgruine Jesberg, Grundriss

eine Ausläuferanlage mit Halsgraben dar, wobei der romanische, runde Bergfried aus der Gründungszeit stammt. Wanderer, die sich zur ehemaligen Burg begeben, finden nur noch Mauerreste von Wohnbauten und Wehrmauern mit Flankentürmen aus dem 15. und 16. Jahrhundert vor.

Das **Schloss** entstand um 1723

Burgruine Jesberg

für Prinz Maximilian von Hessen. Es stellt einen schlichten Hauptbau mit Mansarddach dar, dessen Mittelachsen hofseitig überhöht und von Rundgiebeln bekrönt sind, die Gartenseite ziert ein Balkon. Die ursprüngliche Form mit Mansarddach und Zwerchgiebel der beiden Flügelbauten blieb nur bei dem südlichen erhalten.

Edelhof (Schloss) Jestädt
37276 Jestädt
Werra-Meißner-Kreis

Unmittelbar nordwestlich an Eschwege angrenzend liegt Jestädt. Der Edelhof, in den Urkunden „die Burg" genannt, wurde in der Mitte des 16. Jahrhunderts von den Boyneburgs, als diese ihr Stammschloss verließen, angelegt. Es wurde ein großes, massives Hauptgebäude errichtet, an dem sich bis zum großen Umbau 1906 die Jahreszahlen 1561 und 1562 befanden. Dieses bezog Walrabe von Boyneburg-Hohenstein nach seinem recht bewegten Leben als Kriegsoberst in französischen Diensten. Er kaufte mehrere Gebäude und Gärten auf und erweiterte somit den zum Schlosse gehörigen Raum. Walrabes Sohn, Friedrich Hermann, errichtete 1612 den rechten Sei-

Kassel

tenflügel, nachdem schon ein linker Seitenflügel bei der Erbauung des Schlosses entstanden war und zu wirtschaftlichen Zwecken genutzt wurde. Von der Straße aus gelangte man über ein Tor auf den oberen Wirtschaftshof und durch ein zweites, überbautes in den inneren Hof, der ringsum von Gebäuden umgeben war und an der Westseite einen Turm mit den Gefängnissen besaß. 1792 erlosch der Mannesstamm der alten Jestädter Linie der von Boyneburg-Hohenstein, und später auch die Elbersdörfer Seitenlinie. Als auch die in Reichensachsen und Kassel wohnhafte Reichensächser Linie erloschen war, übernahmen die von Eschwege den Besitz Jestädt. Major Ludwig von Eschwege verlegte Ende des 18. Jahrhunderts seinen Sitz hierher und nahm eine Reihe von baulichen Veränderungen am Schloss vor. Die heutige Gestalt erhielt das Schloss mit seinem Umbau von 1906, vor allem durch die Aufstockung des Hauptflügels und die Veränderung des Giebels durch barocke Formen, wodurch der Edelhof an Gesamteindruck gewann. Das einstige Schloss enthält heute Ferienwohnungen.

Edelhof Jestädt

Schloss Wilhelmshöhe, Löwenburg, Orangerie-Schloss (Karlsaue), Schloss Schönfeld und Palais Bellevue
34131 Kassel
Landkreis Kassel

Unsere Vorfahren haben am westlichen Stadtrand von Kassel, an dem sich dort erhebenden Berghang des Habichtswaldes, einen für Deutschland unvergleichlichen Naturpark geschaffen. Die Künstler haben Landschaft und Architektur so vollkommen miteinander verbunden, dass man auf dem weit verzweigten Wegesystem stets auf prächtig gestaltete Parkelemente stößt. So bildet auch das Schloss Wilhelmshöhe wohl den Ausgangspunkt einer umfassen-

K Kassel

den Wanderung, da es am Fuße des Hanges und doch schon im Grünen steht, aber auch in diesem Bereich Kassels die unmittelbare Verbindung zur Stadt herstellt. Hier stand einst das Doppelkloster Weißenstein der Augustiner, errichtet von 1343 bis 1528, bis Landgraf Moritz 1606–1610 ein Jagdschloss erbaute. Landgraf Karl dagegen hatte noch weit reichende Ideen, sodass er ab etwa 1700 Neubaupläne mit mehreren namhaften Künstlern entwarf, von denen jedoch nur die Parkanlage teilweise verwirklicht wurde. Der heutige Schlossneubau entstand erst durch Landgraf Wilhelm IX., der seit 1803 zum Kurfürsten Wilhelm I. avancierte. Nach mehrfach geänderten Plänen von Simon Louis du Ry wurde der Bau 1786 begonnen. Es entstand eine große, nach dem Park zu weit ausgreifende Dreiflügelanlage. Die Schrägstellung der Seitenflügel verleiht dem Schloss eine prächtige Gesamtgestaltung. Der südliche Flügel, auch Weißensteinflügel genannt, wurde 1786–1790 aufgeführt, und von 1787 bis 1792 baute man den nördlichen, den Kirchflügel. 1790 riss man das alte Schloss ab, und von 1791 bis 1798 entstand der Mittelbau mit großer Kuppel durch Heinrich Christoph Jussow. Danach erhielt das Schloss nach seinen Bauherren den Name **„Wilhelmshöhe"**. Die Innenausstattung erfolgte bis 1803. Die noch bis dahin bestehenden Lücken zwischen dem Hauptbau und den Flügeln wurden 1829 auf Anordnung Kurfürst Wilhelms II. von Landbaumeister Heinrich Regenbogen vollständig durch zweigeschossige Verbindungsbauten geschlossen. Zur Zeit der Herrschaft Preußens ab 1866 war Wilhelmshöhe ein beliebter Sommersitz der Hohenzollern, und 1871 lebte hier der in Gefangenschaft geratene französische Kaiser Napoleon III. Der deutsche Kaiser Wilhelm II. hatte 1918 im Schloss seinen Wohnsitz, bevor er in die Niederlande ins Exil ging. Das Schloss erlitt 1943 und 1945 schwere Bomben- und Brandschäden, doch der weniger betroffene Weißensteinflügel konnte von 1950 bis 1955 wieder hergestellt werden. Den Kirchflügel und Mittelbau stellte man von 1960 bis 1975, bedauerlicherweise unter Verzicht auf die krönende Mittelkuppel und leider auch mit größeren Veränderungen im Innenbereich, wieder her. Im Weißensteinflügel befinden sich heute die Staatlichen Kunstsammlungen, Gemäldegalerie und Antikenabteilung, und im Kirchflügel die Grafische Sammlung, Bibliothek und Verwaltung. Jeder Seitenflügel ist ein gestreckter Rechteckbau mit halbrunden Ausbauten an den Schmalseiten. Der Mittelbau hebt sich besonders durch seinen gewaltigen Portikus, die sechs star-

Kassel K

Schloss Wilhelmshöhe, Kassel

ken Säulen und Dreiecksgiebel hervor. Zur gesamten Schlossanlage gehören weiterhin ein Theater, Gewächshaus, Marstall, Kavaliershaus und Wachgebäude. Im Ballhaus werden wechselnde Ausstellungen gezeigt, und berühmt sind die Rosengärten von Wilhelmshöhe, die als die romantischsten der Welt gelten.

Den Plan, den ganzen östlichen Abhang des Habichtswaldes zu einem barocken Park mit allen dafür geeigneten Mitteln, nicht zuletzt mit Hilfe des Wassers architektonisch zu gestalten, geht auf Landgraf Karl zurück. Vorbereitende Arbeiten am so genannten alten Winterkasten (kleiner Herkules) begannen bereits 1696, aber erst die Bekanntschaft mit italienischen Anlagen durch die Italienreise Karls 1699–1700 gab dem Gedanken festere Gestalt und führte 1701 zur Berufung des italienischen Architekten Giovanni Francesco Guerniero. Sein Unternehmen war vielleicht das Grandioseste: Barock in Verbindung von Natur und Landschaft zu wagen. Zu den im Park stehenden bedeutenden Bauten zählt das riesige achteckige Gebäude mit Herkules-Figur, das Wahrzeichen Kassels. Wassertreppen führen vorbei an Grotten bis hinunter zum Schlossteich. Entdecken kann man auf seinen Wanderungen die Cestius-Pyramide, das Vergil-Grab, die Eremitage des Sokrates, Sibyllengrotte, Merkurtempel, Plutogrotte, den Fontänenteich, die Teufelsbrücke und Höllenteich sowie Rundtempel bis hin zur Löwenburg.

Ganz offensichtlich war Kurfürst Wilhelm ein ausgesprochener Romantiker, denn noch reichte ihm nicht, was die Künstler hier geschaffen hatten. Ihm fehlte eine romantische **Burg**, die dann auch in mehreren Bauabschnitten von 1793 bis 1801 durch H. Chr. Jussow unter dem Einfluss englisch-schottischer Neugotik geschaffen wurde. Sie liegt im Park Wilhelmshöhe, dem Herkules schräg gegenüber, oberhalb von Schloss Wilhelmshöhe. Es

K Kassel

entstand eine Anlage mit Zugbrücke, Türmen und Zinnen, die sich um einen Binnenhof gruppierte. Im Zweiten Weltkrieg wurde die Burg beschädigt und bis 1972 wieder hergestellt. Im Inneren findet der Besucher Waffen und Rüstungen des 16./17. Jahrhunderts mit älterem, wertvollem Mobiliar aus hessischen Schlössern. In der Kapelle finden sich Glasgemälde aus der Stadtkirche in Hersfeld und in der geräumigen Gruft das Grabmal des Erbauers, Kurfürst Wilhelm.

Die Karlsaue ist ein barocker Landschaftspark, zwischen der Stadt Kassel und der Fulda gelegen. Die Gartenanlage wurde großzügig mit Orangerie, Springbrunnen und fächerförmig angeordneten Parkwegen geschaffen. Das ehemalige **Orangerieschloss** in der Karlsaue und der Park sind heute Sitz der Verwaltung der Staatlichen Schlösser und Gärten Hessens. Dieses Schloss wurde um 1702 erbaut für den schon erwähnten Landgrafen Karl. Zunächst war ein eingeschossiger, achteckiger Mittelbau mit anstoßenden Seitenflügeln vorgesehen. Doch 1704 änderte wohl Paul du Ry den Plan durch Aufstockung des Mittelbaues für die Einrichtung des Apollosaales im Obergeschoss sowie Verlängerung des Flügels um das Doppelte. Die Enden bekamen höhere Eckpavillons für die sommerlichen Wohnräume des Landgrafenehepaars. So entstand ein lang gestreckter Schlosstrakt, wie man ihn auch am Schloss Biebrich in Wiesbaden wieder finden kann. Auch Karlsaue wurde 1943 zerstört, von dessen Orangerieschloss nur Teile der Umfassungsmauern übrig blieben. Bis zur Bundesgartenschau 1981 war im Wesentlichen der Wiederaufbau abgeschlossen, und heute erscheint es in neuer Pracht.

Löwenburg, Kassel

Kassel K

Wer heute am südwestlichen Rande der Innenstadt ein Hotel bucht, wird vielleicht überrascht sein, wenn er im ehemaligen **Schloss Schönfeld** nächtigt. 1777 wurde dieses für Oberst Nikolaus von Schönfeld erbaut, und von 1809 bis 1813 nutzte es König Jérôme als Sommersitz. Der Schlossbau umfasst zwei kleine, reizvolle Wohnbauten mit Zwerchgiebeln aus dem Jahre 1777. Später verband Leo von Klenze die Bauten durch eine eingeschossige Galerie mit achteckigem Mittelbau. Wie wir nun schon wissen, war Kurfürst Wilhelm II. nie zufrieden, so ließ er nach 1821 die Galerie durch Joh. Konrad Bromeis zweigeschossig ausbauen. Auch dieser Bau blieb vom Kriege nicht verschont, da 1943 der westliche Pavillon zerstört wurde, doch 1963–1965 entstand er neu. Der ursprünglich aufgeteilte Park bekam nach 1798 eine englische Prägung und wurde später verändert und erweitert.

Das ursprünglich 1714 durch Paul du Ry für Landgraf Karl errichtete **Palais Bellevue** sollte astronomischen Zwecken dienen, wurde dann aber seit etwa 1725 von Mitgliedern des Hofes bewohnt und ging seit 1744 wieder in landgräflichen Besitz. Auch das Schlösschen Bellevue baute 1790 S. L. du Ry unter Wilhelm IX. um, das dann 1811–1813 von Jérôme bewohnt wurde. Nach Kriegsbeschädigung entstand ein schlichter dreigeschossiger Bau mit zwei Seitenflügeln im rückwärtigen Gartenbereich. An der Hauptfront befindet sich ein Portal mit Balkon, im Erdgeschoss ein Saal mit Pilastergliederung und im Obergeschoss ebensolcher mit schlichter Rokokostuckdecke. Das Schlösschen beherbergt die Städtische Kunstsammlung.

Oben: Orangerie-Schloss (Karlsaue), Kassel

Unten: Palais Bellevue, Kassel

K Kelsterbach/Kiedrich

Schloss Wolfenburg, Kelsterbach

Schloss Wolfenburg
65451 Kelsterbach
Landkreis Groß-Gerau

Kelsterbach liegt südwestlich von Frankfurt bei Hattersheim. Das ehemalige Schloss Wolfenburg, 1566–1581 als Residenz für Graf Wolfgang von Ysenburg-Ronneburg errichtet, wurde 1634 und 1639 zerstört. Von dem einst stattlichen Renaissancebau blieb nur das Sockelgeschoss erhalten. Heute befindet sich hier eine Terrasse und aus der Mitte des 19. Jahrhunderts eine Villa. Dieses Gebäude wird bewohnt und wird von einem Park begrenzt.

Burgruine Scharfenstein
65399 Kiedrich
Rheingau-Taunus-Kreis

Kiedrich liegt bei Eltville am Rhein und kann nördlich des Ortes eine Burgruine aufweisen, die um 1215 vom Mainzer Erzbischof zum Schutze der Straße von Eltville in den Taunus erbaut wurde. Sie diente im 13. Jahrhundert mehrfach als erzbischöfliche Residenz. Später war die Burg Sitz der Herren von Scharfenstein, deren Geschlecht 1712 ausgestorben ist. Um 1500 wurde die Burg aufgegeben, und im 16. Jahrhundert galt sie als verfallen. Der Turm wurde noch bis 1686 als Landwarte benutzt, danach war die Anlage unbewohnbar. Sie stellte eine Ausläuferanlage mit einem ehemaligen doppelten Halsgraben dar, deren älteste Burg eng um den Bergfried gelegen war, die später nach Süden erweitert wurde. Erhalten blieb nur der runde Bergfried des 13. Jahrhunderts mit vier teilweise gewölbten Geschossen und Mauertreppen, deren Oberbau restauriert wurde.

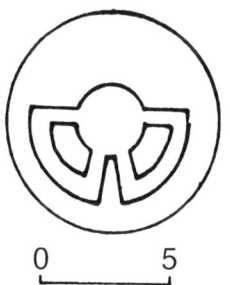

Burgruine Scharfenstein, Kiedrich, Grundriss

Kirberg/Königstein im Taunus

Burgruine Kirberg
65597 Kirberg
Landkreis Limburg-Weilburg

Kirberg gehört zu Hünfelden und liegt an der B 417, südöstlich von Limburg.
Auf dem steil aus grünem Wiesengrund aufragenden Schalsteinfelsen am nordwestlichen Rande des alten Ortskerns stand seit etwa 790, also seit fränkischer Zeit, eine Kirche, die einer Fehde zwischen dem Grafen Johann I. von Nassau-Mehrenberg und dem Grundherren Gerhard VII. von Diez zum Opfer fiel. In einem Vertrag von 1355 beschlossen beide, anstelle der Kirche eine Burg zu errichten. Die genannte „Kirpurg" war eine gestreckte Ausläuferanlage, die durch Steinbruchbetrieb größtenteils abgetragen wurde. Die neue Wehranlage diente nun beiden Herren als Machtanspruch und stellte das gemeinschaftliche Amt Kirberg dar. Die Burg war niemals Sitz oder ständige Wohnung der Burgherren. Dadurch fing die Anlage allmählich zu verfallen an und ein verheerender Brand 1710 legte fast die Hälfte des Fleckens Kirberg in Schutt und Asche. Die Folge war der Steinraub an der Burganlage zum Bau von Straßen und Häusern. Die Ortsbefestigungen wurden 1818 abgebrochen. Ende des 19. Jahrhunderts ging die Burg in Privatbesitz über, durch den wiederum die Anlage als Steinbruch genutzt wurde. Erst 1908 wurde der Steinabbau im Ortsstatut untersagt und so blieb erhalten, was von der Burg heute noch steht. Die Gemeinde Kirberg ist seit dem Zweiten Weltkrieg Eigentümer des Burggeländes und nutzt dieses als Festplatz. Außer Mauerresten ist noch ein Torturm mit Tonnengewölbe erhalten.

Burgruine und Festung Königstein
61462 Königstein im Taunus
Hochtaunuskreis

Noch heute stellt die Burgruine eine eindrucksvolle Wehranlage des Taunusgebietes mit bedeutenden mittelalterlichen und barocken Bauteilen dar. Erbaut hat

Burgruine Kirberg

K Kransberg

sie wahrscheinlich Kuno I. von Münzenberg, und 1225 wurde sie erstmals erwähnt. Die Anlage ging im Erbgang an die Herren von Falkenstein, von Eppstein und von Stolberg und war seit 1581 in kurmainzischem Besitz. Die Burg wurde während ihrer Existenz viermal belagert, bis sie von den Franzosen 1796 gesprengt wurde. Im 19. Jahrhundert beutete man sie als Steinbruch aus. Die Burg Königstein stellte eine Spornanlage mit Kernburg, dreistöckigem Vierflügelbau mit rechteckigem Binnenhof und Halsgraben dar. Der quadratische Bergfried, dessen Oberbau ehemals mit vier spätgotischen Ecktürmchen versehen war, steht als Wahrzeichen hoch über der Stadt. Der Palas befand sich an der Südseite mit zwei voll gemauerten Eckrundtürmen. Im Erdgeschoss des stattlichen Ostflügels mit Eckrundturm befand sich ehemals die große Küche, und im Nordflügel gab es einen Saal. Geringe Mauerreste gibt es nur noch von den Wirtschafts- und Kasernenbauten. Der Zugang zur Hauptburg wurde durch drei wuchtige Rondelle gesichert. Königstein zählt zu den schönsten Burgruinen des hessischen Landes.

Burgruine Königstein

Burg Kransberg
61250 Kransberg
Hochtaunuskreis

Zu finden ist Kransberg westlich von Friedberg und östlich von Usingen.
Hier entstand um 1200 von dem staufischen Reichsdienstmannengeschlecht der Craniche von Cranichsberg die Burg, die im Jahre 1310 durch Verkauf an die Herren von Falkenstein ging. 1654 erwarben sie die Grafen von Waldbott-Bassenheim, und ab 1806 gehörte sie Nassau. Ausgebaut wurde die Burg 1875. Sie stellt eine Ausläuferanlage dar, deren Halsgraben nach 1654 überbaut wurde. Im nördlichen Bereich, hinter dem Bergfried, steht der im Kern spätgotische ehemalige Palas mit sechseckigem Treppenturm, der 1875 stark umgebaut wurde. Ein Wirtschaftsbau aus der zweiten Hälfte des 17. Jahrhunderts ist südlich vorgelagert und in Fachwerk errichtet. Das Palasportal ist ein

Kronberg i. T.

frühgotisches Meisterwerk der Steinmetzkunst und die Kapelle zählt zu den schönsten der Frühgotik in Deutschland. Die Burg befindet sich in Privatbesitz, kann aber von außen besichtigt werden.

Burg Kronberg und Schloss Friedrichshof
61476 Kronberg im Taunus
Hochtaunuskreis

Burg Kransberg

Die Stadt Kronberg ist südwestlich von Bad Homburg v. d. H. und Oberursel zu finden. Die **Burg**, die heute ein Museum beherbergt, wurde Anfang des 13. Jahrhunderts von den Reichsministerialen von Eschborn erbaut, die sich nun von Cronberg nannten. Die Burg war Sitz der zur Reichsritterschaft gehörenden, im 17. Jahrhundert in den Reichsfreiherren- und Reichsgrafenstand erhobenen Familie von Cronberg. Interessant ist zu wissen, dass aus dieser Familie der Deutschordensmeister Walter von Cronberg, Hartmut XII., einer der frühesten Anhänger der Reformation, sowie Johann Schweikart, Kurfürst und Erzbischof von Mainz und Erbauer des Aschaffenburger Schlosses, hervorgegangen sind. Nach Erlöschen des Mannesstammes 1704 fiel Kronberg samt Burg an Kurmainz und später an Nassau. Schließlich gelangten noch die Preußen in ihren Besitz, bis sie dann an Hessen ging. Als die Kaiserin Friedrich (Viktoria), durch Schenkung von ihrem Sohn, Kaiser Wilhelm II., 1892 in den Besitz der Burg gelangte, ließ diese sie alsbald restaurie-

Burg Kronberg

K Kronberg

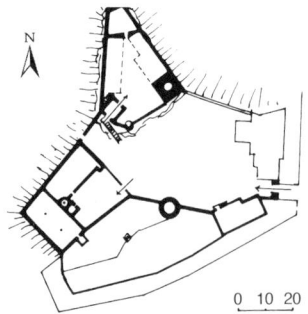

Burg Kronberg, Grundriss

Schloss Friedrichshof, Kronberg

ren. 1992 kam der historische Bau an die Stadt Kronberg und 1995 an die Stiftung Burg Kronberg. Im Jahre 1246 wurde die Burg zerstört, doch wiederhergestellt. Die hoch gelegene Oberburg stammt aus spätstaufischer Zeit und hat einen hohen, quadratischen Bergfried aus der ersten Hälfte des 13. Jahrhunderts. Wehrgang und schmalerer Aufsatzturm gehören in die Zeit von 1500/01. Der runde Flankenturm diente zum Schutze des Brunnens. Der Palas an der Ostseite wurde zerstört. Die tiefer gelegene Mittelburg gehört wohl in das frühe 14. Jahrhundert. In der ersten Hälfte des 15. Jahrhunderts wurde der heutige schlossartige Winkelbau begonnen, der ursprünglich aus zwei getrennten Bauten bestand, in deren Winkel ein hoher Viereckturm, ehemals mit vier Ecktürmchen versehen, vom Ende des 15. Jahrhunderts steht. Des Weiteren steht an der Ostecke ein polygonaler Treppenturm von 1505. Im Erdgeschoss sind die Küche mit Tonnengewölbe auf Steinsäulen und ein Brunnen zu finden. Die Obergeschosse weisen ornamentale Malereien vom Anfang des 17. Jahrhunderts sowie spätgotische Steinkamine auf. Im ersten Obergeschoss des Kronenstammhauses befindet sich ein restaurierter Saal mit Balkendecke, kreuzgewölbtem Erker und Resten gotischer Wandmalereien.

Die Burgkapelle der Unterburg wurde 1342 geweiht, und der kleine Saalbau mit seinem Rechteckchor bekam wieder ein Dach. Auf der Burg finden zahlreiche kulturelle Veranstaltungen, Ausstellungen etc. statt.

Schloss Friedrichshof, gelegen in einer herrlichen Parkanlage mit Golfplatz, ist seit 1954 Schlosshotel „Kronberg", das 1889–1893 als Witwensitz für die Kaiserin Friedrich (Viktoria)

Landau

nach Entwürfen von Hofbaurat Ernst Eberhard von Ihne erbaut wurde. Sie selbst ließ es zum Gedächtnis an Kaiser Friedrich errichten, gewidmet ihren gemeinsamen fortschrittlichen Ideen, die beide gehofft hatten, einmal gemeinsam verwirklichen zu können. Nur sieben Jahre konnte sich die Kaiserin an dem fertig gestellten Schloss erfreuen, bevor sie nach einer langen und schmerzhaften Krankheit in Friedrichshof, umgeben von ihren Kindern, am 5. August 1901 verstarb. Trotz der kurzen Zeit erfreute sie sich an dem Prunkbau unter dem Einfluss des englischen Tudorstils, und im Inneren fand sie Befriedigung an ihren Kunstsammlungen und der bemerkenswerten Bibliothek, die auch viele englischsprachige Bücher beinhaltete.

Schloss Landau
34454 Landau
Landkreis Waldeck-Frankenberg

Das ehemalige Schloss der Grafen von Waldeck ist in Landau, am Langen Wald gelegen, südöstlich von Bad Arolsen zu finden. Das heute als Altersheim genutzte Schloss wurde von einer Vorgängeranlage wahrscheinlich Ende des 13. Jahrhunderts gegründet und 1366 erneuert. Weitere Um- und Neubauten erfolgten in den späteren Jahrhunderten. Vorgefunden wird jetzt ein Schloss, das als einfache Anlage um einen unregelmäßigen Hof gestaltet wurde. Der schlichte Hauptbau, dessen gewölbter Keller aus der Zeit von 1549 stammt, befindet sich an der Südseite. Errichtet wurde er von 1679 bis 1681 durch den Baumeister Joh. Schiefelmann aus Kassel, umgebaut wiederum ab 1728/29 durch Julius Ludwig Rothweil. Der 1811 zum Teil erneuerte Treppenturm an der Hofseite wurde in der Mitte des 16. Jahrhunderts erbaut, wie auch der erhaltene Teil des anschließenden Ostflügels. Alle einst hier

Schloss Landau

Langen/Langenbieber

Schloss Landau

befindlichen weiteren Objekte wurden 1750 abgebrochen. Ein kleiner gepflegter Park ist dem Schloss vorgelagert.

Jagdschloss Wolfsgarten
63225 Langen
Landkreis Offenbach

Die Stadt Langen liegt südlich von Frankfurt am Main, und die Schlossanlage ist westlich des Ortes zu erreichen. Landgraf Ernst Ludwig von Hessen-Darmstadt ließ sich nach einem Plan von Louis Remy Delafosse 1721–1724 eine Schlossanlage errichten, die sich um einen weiten Hof gruppiert und aus mehreren einstöckigen Gebäuden besteht. Das Herrenhaus hebt sich durch eine Galerie mit Doppelfreitreppe hervor, dem gegenüber sich ein dreigeschossiger Uhrturm befindet. Im Hauptbau befanden sich gute Innendekorationen wie Ledertapeten, Kamine und Eisenöfen. Bemerkenswert war eine Gemäldesammlung aus dem 18. und 19. Jahrhundert. Im Park finden sich Kleinbauten und eine Fontäne.

Schloss Bieberstein
36145 Langenbieber
Landkreis Fulda

Im Naturpark Hessische Rhön, östlich von Fulda, auf einer sich hoch erhebenden Bergkuppe und weithin sichtbar steht das Schloss Bieberstein. Seit 1904 wird es als Hermann-Lietz-Schule genutzt. Hier wurde bereits in der Mitte des 12. Jahrhunderts eine Burg durch den Fuldaer Abt Marquard angelegt, die 1249 und 1380 eine Verstärkung erhielt. Für Fürstabt Adalbert von Schleiffras entstand ein Neubau als Sommerresidenz in der Zeit von 1711 bis 1714 durch Johann Dientzenhofer. Pläne von Oberst Ph. L. Lindner, um 1740 das Schloss zu einer starken Festung auszubauen, wurden nur in unwesentlichen Teilen verwirklicht. Als 1908 die Gebäude nach einem Brand beschädigt waren, erneuerte und veränderte man die Anlage. Schloss Bieberstein stellt ein großes, fast quadratisches

Langenselbold

Bauwerk mit höheren Eckbauten und einem Binnenhof dar. Der Torbau ist dreiteilig und grenzt an das Brunnenhaus, das um 1720 geschaffen wurde. Ein Graben mit Steinbrücke führt zum Schloss, die Eckbastionen besitzen erkerartige Wachtürmchen von 1/41. Die Schlosskapelle hat Tonnengewölbe, und im Speisesaal gab es zwei stuckierte Kaminnischen. Leider wurde das reiche barocke Inventar Anfang des 19. Jahrhunderts versteigert. An der Talseite wurde ein gepflegter Garten gestaltet.

eck um einen kleinen gepflegten Park gruppieren. An den östlichen und westlichen Langseiten stehen die einstigen Scheunen und Remisen, an der südlichen Schmalseite waren die Gesindewohnungen, die sich als jeweils schlichte eingeschossige Baukörper von 1722 präsentieren. Zur Straßenseite stehen zwei größere Wohnbauten mit Mansarddächern und Sandsteingliederungen. Im Erdgeschoss des östlichen Baus befinden sich hervorragende Stucka-

Schloss Langenselbold
63505 Langenselbold
Main-Kinzig-Kreis

Langenselbold liegt an der ebenso bezeichneten Abfahrt der A 66, nordöstlich von Hanau. Etwas abseits vom Stadtkern wurde an der Stelle des ehemaligen Stiftes Selbold im 18. Jahrhundert für die Grafen von Isenburg-Birstein durch Christian Ludwig Hermann die Schlossanlage errichtet. Die erste urkundliche Erwähnung des hier vorher befindlichen Klosters geht auf das Jahr 1108 zurück. Die Schlossanlage weist einen Gutscharakter auf und stellt eine ausgedehnte Anlage von sechs Gebäuden dar, die sich im Recht-

Oben: Schloss Bieberstein, Langenbieber

Unten: Schloss Langenselbold

Laubach

turen und im Saal darüber sieben Supraporten von Chr. G. Schütz d. Ä. sowie auch in mehreren Räumen bemalte Seidentapeten und Supraporten aus der Mitte des 18. Jahrhunderts.

Schloss Laubach
35321 Laubach
Landkreis Gießen

Nicht nur die verträumte Altstadt des östlich von Gießen gelegenen Ortes versetzt den Besucher ins Träumen, sondern auch das hier stehende romantische Schloss mit seinem grünen Bewuchs und die gepflegte, weiträumige Parkanlage, die sich an das Schloss anschließt. Es ist ein umfangreicher Gebäudekomplex, in den die mittelalterliche Burg des 13. und 15. Jahrhunderts einbezogen und im 16. sowie 18. Jahrhundert zum Schloss ausgebaut und erweitert wurde. Die ehemalige Kernburg, die heute den Hauptbau darstellt, bildet eine nach Norden zum Park hin offene hufeisenförmige Anlage. An der Südseite des Mittelflügels, der jetzigen Hauptfront, ist der runde, einst frei stehende Bergfried des 13. Jahrhunderts eingebaut. Der Ostflügel, der „Bau auf der alten Kemenaten", wurde im frühen 15. Jahrhundert erneuert und nach 1533 durch den Licher Baumeister Wolff Werner verändert. Aus dem 15. Jahrhundert stammt der runde Treppenturm an der Ostseite, und an den Ecken der beiden Seitenflügel stehen starke runde Wehrtürme mit barocken Hauben. Die übrige Erscheinung des Hauptschlosses ist wesentlich durch die Veränderungen der ersten Hälfte des 18. und des 19. Jahrhunderts bestimmt. Im Innenhof befindet sich das Standbild des Grafen Friedrich Ludwig Christian aus dem 19. Jahrhundert. Im Ostflügel, in dem heute das Museum untergebracht ist, wurde ein mächtiger gewölbter Keller mit fünf Rundpfeilern geschaffen. Das Schlossmuseum ist in drei großen Räumen und drei Turmzimmern präsent, die alle zu den ältesten Bauteilen der Anlage zählen. Beim Besuch betritt man zuerst das Gesindezimmer mit Schautisch von einer Pilgerreise von Venedig nach Je-

Schloss Laubach

Lauterbach

rusalem, dem Modell einer Dampfmaschine und einer Wandvitrine mit Keramik des 15. Jahrhunderts. Danach betritt man den Herrensaal mit dem Wandfresko eines Wildschweins, Truhen, Plattenofen, Modell eines Eisenhammers und anderem sowie einer Schautafel mit Porträts bekannter Mitglieder des Solms-Laubacher Grafenhauses. Weiterhin folgt die Küche mit reliefverzierten Ofenplatten, Brotschränken, Keramik und Porzellan von 1850, einer Herdstelle und Laubacher Glaswaren. Im Turmzimmer präsentiert sich ein Modell der „Pestburg". Im unteren Turmzimmer werden Jagdtrophäen und präparierte Wildtiere gezeigt. Die über 50 000 Bände umfassende alte Bibliothek, die 1555 zusammen mit der Lateinschule begründet wurde und Teile der Arnsburger Klosterbibliothek enthält, ist leider im Museumsführer nicht aufgeführt. Im anglisierten Schlossgarten steht die Untermühle.

Burg Lauterbach und Stadtpalais Hohaus
36341 Lauterbach
Vogelsbergkreis

Lauterbach liegt auf halber Strecke zwischen Fulda und Alsfeld, an der B 254. Die hier stehende Anlage ist die Burg der Freiherren Riedesel zu Eisenbach. Der seit 1456 endgültig Riedesel'sche Besitz der mittelalterlichen Burg wurde mehrfach, zuletzt nach einem Brand 1679 durch August Rumpf unter Erbmarschall Johann Riedesel umgebaut. Er besteht aus einem großen ummauerten viereckigen Hof und einem dreigeschossigen lang gestreckten Bau, an dessen beiden Gebäudeenden je ein viertes Geschoss in Fachwerk turmartig aufgesetzt ist. An der Hofseite befinden sich ein Säulenportal von 1684 und ein dreistöckiger Erkervorbau, mit rückseitigem rechteckigem Treppenturm. Das Amtshaus aus dem Jahre 1680 stellt einen breiten Steinbau mit Renaissancegiebeln dar, der Brunnen im Hof ist vom Anfang des 17. Jahrhunderts.

Das ehemalige Pächterhaus entstand im Jahre 1680 und wird heute zum Teil als Museum ge-

Stadtpalais Hohaus, Lauterbach

L Lehrbach

Schloss, Ruine der Wasserburg und Wasserburg Schmitthof
36320 Lehrbach
Vogelsbergkreis

Östlich, am Amöneburger Becken, nur unweit südlich von Stadtallendorf, findet man den kleinen Ort Lehrbach. Hier hatten die Ritter und späteren Freiherren sowie Reichsgrafen von Lehrbach seit 1180 ihren Stammsitz, bis dieses Geschlecht 1862 ausstarb. In der weitläufigen, gepflegten Parkanlage befindet sich das so genannte ehemalige **Schloss**, das 1885 von Baron Max von Günderode erbaut wurde und heute eine Seniorenpension beherbergt.

In diesem Park steht des Weiteren die Ruine der ehemaligen von Lehrbach'schen **Wasserburg**, die ursprünglich als Viereck angelegt und von einem Graben umgeben war, der heute trockengelegt ist. Zu sehen ist die Ruine eines dreigeschossigen Wohnbaues mit Staffelgiebeln und einem Kaminrest aus dem 15. Jahrhundert, die 1901 restauriert wurde.

Nordwestlich im Gleental, nur zwei Kilometer von Lehrbach entfernt, steht die ehemalige **Wasserburg Schmitthof**. Hier gab es noch im 14. Jahrhundert

nutzt. Es wurde für General Freiherr Georg Friedrich Riedesel von Georg Veit Koch 1769–1773 erbaut. Die stattliche dreiflüglige Gebäudegruppe mit Mansarddächern gliedert sich um einen Ehrenhof, der durch ein schmiedeeisernes Gitter abgeschlossen wird. Der Hauptflügel hat einen Mittelrisalit mit Balkon und Zwerchgiebel, eine Diele und Treppenhaus mit schönem Rokoko-Geländer, das 1777 von Schreinermeister Eschenbach aus Königshofen geschaffen wurde. Die Räume, vor allem der große Saal im Obergeschoss, sind in feinem Rokoko mit Stuckaturen von Andreas Wiedemann aus Fulda und guten Supraporten ausgeführt worden.

Ruine der Wasserburg, Lehrbach

Lich

das wüste Dorf Reisdorf, bis im 16. Jahrhundert an dessen Stelle die kleine, regelmäßige, viereckige Anlage errichtet wurde. Die einstigen Gräben wurden verschüttet. Zu sehen sind auch noch Teile der Ringmauer, mit den drei von ursprünglich vier Ecktürmen. Nur der nordwestliche Turm hat das Fachwerk aus der Zeit um 1538, wogegen das der beiden anderen aus dem 17. Jahrhundert stammt. Das prächtig restaurierte Herrenhaus ist von gewaltigem Ausmaß, mit einem Portal von 1538, an dem sich das Schenk-zu-Schweinsberg-Wappen befindet. Der Schmitthof wird zu Wohnzwecken genutzt, doch eine äußerliche Besichtigung ist möglich.

Schloss Lich
35423 Lich
Landkreis Gießen

Die ursprünglich mittelalterliche vierflügige Wasserburg mit Binnenhof des 14. Jahrhunderts steht inmitten des kleinen Städtchens, das südöstlich von Gießen zu finden ist. Umfassend erneuert und verändert wurde die Anlage von 1673 bis 1682, die heutige Erscheinungsform entstand im Wesentlichen von 1764 bis 1768. Mit dem Abbruch des mittelalterlichen Nordflügels ergab sich eine offene Hufeisenform, die nun dreiflügige, zweigeschossige Baugruppe fügt sich harmonisch in den sie umgebenden Park ein. Die an den Außenecken des Mittelflügels sich befindlichen Rundtürme mit Zwiebelhauben gehören im Wesentlichen in das Mittelalter. Zwischen den beiden Seitenflügeln errichtete Georg Moller von 1833 bis 1837 einen Querbau mit vorgesetztem Altan auf dorischen Säulen, und 1911–1912 wurde an der Nordostecke ein neubaro-

Oben: Schloss, Lehrbach

Unten: Wasserburg Schmitthof, Lehrbach

L Lichtenberg

Schloss Lich

cker Anbau von Heinrich Metzendorf angefügt. Der ehemalige Marstall vom Ende des 18. Jahrhunderts stellt einen schlichten, frühklassizistischen Bau dar. Zum Interieur zählen einige Besonderheiten wie flandrische Bildteppiche aus dem Jahre 1603 und das Bildnis des Grafen Reinhard von Hans Döring von 1556. Das Schloss ist der Öffentlichkeit nicht zugänglich, da es privat von den Nachkommen genutzt wird.

Schloss Lichtenberg
64405 Lichtenberg
Landkreis Darmstadt-Dieburg

Das heute zum Teil als Museum genutzte Schloss steht in einem Seitental des Gersprenztales auf einem Bergkegel in prächtiger Umgebung, keine 20 km südlich von Dieburg oder ebenso weit südöstlich von Darmstadt. Es wurde Anfang des 13. Jahrhunderts unter Graf Dieter II. von Katzenelnbogen-Lichtenberg gegründet, dessen Gebiet im Jahre 1479 an Hessen fiel. Landgraf Georg I. von Hessen-Darmstadt ließ einen umfassenden Ausbau von 1570 bis 1581 unter dem Baumeister Jakob Kesselhut aus Darmstadt vornehmen. Die Schlossanlage besteht aus drei dreigeschossigen Flügeln, deren offene Seite nach Norden ausgerichtet ist. Aus der gotischen Zeit stammt die Außenmauer des Ostflügels, und im südöstlichen Bereich steht ein Treppenturm. Die Verzierungen der Außenportale wurden in feinster Steinmetzarbeit von Hartmann Besserich aus Straßburg ausgeführt. Auf der vorspringenden Terrasse stand bis 1845 die katzenelnbogische Burg. Aus dem 16. Jahrhundert stammten die einstige Vorburg, der gotische Marstall und die Zehntscheuer, den äußeren Abschluss bildet der Torbau von 1570. Das so genannte Bollwerk vom Ende des 15. Jahrhunderts, der frei stehende, wuchtige, runde Batterieturm, steht abseits nahe dem Schloss. Die Räumlichkeiten des Schlosses weisen bis auf die Stuckdecken keinen besonderen Schmuck auf. Im Museum findet man Exponate und Ausstellungsstücke zur Siedlungsge-

Limburg an der Lahn L

schichte und Heimatkunde. Ein Teil der Schlossanlage wird zu Wohnzwecken genutzt.

Burg Limburg
65549 Limburg an der Lahn
Landkreis Limburg-Weilburg

Die Anlage erstreckte sich ursprünglich über das ganze Bergplateau, einschließlich des späteren Stiftsbezirkes, hoch über der Lahn stehend. Sie ist die ehemalige Burg der Grafen vom Niederlahngau und war seit Anfang des 13. Jahrhunderts Sitz der Herren von Ysenburg-Limburg. Später ging sie in den Besitz der Erzbischöfe von Trier über und beherbergt heute ein Diözesan-Museum sowie eine Schule. An der äußeren Umwehrung stand einst der „Schwarze Turm", den man 1569 abgerissen hat. Die heute kleinere Baugruppe bildet mit der Stiftskirche ein beeindruckendes Stadtbild. Die Anlage besteht aus zwei Flügeln. In der Mitte des östlichen Teils steht ein rechteckiger Wohnturm, der vermutlich um die Mitte des 13. Jahrhunderts durch Gerlach von Ysenburg erbaut wurde. Im südlich anstoßenden Teil befindet sich die Burgkapelle St. Peter von 1289 und 1298, die später erweitert wurde. Sie besitzt ein kleines Schiff mit halbrund geschlossenem Chor und ein großes Ostfenster aus dem 15. Jahrhundert. Die wertvollen frühgotischen Wandmalereien wurden Ende des 13. Jahrhunderts teilweise zerstört. Ein Wohnbau mit spätgotischem Erdgeschoss und Fachwerkaufbau um 1600, mit geschweiften Giebeln, befindet sich nördlich neben dem Wohn-

Schloss Lichtenberg

L Lindenfels

Burg Limburg

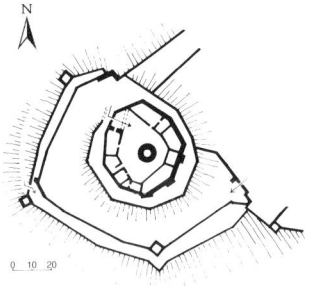
Burgruine Lindenfels, Grundriss

felanlage steht über dem Ort. Die regelmäßig kreisförmige Kernburg mit Ringmauer ist in ihrer Entstehung 1080 auf Abt Winither vom Kloster Lorsch zurückzuführen. Nach den Klostervögten derer von Hohenberg und Henneberg war Pfalzgraf Konrad von Hohenstaufen, der Bruder des in die Sage eingegangenen Kaisers Barbarossa, Herr auf Burg Lindenfels, nachdem er diese im Erbgang erhalten hatte. Danach war sie kurze Zeit im Besitz des Markgrafen Hermann von Baden, bis der Wittelsbacher Pfalzgraf Ludwig II. die Herrschaft 1277 zurückkaufte und die fast 600-jähri-

turm. Die Nordseite weist Schnitzereien und einen fränkischen Erker auf, am Hof befindet sich ein achteckiger Treppenturm mit Zeltdach. Bereits um 1379 wurde an der Südseite des Burghofes ein zweistöckiger Saalbau errichtet, der im Zeitraum von 1934 bis 1935, nach einem Brand 1929, wiederhergestellt wurde.

Burgruine Lindenfels
64678 Lindenfels
Landkreis Bergstraße

Lindenfels liegt östlich von Bensheim an der B47, die einstige Gip-

ge Zugehörigkeit von Lindenfels zur Kurpfalz begründete. Die wesentlich im 12. Jahrhundert entstandene Anlage wurde im 14.–16. Jahrhundert grundlegend erneuert und ausgebaut, dann verfiel sie im Laufe der Zeit und wurde 1779 zum Abbruch freigegeben. Restauriert wurden die Ruinen um 1880–1891 und mehrfach

Lißberg L

in neuerer Zeit. Im Innenbereich war einst die Wehrmauer ringsum mit Gebäuden umbaut, was nur einen kleinen Binnenhof erlaubte. In der Hofmitte erhob sich freistehend ein großer runder Bergfried. Erhalten sind die Ringmauer mit geringen romanischen Teilen, die Fundamente und einige Keller der Gebäude, ferner der hohe Spitzgiebel eines spätgotischen Wohnbaues. Um die Kernburg wurde vermutlich im 14. Jahrhundert ein schmaler Wehrzwinger gebaut. An der Nord-, West- und Südseite stand eine Vorburg, die im Wesentlichen aus der ersten Hälfte des 15. Jahrhunderts stammte. Die äußere Wehrmauer war durch zwei quadratische, zweigeschossige Flankentürme bewehrt, und das vordere, zur Stadt stehende Burgtor mit ehemaligem Fallgatter wurde umfassend restauriert. Der Ziehbrunnen von 1608 wurde 1960 aus der Stadt zur Burgruine versetzt. Heute ist die Anlage eine Stätte des traditionellen Burg- und Trachtenfestes von Lindenfels und jederzeit begehbar.

Burgruine Lißberg
63683 Lißberg
Wetteraukreis

Auf einer Basaltkuppe, am Rande des Ortes, unweit nordöstlich von Ortenberg gelegen, stehen die Reste der 1801 größtenteils abgebrochen Burganlage. In die Kernburg gelangt man durch den Zwinger und die Vorburg im westlichen Bereich. Gut erhalten blieben der hohe runde Bergfried aus dem 14. Jahrhundert mit seinem Eingang in neun Metern Höhe, in

Burgruine Lindenfels

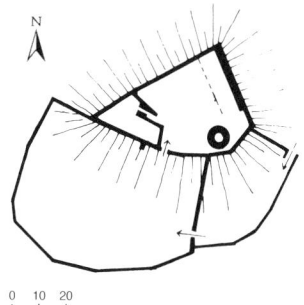

Burgruine Lißberg, Grundriss

Löhnberg

Burgruine Lißberg

dessen unterem Teil sich das Verlies mit drei Meter starken Mauern befindet. Darüber befinden sich zwei gewölbte Geschosse. Nur noch wenige Mauerreste kleiner Gebäude und zweier Wohnbauten sowie Treppen in der Mauer sind heute vorzufinden.

Laneburg
35792 Löhnberg
Landkreis Limburg-Weilburg

Die nach 1321 erbaute Laneburg entstand im Zusammenhang mit der Stadtrechtverleihung an Graf Johann von Nassau-Dillenburg und steht am Rande des Ortes. Ort und Burg sind nördlich von Weilburg zu finden. Eine erste urkundliche Erwähnung der Burg stammt vom 24. Juni 1324. Nach 1560 erfolgte der Umbau zu einem Renaissanceschloss, deren Bewohner meist Burggrafen und Stadtvögte der jeweiligen Eigentümer oder Landesherren waren. Bis 1773 war die Anlage oft geteilt und in verschiedenem Besitz, später kam sie an Nassau-Weilburg und wurde als Zehntscheune genutzt. Bis zum Jahre 1816 war sie im Eigentum der Gemeinde und von Privatpersonen. Am 5. September 1900 brannte das Schloss aus und gegen Ende des Zweiten Weltkrieges wurde es durch Bomben beschädigt. Restaurierung und Sicherung durch die Gemeinde und das Land Hessen erfolgten seit 1968, in dieser Zeit wurde auch durch die Sängervereinigung „Rheingold" Löhnberg die Freilegung und der Ausbau der Keller realisiert. Alljährlich Anfang Juli erfüllt ein großes Burgfest die alten Gemäuer mit Leben. Die Anlage stellt einen Winkelbau aus zwei dreigeschossigen Flügeln über dem steilen Lahnfelsen dar, deren zwei Rundtürme am nördlichen Ende und an der östlichen Ecke aus dem 14. Jahrhundert stammen. Im Winkel steht ein Treppenturm, und an der äußeren östlichen Ecke ist ein mehrgeschossiger Erker angebracht.

Londorf/Lüderbach

Mittelburg
35466 Londorf
Landkreis Gießen

Londorf ist etwa 15 km nordöstlich von Gießen zu erreichen. Die Burg wurde vor 1287 von den Herren von Nordeck zur Rabenau nach ihrer Vertreibung von Burg Nordeck angelegt. Hier stand ursprünglich eine Kemenate anstelle des heutigen Forstamtes auf künstlichem Hügel über der Lumda. Im Mittelalter teilte man das gesamte Areal in Ober-, Mittel- und Unterburg auf. Die ältesten Bauteile sind nur in der Mittelburg erhalten, einer fränkischen Hofanlage, die teils aus Fachwerk besteht. Hier wurde am 28. Oktober 1817 der oberhessische Genremaler Carl Engel geboren. Der Wohnbau der Unterburg von 1839/40 hat ein Portal von 1593. Westlich der Burgstraße befindet sich ein seit 1820 angelegter Park mit reizvollem Gartenhaus von 1842, das auch als „Teichhaus" bezeichnet wird.

Schloss Lüderbach
37296 Lüderbach
Werra-Meißner-Kreis

Lüderbach liegt unmittelbar an der thüringischen Landesgrenze, südlich von Eschwege und nordwestlich von Eisenach, etwa auf halber Strecke. Auf das einst in Lüderbach ansässige Geschlecht derer von Capellan geht ein schlichtes Renaissanceschloss von 1560 sowie ein Pyramidendenkmal zurück. Das Schloss stellt einen schlichten Steinbau mit Treppenhausvorbau dar; die vorhandenen

Oben: Laneburg, Löhnberg

Unten: Mittelburg, Londorf

M Mackenzell

Schloss Lüderbach

Wappensteine tragen die Jahreszahlen 1560 und 1722. Im Jahre 1975 wurde das Schloss, das nur äußerlich besichtigt werden kann, durch einen Brand beschädigt.

Schloss Mackenzell
36088 Mackenzell
Landkreis Fulda

Im Tal der Nüst, südöstlich von Hünfeld, liegt Mackenzell. In den Jahren 1146 und 1170 erste urkundliche Erwähnungen der Ritter von Mackenzell. Seiner Stellung nach wohl das bekannteste Glied der Mackenzeller Adelsfamilie war Abt Bertho III. von Mackenzell, der 1271/72 den Fuldaer Abtsstuhl innehatte. Das Geschlecht starb im Jahr 1349 aus. Fürstabt Heinrich IV. von Erthal ließ 1253 die Anlage mit Mauer, Wall und Graben befestigen. Fürstabt Bertho IV. von Bimbach eroberte und zerstörte 1276 den Sitz, und 1334 gehörte die Burg der Familie von Bimbach und Schenkenwald. Nachdem später die von Buchenau das Anwesen erwarben, war es von 1415 bis 1417 im Besitz des Fuldaer Fürstabtes. Der rechteckige Treppenturm ist über dem Eingang mit dem Wappen des Fuldaer Fürstabtes Johann von Henneberg und der Jahreszahl 1513 versehen. Ein weiterer Ausbau erfolgte durch den Abt von Schwalbach 1606–1622. Wiederum führte man einen Umbau im Jahre 1923 durch,

Mansbach

Alte Burg Mansbach und Schloss Geyso
36284 Mansbach
Landkreis Hersfeld-Rotenburg

Unmittelbar an der thüringischen Landesgrenze, südöstlich von Bad Hersfeld, findet man das Dorf Mansbach. Der Unterhof und die **Alte Burg** wurden 1569 neu gebaut und stellen einen Steinbau mit Rechteckgiebel aus dem 17. Jahrhundert dar. Der Wirtschaftsflügel stammt von 1561. Die Anlage besitzt noch Reste einer Umfassungsmauer mit Schlüsselscharten.

Im **Schloss Geyso**, gebaut 1577–1578, befinden sich heute im anliegenden ehemaligen von Mansbach'schen Sommerschloss Mietwohnungen. Schloss Geyso ist

nutzte das Schloss danach als Oberförsterei, und die Gemeinde vermietete es 1952 an Wohnungssuchende. 1967 ging die Burg in Privatbesitz über, wurde einige Jahre als Schlosshotel betrieben und ist nach erneutem Besitzerwechsel Kurheim des Guttemplerordens. Das Schloss stellt sich als eine regelmäßige rechteckige Wasserburg, deren Gräben jetzt trockenliegen, dar. Den Zugang bildet ein dammartiger Weg mit zwei mehrbogigen Steinbrücken. Das Herrenhaus gehört in seiner Entstehung in das erste Viertel des 17. Jahrhunderts und stellt einen stattlichen Steinbau mit hohem Satteldach und Treppenhausvorbau dar, der an der Nordwestecke einen Rundturm mit Fachwerkaufbau vom Anfang des 16. Jahrhunderts besitzt.

Schloss Mackenzell

Marburg

Schloss Geyso, Mansbach

ein stattlicher Rechteckbau mit hohen geschweiften Giebeln, der an der Rückseite einen achteckigen Treppenturm und an seinem Renaissanceportal figürliche Plastiken sowie nebenan einen Erkervorbau mit ornamentalen Reliefs besitzt. Bauliche Veränderungen nahm man 1878 vor. Die dreiflüglige Anlage hat über dem Mittelbau kleine Dachreiter.

Landgrafenschloss Marburg
35039 Marburg
Landkreis Marburg-Biedenkopf

Weithin beherrschend zeigt sich das Schloss auf einem an drei Seiten stark abschüssigen Bergrücken hoch über der Stadt. Ursprünglich war es eine thüringische Burg, die 1138/39 erstmals genannt wurde. Der Ausbau zur heutigen Anlage erfolgte ab etwa 1260 durch Herzogin Sophie von Brabant, der Tochter der hl. Elisabeth, und ihren Sohn Heinrich I. sowie dessen Nachfolger Johann. Sie rief 1248 in Marburg die Selbständigkeit Hessens aus. Elisabeth, eine ungarische Prinzessin, wurde mit dem Landgrafen von Thüringen verheiratet. Als ihr Gemahl verstorben war, erhielt sie Marburg als Witwensitz, da man sie von der Wartburg in Eisenach weg haben wollte. Sie gründete ein Armenhospital, starb aber schon mit 24 Jahren und wurde bald darauf heilig gesprochen. Nicht nur zum Verteidigungszweck diente die Anlage, sondern es entstanden auch bedeutsame Wohn- und Repräsentationsbauten, die mehrfach als hessische

Marburg

Hauptresidenz dienten. Landgraf Philipp der Großmütige von Hessen lud 1529 die führenden evangelischen Theologen, unter ihnen Martin Luther und Ulrich Zwingli, auf das Marburger Schloss ein. Sie erreichten in ihren Debatten Übereinstimmung in allen wesentlichen Fragen, trotzdem kam es zur Spaltung zwischen Lutheranern und Reformierten. Nach der Einnahme der Stadt 1624 durch Ludwig V. von Hessen-Darmstadt wurden weitere Baumaßnahmen vorgenommen. Das Hauptschloss besteht aus einer hufeisenförmigen, dreiflügligen Gebäudegruppe um einen schmalen, trapezförmigen Binnenhof mit Zugang im Osten. Baugeschichtlich eine Sensation ist der Rittersaal im Saalbau. Er gilt als Deutschlands größter weltlicher Saal, der aus der Zeit der Gotik erhalten blieb. Die Wehranlagen wurden 1776 und 1806 beseitigt und sind heute Schlosspark. Eine detaillierte bauliche Beschreibung der gewaltigen Anlage von Marburg würde hier den Rahmen sprengen. 1815–1869 nutzte man das Schloss als Strafanstalt. Danach fungierte es bis 1938 als Staatsarchiv. 1981 wurde im Wilhelmsbau das Hessische Landesmuseum für Kunst- und Kulturgeschichte eröffnet, mit Sammlungen der Landesgeschichte und des Kunsthandwerks.

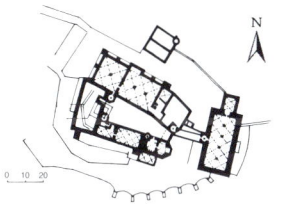

Landgrafenschloss Marburg, Grundriss

Landgrafenschloss Marburg

Meerholz / Meinhard-Schwebda

Schloss Meerholz
63571 Meerholz
Main-Kinzig-Kreis

Das heute als Altenheim genutzte Schloss liegt inmitten des Städtchens, das wiederum unmittelbar südlich an Gelnhausen angrenzt. Das vor 1173 gegründete Prämonstratenser-Chorfrauenstift wurde 1555–1564 durch die Grafen von Ysenburg-Büdingen zum Schloss umgebaut. Eine großzügige Neugestaltung erfolgte in den Jahren 1904/05, woraus es jetzt eine ausgedehnte Anlage und zwei Binnenhöfe aufzuweisen hat. Der westliche Teil wurde in der Neurenaissance aufgeführt, und die beiden Treppentürme mit Portalen verweisen auf die Zeit um 1564. In die Mitte des 19. Jahrhunderts verweist der Nord- und Ostflügel. Die ehemalige Klosterkirche, jetzt ev. Pfarrkirche, ist im Kern ein schlichter gotischer Bau, der an der Südseite der Anlage steht. Der ebenfalls hier stehende Turm besitzt eine spätmittelalterliche Steinbalustrade, eine Türmerstube und eine barocke Laternenhaube.

Burg Schwebda und Schloss Wolfsbrunnen
37276 Meinhard-Schwebda
Werra-Meißner-Kreis

Nur wenige Kilometer nordöstlich von Eschwege liegt der kleine Ort Schwebda mit seiner **Burg**, dem so genannten Walrabshof. Die heute als Gutshof genutzte Anlage war einst das Stammhaus einer Linie derer von Keudell. Sie ist spätgotisch und war ursprünglich eine Wasserburg. Das durch den hessischen Rat Bernhard von Keudell 1529 erbaute „Steinerne Haus" steht an der Südseite des großen Hofes und stellt einen stattlichen dreigeschossigen Rechteckbau dar. Das Portal ist mit reichem Sturz und Wappen des Erbauers geziert. Ein an der anderen Hofseite gelegenes, spätgotisches Wohnhaus ist ebenfalls mit Portal von 1549 versehen und wurde 1882 unter Rudolph von Keudell leicht neugotisch erneuert.

Schloss Meerholz

Meinhard-Schwebda

Schloss Wolfsbrunnen, Meinhard-Schwebda

Schon 1227 wird eine Familie von Keudell in Schwebda erwähnt; die Bezeichnung **Wolfsbrunnen** erscheint erstmals im Jahre 1469 und ist im Zusammenhang mit einer Flurbezeichnung wie „Wolfgraben" u. Ä. zu verstehen oder besser als eine Quelle unterhalb des Schlosses, wo Wölfe ihren Durst stillten. Erste Anzeichen der Gestaltung dieses landschaftlichen Bereiches setzte Wilhelm-Friedrich von Keudell mit einer Parkanlage und Bebauung. Er wurde 1735 in Schwebda geboren und war mehrere Jahre Landrat in Eschwege. So entstand 1788 nach seinen Vorstellungen ein Jagdhaus im Park, dem von 1904 bis 1906 der Bau des heutigen Schlosses unter dem königlichen Landrat und Kammerherrn Alexander von Keudell folgte, das Architekt Anton Karst aus Kassel entwarf und im Stile der Neurenaissance errichtete. Von Keudell hatte 1886 Luise Henschel aus Kassel geheiratet, und deren Vater gab das Geld zum Schlossbau, den das Paar im Juni 1907 bezog. Bleiverglaste farbige Fenster, versehen mit Sprüchen, schützten vor greller Sonneneinstrahlung, und eine Freitreppe mit geschnitzten Jagdszenen am Geländer führte ins Obergeschoss, wo alle Schlafgemächer lagen. Aus Mangel an finanziellen Mitteln wurde der Gästetrakt im oberen Stockwerk nie fertig, doch in der Wilkummshalle stand ein schöner Kamin, von Säulen umgeben. Alexander von Keudell verstarb im Juni 1939 mit 79 Jahren auf dem Schloss und wurde als Erster auf dem Waldfriedhof bestattet. Rudolf von Keudell, der Bruder des Bauherrn, wohnte seit seiner Pensionierung bis zu seinem Tode (ebenfalls 1939) auf Schloss Wolfsbrunnen. Während des Zweiten Weltkrieges diente das

Melsungen

Schloss von 1943 bis 1945 als Lazarett der deutschen Wehrmacht. Danach war es Kurheim für Heimkehrer und Versehrte. 1946/47 waren im Schloss elternlose jüdische Kinder untergebracht. Luise von Keudell starb 1951 im Alter von 86 Jahren und wurde neben ihrem Gatten Alexander auf dem Waldfriedhof beigesetzt. Zu diesem Zeitpunkt diente das Schloss als Erholungsheim für Bergwerkslehrlinge aus dem Ruhrgebiet. Der letzte männliche Spross des Geschlechtes aus Schwebda war Baron Rudolf von Keudell, der seinen Sohn Walrab bestattete, der bereits 1953 von einem Blitz auf dem Felde erschlagen worden war. Die Familie Soblich kauft 1969 Wolfsbrunnen und Park, gibt das Anwesen 1981 an einen Buchverlag weiter, und noch im selben Jahr beginnen die ersten Umbauarbeiten im Inneren. Schloss Wolfsbrunnen sollte ein Missionszentrum von Deutschland werden. Um die achtzig „Sannyassin" wohnten im Schloss, doch die „Poona-Jünger" waren nicht beliebt in der Region. Deshalb wurde der Besitz erneut verkauft und ging 1985 an die Unternehmensgruppe Familienheim GmbH München und danach an die Firma Karl Heckl Immobilien GmbH München über. Diese renovierten umfassend den Bau und richteten ein Hotel ein, das einen Besuch wert ist.

Schloss Melsungen
34212 Melsungen
Schwalm-Eder-Kreis

Melsungen ist südlich von Kassel an der A 7 oder der B 83 zu finden. Erwähnt wird erstmals urkundlich zu dieser Ansiedlung 802–817 ein pagus Milisunge. In dem Zeitraum von 1122 bis 1247 gehört es zur Landgrafschaft Thüringen, die nach 1194 Stadt und Burg ausbauten. Hessen wird 1248 selbständige Landgrafschaft. Die mittelalterliche Burg verfällt 1500–1520 und ab 1550–1557 wird unter Landgraf Philipp dem Großmütigen und Wilhelm IV. am Nordrand der Altstadt das heutige Schloss errichtet. Der Marstall, der heute das Amtsgericht beherbergt, wurde 1577 gebaut. Von 1627

Schloss Melsungen

Mengerskirchen

bis 1632 diente das Schloss als Wohnsitz des Landgrafen Moritz des Gelehrten nach seiner Abdankung. Doch schon im Dreißigjährigen Krieg 1648 wechselten die Schlossherren, da der schwedische General Wrangel hier Quartier nahm. Kurfürst Friedrich Wilhelm von Brandenburg weilte im Schloss als Gast bei seiner Schwester, der Landgräfin Hedwig Sophie. Bald 100 Jahre, von 1733 bis 1825, diente die Anlage der Garnison für hessische Reiterregimenter sowie auch nach Einrichtung der Kurhessischen Landkreise als Verwaltungsgebäude. Dann war es 1825–1868 Sitz der Kurfürstlichhessischen Forstlehranstalt und danach bis 1974 Kreisverwaltungsgebäude. Es ist eine lockere Baugruppe von schlichten Steinbauten um einen viereckigen Hof. An der Nordseite steht das stattliche dreigeschossige Hauptgebäude, erbaut 1550–1555, mit seinen rechteckigen Treppenturmvorbauten, über dem Portal befindet sich das landgräfliche Wappen. Die Inneneinrichtung wurde völlig verändert, nur einzelne Säulen und Bögen blieben erhalten. Unmittelbar vor der Stadtmauer liegt der Schlosspark mit einem Wachgebäude von 1689, dieses mit einem kräftigen Rundturm, der mit einer Haube gedeckt ist.

Schloss Mengerskirchen
35794 Mengerskirchen
Landkreis Limburg-Weilburg

Schloss Mengerskirchen

Mengerskirchen liegt ganz im Westen Hessens auf halber Strecke zwischen Limburg und Haiger, sein Schloss beherbergt heute das Rathaus und ein Turmmuseum. Die erste Erwähnung liegt zwischen 1321 und 1341. In der Folgezeit wurde das Schloss mehrfach verändert. Dieser schlichte, lang gezogene Baukörper besitzt an der Süd-

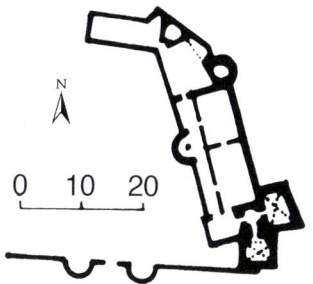

Schloss Mengerskirchen, Grundriss

Merenberg/Michelstadt

Burgruine Merenberg

Burgruine Merenberg
35799 Merenberg
Landkreis Limburg-Weilburg

Die Gipfelburg auf markantem Basaltkegel am westlichen Ortsrand, nordöstlich von Limburg, wurde 1129 erstmals erwähnt und 1634 zerstört. Die erhaltenen Reste gehören im Wesentlichen in das 14. Jahrhundert und bestehen aus einem längsrechteckigen Bering mit halbrunden Schalentürmen sowie einem schlanken, runden Bergfried mit zerstörten Gewölben. Außerdem ist noch ein kleiner Gebäudeteil des Palas vorzufinden. Die Anlage kann frei besichtigt werden.

Ehem. Burg (Kellerei) Michelstadt
64720 Michelstadt
Odenwaldkreis

Die im Stadtbereich liegende ursprüngliche Burg der Reichsabtei Lorsch und der Schenken von Erbach wurde um 960 von Abt Gerbodo als „steinernes Haus" im „Kastell" Michelstadt errichtet. Sie gilt als Keimzelle des alten Michelstadt. Im Jahre 1307 zerstörte man dieses, doch es wurde von den Schenken wieder

westecke einen rechteckigen, gewölbten Wohnturm aus dem 14. Jahrhundert, und später entstanden westlich und nördlich zwei Anbauten, deren nördlicher spätgotisch mit zwei Dacherkertürmchen und Wehrgang bestückt war. Der dreigeschossige Hauptflügel aus dem 16. oder 17. Jahrhundert, mit rundem Treppenturm an der Hofseite und Rundturm an der Südseite, wurde später verändert. Der angefügte Seitenflügel von 1662 mit seinem offenen Laubengang und dorischen Säulen wurde 1936 restauriert. Im 17. Jahrhundert diente das Schloss als Jagdresidenz, später, bis 1816, als Amtsverwaltung und von 1820 bis 1973 war es eine Schule. Die jüngste umfassende Restaurierung erfolgte 1979–1992.

Michelstadt

aufgebaut. Die Michelstädter Linie der Schenken zu Erbach hatte mit Beginn des 14. Jahrhunderts ihren Wohnsitz in der Burg. Nur Valentin I., der letzte Schenk zu Michelstadt, wohnte ab 1515 im Erbacher Schloss, bis dieser unvermählt im Jahre 1531 verstarb. Danach ging der gesamte Besitz an die Schenken zu Erbach über, die 1532 in den Reichsgrafenstand erhoben wurden. Heute stellt die Burg eine ansehnliche Baugruppe des 16. und 17. Jahrhunderts dar, die um einen geräumigen, langrechteckigen Binnenhof im Zuge der südlichen Stadtbefestigung errichtet wurde. Aus dem Jahr 1506 stammt das Fachwerk des offenbar ursprünglich freistehenden mittleren Hauses, dessen massives Untergeschoss mit dem großen Tor in das 15. Jahrhundert zu datieren ist. Die beiden seitlichen Gebäude kommen aus dem 17. und 18. Jahrhundert. Ein mächtiger, steinerner Speicherbau von 1517 mit hohen Kellergewölben, zwei Obergeschossen und Stufengiebeln fällt beim Besuch sofort ins Auge. Die Hofseite besitzt, dank des Grafen Georg I. zu Erbach, eine Freitreppe mit überdachtem Podest. Der Nordflügel mit seinem massiven Untergeschoss entstand um 1500 mit Fachwerkoberbau von 1549. Dieser bekam 1621 eine Erneuerung. Im Jahre 1970 ging die Kellerei – der Name leitet sich vom einstigen Verwaltungsbeamten, dem „Keller", der hier seinen Sitz hatte, ab – in den Besitz der Stadt Michelbach, die die Anlage umfassend renovieren ließ. Heute findet man hier eine private Kunsttöpferei und das zum Odenwaldmuseum im Speicherbau gehörende Lapidarium. Das Obergeschoss beherbergt ein Spielzeugmuseum.

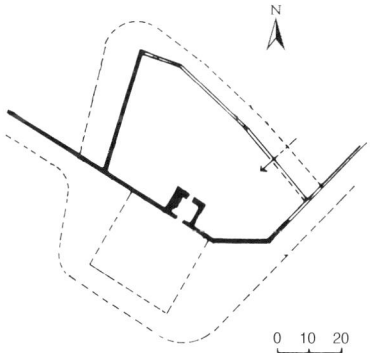

Ehem. Burg (Kellerei) Michelstadt, Grundriss

Ehem. Burg (Kellerei) Michelstadt

Michelstadt-Steinbach

Schloss Fürstenau
64720 Michelstadt-Steinbach
Odenwaldkreis

Oben: Schloss Fürstenau, Michelstadt-Steinbach

Unten: Jagdschloss Mönchbruch, Mörfelden-Walldorf

Steinbach ist ein Ortsteil im Nordwesten Michelstadts im Naturpark Bergstraße-Odenwald. Die ehemalige Wasserburg an der Mümling wurde um 1300 vom Mainzer Erzbischof Aspelt zum Schutz der von Kurpfalz bedrohten, bis 1232 zur Abtei Lorsch gehörenden Mainzer Besitzungen gegen den Willen der Schenken zu Erbach auf deren Grund und Boden angelegt. Die Ringmauer und die kleinen Türme stammen von der Wasserburg. Diese war nur über eine Zugbrücke erreichbar. Trotz dieses Stützpunktes nahm 1307 Pfalzgraf Rudolf Michelstadt ein und zerstörte es. Nach einem Schiedsgerichtsspruch von 1355 war es durch käufliche Abtretung vorübergehend in Erbach'schem Besitz, endgültig erst seit 1454. Bis dahin war es Sitz eines Mainzer Amtes. Ende des 15. Jahrhunderts wurde die Anlage vollständig erneuert und im 16. Jahrhundert zum Renaissanceschloss umgebaut. Dabei wurden die Wehrmauern zwischen den Westtürmen 1588 niedergelegt und durch einen Schwibbogen ersetzt. Nachkommen der Schenken waren seit 1532 die Grafen zu Erbach und seit 1718 die Linie Erbach-Fürstenau. Die ausgedehnte Gebäudegruppe des 14.–19. Jahrhunderts wirkt durch den gelungenen künstlerischen und malerischen Zusammenklang der verschiedenen Bauteile durch Bewuchs und landschaftliche Umgebung sehr anziehend. Um eine Verbindung des Schlosses Fürstenau mit Michelstadt zu erreichen, wurden zwei Alleen gepflanzt, wovon heute aber kaum noch etwas vorzufinden

Mörfelden-Walldorf/Mühltal

ist. Der im 16. Jahrhundert angelegte Lustgarten wurde im 19. Jahrhundert zum englischen Landschaftspark umgestaltet. Gegenüber der Mümling-Brücke steht das zierliche Rokoko-Gartenhaus, in dem Theater gespielt wurde und das Graf Georg Albrecht III. zu Erbach-Fürstenau im Jahre 1756 errichten ließ. Schloss Fürstenau kann besichtigt werden, um vorherige Anmeldung wird jedoch gebeten.

Burg Frankenstein, Mühltal

Jagdschloss Mönchbruch
64546 Mörfelden-Walldorf
Landkreis Groß-Gerau

Das ehemalige Jagdschloss Mönchbruch der Landgrafen von Hessen-Darmstadt liegt östlich von Rüsselsheim auf halber Strecke bis Mörfelden und ist heute ein Aussiedlerheim. Inmitten ausgedehnter Wälder und Wiesengründe entstand durch Baudirektor Helfrich Müller 1729 ganz in Fachwerk erbaut die lockere Baugruppe von ehemals sechs eingeschossigen Wohnpavillons. Seit dem Jahre 1855 existieren davon nur noch drei. An der Westseite, hin zur Straße, steht ein lang gestreckter, hufeisenförmiger Dreiflügelbau. Die Anlage ist äußerlich frei zugänglich.

Burg Frankenstein
64367 Mühltal
Landkreis Darmstadt-Dieburg

Die einst stattliche Burg befindet sich auf dem nördlichen Ausläufer des Langenbergs, nicht weit südlich von Darmstadt, die Konrad II. Reiz zu Breuberg kurz vor 1252 anlegte und die seit 1670 Stammsitz der Freiherren von Frankenstein wurde. Es soll bereits 948 eine urkundliche Erwähnung über den Frankenstein gegeben haben. Ein Ausbau der Burg erfolgte um 1360 sowie im 15. Jahrhundert und nochmals umfassend zwischen 1520 und 1536. Hessen übernahm die Anlage 1662. Im 18. Jahrhundert war sie bis auf ein Forsthaus verfallen, worauf man 1850–1853 und 1892/93 umfangreiche Restaurierungen vornahm. Burg

M Münzenberg

Frankenstein stellt eine Gipfelanlage mit doppeltem, durch eine Bastion des 16. Jahrhunderts verstärktem Halsgraben dar und hat eine unregelmäßige rechteckige Kernburg. Die Ringmauern an Süd- und Westseite sind schildmauerartig verstärkt. Ein viergeschossiges Wohnhaus mit einem 1893 restaurierten Turm von 1527 ist als Ruine erhalten. Um die Kernburg liegt eine vieleckige, spätgotische Ringmauer mit Zwinger und quadratischem Schalen-Torturm aus der Zeit um 1450 und nordwestlich steht ein weiterer Schalenturm vom Anfang des 16. Jahrhunderts. In der Vorburg finden wir eine spätgotische Kapelle, die 1850–1853 wieder aufgebaut wurde und drei Grabmäler der Frankensteiner birgt. Weiterhin befindet sich hier eine geschmackvoll eingerichtete Gaststätte.

Burgruine Münzenberg
35516 Münzenberg
Wetteraukreis

Weithin sichtbar auf lang gestrecktem Bergrücken am südlichen Ortsrand und auf halber Strecke zwischen Gießen und Bad Nauheim ist die Burgruine das Wahrzeichen der Wetterau. Sie ist die bedeutendste aus dem hohen Mittelalter erhaltene Burganlage neben der Wartburg, durch Unberührtheit noch vor ihr ausgezeichnet und künstlerisch mindestens ebenbürtig. Die längsovale Kernanlage ist etwa 120 Meter lang und 40 Meter breit. Aus der staufischen Bauepoche stammt die nur im östlichen und südlichen Teil erhaltene innere Ringmauer mit mächtigen Sandstein-Buckelquadern und den breiten Zinnen. Der runde Ostturm hat einen hoch liegenden Eingang und ein zehn Meter tiefes, gewölbtes Verlies. Der erste Palas an der Südseite wurde um 1190–1200 fertig gestellt, ein dreigeschossiger Rechteckbau mit Steinmetzarbeiten aus Sandstein. Im ersten Obergeschoss finden wir zwei ehemals heizbare Wohnräume, wie Reste eines Kamins bezeugen. Im zweiten Obergeschoss befand sich einst ein großer Festsaal, ursprünglich mit Zugang zur Herrschaftsempore der östlich angebauten Kapelle. Staufischen Ursprungs sind das

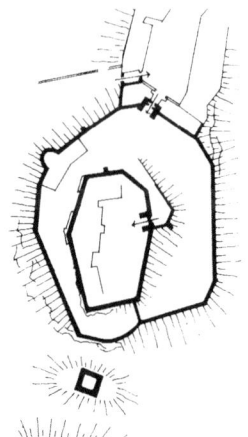

Burg Frankenstein, Mühltal, Grundriss

Nassenerfurth

innere Burgtor und die darüber liegende Burgkapelle, die im 15. Jahrhundert grundlegend umgestaltet wurde. Gegen Mitte des 13. Jahrhunderts wurde die Burg teilweise zerstört und bald darauf, vielleicht schon unter Ulrich II., wahrscheinlich aber erst nach dem Aussterben der Münzenberger 1255 mit dem Beginn der Doppelherrschaft Falkenstein und Hanau, der Bau des runden Westturm begonnen. Unter den Falkensteinern im letzten Viertel des 13. Jahrhunderts begann eine umfassendere Bautätigkeit. So wurde der Ostturm aufgestockt und der Westturm mit seinen vier Ecktürmchen weitergeführt. Aus der Zeit um 1500 stammen der neue Küchenbau mit mächtigem, hohem Kamin, die Zwingeranlage mit der äußeren, durch Flankentürme verstärkten Ringmauer und das mittlere und äußere Burgtor, ferner das große, runde Bollwerk an der Westseite. Die Burganlage steht der Öffentlichkeit zur Besichtigung offen.

Burgruine Münzenberg

Wasserburg Nassenerfurth
34582 Nassenerfurth
Schwalm-Eder-Kreis

Nassenerfurth liegt südwestlich des Borkener Sees. Die malerische, gewinkelte, fast halbkreisförmige Hauptburg, die von teilweise verlandeten Wassergräben umgeben ist, gehört im Wesentlichen in das Jahr um 1600. Bereits seit 1357 saßen hier die Herren von Schrendeisen und ab 1598 die Herren von Baumbach. Die Wasserburg besteht aus einem dreigeschossigen, massiven Hauptflügel und einer rundbogigen, gewölbten Tordurchfahrt mit einem Renaissanceportal. Im Nordosten entstand ein Flügel mit um 1800 aufgesetztem Fachwerkobergeschoss und hofseitigem Treppenturm, der ein Wappenportal von 1600 besitzt. Eine zweibogige Steinbrücke führt über den Graben. Die Vorburg ist mit einem Spitzbogenportal von 1515 versehen, und der große Wirtschaftsbau mit Fachwerkobergeschoss ist mit einer Holzgalerie von 1622 ausgestattet. 1662 wurde das Wohnhaus in Fachwerk aufge-

Neckarsteinach

führt. Die Anlage kann nur äußerlich besichtigt werden.

Vorder-, Mittel-, Hinterburg Neckarsteinach und Burgruine Schadeck
69239 Neckarsteinach
Landkreis Bergstraße

Oben: Mittelburg, Neckarsteinach

Unten: Hinterburg, Neckarsteinach

Die äußerst reizvolle Landschaft entlang der Bundesstraße 37 am Neckar lässt das Auge unaufhörlich wandern, bis es schließlich auf der Fahrt auch die vier Burgen in unmittelbarer Nähe des Städtchens Neckarsteinach erspäht. Die **Vorderburg**, auch Landschadenburg genannt, wurde von Ulrich I., Sohn des Minnesängers Bliggers II., unmittelbar über dem Stadtkern um 1200 erbaut. Es war die dritte der Steinacher Burgen. Als die Linie ausstarb, erbten die Landschaden um 1260 die Burg, die sie jedoch 1300 infolge Verarmung an die Bischöfe von Worms und Speyer verkauften. Doch die Hälfte des Besitzes der Wormser konnten die Landschaden als Lehnsitz und ihren Wohnsitz erhalten. Die speyersche Hälfte war bereits 1429 vom Verfall bedroht. Durch Bligger XIV., Landschad von Steinach, Großhofmeister des Kurfürsten von der Pfalz, kam das Geschlecht wieder zu Wohlstand und somit 1474 in den Besitz der speyerschen Hälfte. Nachdem die Linie im Jahre 1653 ausgestorben war, ging die Vorderburg 1754 zu Lehen an die Freiherrn von Metternich. 1803 fiel sie an Hessen und wurde an Dr. Wegerich verkauft. Der wiederum gab sie an Freiherr von Dorth 1820 ab. Die Besitzer wechselten in der Folge bis 1943. Der Bergfried und die Wohngebäude sind gut erhalten, und ein Park, gestaltet um 1840 mit exotischen Bäumen, umgibt die Anlage. Die **Mittelburg** ist wohl als das Prachtstück der vier Anlagen zu bewerten. Sie hat den wehrhaften

Neckarsteinach

Charakter aus der Stauferzeit längst verloren, da sie bereits 1550 zu einem Renaissanceschloss umgebaut wurde. Im 19. Jahrhundert bekam sie gotische Teile. Der Bergfried wurde nicht nur erhöht, sondern bekam anstelle des Pyramidendaches einen Zinnenkranz mit Bekrönung. Eine Hofterrasse mit Freitreppe wurde angelegt. Diese Burg, 1170 von Konrad von Steinach angelegt, hatte zwischen der Vorder- und Hinterburg einen spezifischen Schutz- und Sicherheitscharakter zu erfüllen. 1325 wurde sie an den Erzbischof von Mainz und Bischof von Worms verkauft und durchlebte eine wechselvolle Geschichte. Bis 1550 hatte die Mainzer Hälfte 18 Pfandinhaber, Adelsgeschlechter dieses Raumes, und den Wormser Anteil besaßen von 1400 bis 1536 die Hirschborner Ritter. Bis zum Aussterben der Landschaden hatten diese von 1550 bis 1653 den Besitz inne, wonach die Mittelburg bis 1754 an die Lehnsherrn von Metternich ging. Im Prunksaal der Burg nahm Johann Hugo, Kurfürst von Trier und Fürstbischof von Speyer, 1700 die Huldigung der Freiherren von Metternich entgegen. Als 1803 die geistlichen Fürstentümer aufgelöst wurden, kam die Burg an Hessen, dann wurde der Besitz an die Metternich'schen Erben für 2000 Gulden verkauft. 1920 ist sie an die Freiherrn von Worsberg-Dorth gegangen. Seit 1943 bewohnen die Freiherrn als Eigentümer die Mittelburg.

Als Stammburg entstand die **Hinterburg** am Übergang des Bergmassivs Schadeck, an einem kleinen Höhenrücken zwischen Neckar und Steinach. Hier begann der Ahnherr der Edelfreien von Steinach um 1100 den Bau der vier Burgen. Sie wurde noch im romanischen Baustil errichtet. Burgherr war von 1142 bis 1165 Bligger I. von Steinach. Bligger II. baute umfassend die Burg von 1152 bis 1210 aus. Im Gefolge von Hohenstauferkaiser Friedrich I. und Heinrich VI. lernte er das Abend-

Burgruine Schadeck, Neckarsteinach

Nentershausen

Burg Tannenberg, Nentershausen

land kennen und ging als Minnesänger in die Geschichte ein. 1270 befand sich die Burg im Besitz des Bistums Worms, wurde oft verpfändet und war 1344 zerfallen. Doch im 14. und 15. Jahrhundert wurden umfassende Renovierungen vorgenommen, in deren Ergebnis ein gotisches Herrenhaus, Zugbrücke, Batterieturm und Zwinger neu entstanden. Nachdem die Landschaden von 1548 bis 1653 das Anwesen besaßen, war es anschließend 100 Jahre im Besitz der Metternichs. Ab 1620 war die Burg unbewohnt und fiel 1910 endgültig an Hessen. Die Burg wurde im 20. Jahrhundert teils saniert und es wurden Freilegungen vorgenommen. Das älteste Bauwerk der Stadt Neckarsteinach ist der Bergfried der Hinterburg.

Abschließend seien noch einige Darlegungen zur **Ruine Schadeck**, auch als Schwalbennest bezeichnet, gegeben. Die Erbauer der Burg nannten sich „Landscheide von Steinach". Sie erhielt den Namen nach dem Berg „Scheideck". Das Geschlecht hatte den Ruf von Raubrittern, die dem Land Schaden gebracht hätten, was jedoch nicht wissenschaftlich belegt werden kann. Der Sage nach habe der Landschad Ulrich V., gest. 1369, dessen Grabmal in der ev. Kirche steht, die Untaten seines Vaters während eines Kreuzzuges gesühnt, als er den Anführer der Sarazenen vor Jerusalem erschlug und damit die Schlacht gewann. Die Burg steht auf einer kleinen Felsplatte am Steilhang. Der Standort hat eine hervorragende Schutzfunktion für das darunter liegende Tal am Neckar. Mehrfache Verpfändungen und häufige Besitzerwechsel waren bis 1474 zu verzeichnen. Danach war die Burg wieder im Besitz der Landschaden bis 1653, und 100 Jahre lang gehörte sie den Metternichs. Als Ruine übernahm sie das Land Hessen 1803.

Burg Tannenberg
36214 Nentershausen
Landkreis Hersfeld-Rotenburg

Burg Tannenberg steht als malerische Baugruppe auf einer Bergnase südöstlich des Dorfes, und dieses findet man im Osten Hessens, nahe der thüringischen Landesgrenze und nordöstlich von

Nesselröden

Bebra. Die Burg wurde vor 1349 durch Ludwig von Baumbach, genannt der strenge Ritter, erbaut und ist noch heute von Baumbach'scher Besitz. Die Burg ist eine längliche, rechteckige Baugruppe mit einem schmalen Binnenhof. Im östlichen Bereich liegen ein Halsgraben und eine Ringmauer mit Flankenturm. Der Zugang zur Anlage liegt auf der Westseite, und an der Südostseite des Hofes steht ein mächtiger, ehemaliger fünf-, jetzt viergeschossiger Wohnturm, die so genannte „Kemenate" des 14. Jahrhunderts. Die Ruine eines weiteren Baus besitzt ein jüngeres Portal von 1543, dessen Keller ein Gratgewölbe auf Mittelsäule besaß. Ein mit Fachwerk versehener Bau von 1690 steht in unmittelbarer Nachbarschaft. Im anderen Bereich der Hofseite befindet sich der Marstall von 1546, aus Stein erbaut und mit einem Erker an der Wand versehen. Seit 1983 ist in der Burg ein Bergbaumuseum zu besichtigen.

Schloss Nesselröden
37293 Nesselröden
Werra-Meißner-Kreis

Westlich von Eisenach bei Herleshausen an der A 4 liegt Nesselröden, dessen Schloss ursprünglich Besitz der Treusch von Buttlar war, 1592–1594 erbaut wurde und sich noch heute im Privatbesitz befindet. Es ist wohl die bedeutendste Renaissanceanlage an der unteren Werra, deren stattlicher, dreigeschossiger Steinbau von einfachen Formen geprägt ist. An der Frontseite steht ein fünfseitiger Treppenturm mit Fachwerkobergeschoss mit Haubenlaterne, und am Portal erkennt man das Buttlar'sche Wappen von 1594. Die seitlichen risalitartigen Erkervorbauten werden von zierlichen Volutengiebeln bekrönt und die Schmalseiten tragen hohe geschweifte Giebel. Im Innern gab es ursprünglich einen großen Mittelsaal, der die gesamte Gebäudetiefe einnahm, sowie weitere kleinere Nebenräume, teils aus dem 17. Jahrhundert. Zur Nutzung als Mietwohnungen wurden leider die Räume durch Einziehen von Zwischenwänden verändert. Die

Schloss Nesselröden

Netra

Nicht weit von der Kirche in Netra liegt das alte Schloss, heute leer stehend, am Ortsrand etwa 15 km südlich von Eschwege. Es ist ein hohes und geräumiges, dreistöckiges Gebäude, das in der früheren Wirtschaftsgebäude des 16. Jahrhunderts, die den Vorhof umschlossen, brach man nach einem Brand von 1969 ab. Das Schloss kann nur äußerlich besichtigt werden.

Schloss Netra
37296 Netra
Werra-Meißner-Kreis

Schloss Netra

Mitte des 16. Jahrhunderts von den von Boyneburg-Hohensteinern aus der Linie Netra-Jestädt erbaut wurde. Einst ist es Wasserburg der längst ausgestorbenen Herren von Netra gewesen, die urkundlich bereits 1073 erschienen sind. Im Jahre 1318 trugen sie ihre Burg dem Landgrafen von Thüringen zu Lehen auf. Erst 1431 kam die Werragegend endgültig an Hessen. Das Schloss der Herren von Netra war schon vor ihrem Aussterben mit dem Rest der dortigen Besitzungen an die von Boyneburg-Hohenstein übergegangen. Um 1670 wohnten im Schlosse zu Netra und in dem Wohngebäude des adligen Hofes drei Familien derer von Boyneburg-Hohenstein. Walrab bewirtschaftete anscheinend das eigentliche Schlossgut. Nachdem die von Boyneburg-Hohensteiner 1792 mit dem hessischen Hofmarschall Johann Karl Dietrich im Mannesstamme ausgestorben waren, fielen ihre Güter, soweit sie hessisches Lehen waren, an den Landgrafen zurück. Infolgedessen trat eine Domäne an die Stelle des bisherigen Adelsgutes, deren Pächter Ruelberg den Schlosshof einebnen und die Vorderseite des Grabens zuschütten ließ. Dadurch wurde die Zugbrücke überflüssig. Das Gut löste man im Jahre 1904 auf, während das alte Schloss von dem Landwirt Adam Braun erworben wurde. Als Nachfolger der Wasserburg entstand

Neuhof/Neustadt

Schloss Neuhof

Ende des 16. Jahrhunderts ein Neubau, ein wuchtiger, dreigeschossiger, fast quadratischer Renaissancebau, mit an den Ecken dreigeschossigen Erkerbauten. Portal und Fenster sind echte Vertreter des Stils der Renaissance. Der Südseite wurde ein hoher, achteckiger Treppenturm beigestellt, der 1922 einstürzte und 1957 wieder aufgebaut wurde. Nördlich dem Schloss vorgelagert steht ein ehemals zugehörender, zweigeschossiger Winkelbau mit eingestelltem Treppenturm aus dem 16. Jahrhundert, der um 1900 stark verändert wurde und einst der Wirtschaftshof gewesen ist. Der Wassergraben zwischen Hauptbau und Vorhof wurde verschüttet. Zurzeit wird das Schloss nicht genutzt, ist aber äußerlich zu besichtigen.

Schloss Neuhof
36119 Neuhof
Landkreis Fulda

Das ehemalige Schloss der Fürstäbte von Fulda, das zuletzt als Schule genutzt wurde, findet man an der B 40 südwestlich von Fulda. Heute sind nur noch die vier runden Ecktürme mit Fachwerkobergeschossen und Haubenhelmen von der unter Heinrich IV. von Erthal gegründeten und im frühen 16. Jahrhundert erneuerten Wasserburg erhalten. Der südwestliche Turm trägt die Jahreszahl 1519. Die Schulgebäude von 1958 ersetzen, als Hufeisenanlage gestaltet, die 1953 abgebrochenen Schlossbauten Carl Philipp Arnds. Das Wappen des Bauherrn Fürstbischof Heinrich von Bibra und ein Brunnen von 1847 befinden sich auf dem Hof.

Burgruine Nellenburg, Dörnberg'sches Schloss und Junker-Hansen-Turm
35279 Neustadt
Landkreis Marburg-Biedenkopf

Nordöstlich von Stadtallendorf liegt Neustadt, und die **Nellenburg** ist südlich des Ortes auf einem Basaltkegel zu finden. Sie wurde im 13. Jahrhundert von

Neustadt

Dörnbergsches Schloss, Neustadt

Junker-Hansen-Turm, Neustadt

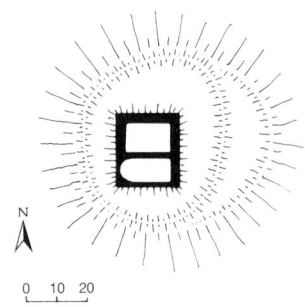

Burgruine Nellenburg, Neustadt, Grundriss

den Grafen von Ziegenhain erbaut und ging 1294 an Mainz. Die Hessen eroberten die Anlage 1462 für kurze Zeit, seit dem 16. Jahrhundert wurde die Burg als wüst bezeichnet. Im Wald befinden sich nur geringe Mauerreste. Graf Ludwig II. von Ziegenhain ließ die im 13. Jahrhundert errichtete Wasserburg 1489 nach Plänen des landgräflichen Baumeisters Hans Jakob von Ettlingen zum **Schloss** umbauen. Es war bis 1549 Sitz der Familie Dörnberg. Danach diente die Anlage von 1549 bis 1802 als Amtshaus des mainzischen Amtmannes und von 1802 bis 1943 als Amtsgericht.

Als Flüchtlingswohnheim nutzte man es 1952, bis es später Rathaus wurde. In den Jahren 1987/88 wurde der historische Bau umfassend restauriert. Der in der Südecke der Stadtbefestigung eingebundene Baukörper mit einem hohen, massiven Unter- und Fachwerkobergeschoss ist im Kern mittelalterlich. Das Innere wurde entsprechend den Nutzungszwecken stark verändert. Beeindruckend stellt sich der **Junker-Hansen-Turm**, benannt nach dem Bauherrn Junker Hans von Dörnberg, Hofmeister der Landgrafen Heinrich III. und Wilhelm III. von Hessen-Marburg, dar. Errichtet wurde dieser mächtige, etwa 50 m hohe Rundturm um 1480 von Hans Jakob von Ettlingen zur Sicherung von Burg

Neuweilnau / Nidda

und Stadt. Ein besonders interessantes Aussehen gibt dem Turm die spätgotische Fachwerkkonstruktion der beiden Obergeschosse sowie der steile Spitzhelm mit seinen vier ebenfalls mit hohen Spitzhelmen abgeschlossenen Wachtürmchen. Er ist der größte Fachwerkrundbau Europas. Die Schlossanlage wird von einem im rückwärtigen Bereich liegenden Park begrenzt.

Schloss Neuweilnau

Burgruine und Schloss Neuweilnau
61276 Neuweilnau
Hochtaunuskreis

Neuweilnau liegt an der Deutschen Alleenstraße, ungefähr 10 km südwestlich von Usingen. Die Grafen von Weilnau erbauten von 1302 bis 1303 hier eine Burg, von der nur Teile der Ringmauer und ein runder Turmstumpf mit Rundbogenfries erhalten blieben. Im Jahre 1326 ging der Besitz an die Grafen von Nassau. Das heutige Schloss entstand 1506–1513 durch Ludwig I. von Nassau-Weilburg und wurde 1564–1566 durch Graf Albrecht von Nassau-Weilburg erweitert, dessen Geschlecht hier bis 1658 seinen Wohnsitz hatte. 1709 sprengte man die Befestigungsanlagen, und 1816 war es Herzoglich Nassauische Oberförsterei, die durch eine preußische 1866/67 abgelöst wurde. Seit 1946 ist das Schloss hessisches Forstamt. Es stellt einen schlichten Renaissancebau dar, der an der Hoffront einen achteckigen Treppenturm mit welscher Haube besitzt. Sehenswert ist das Torgebäude von 1565 mit Zwerchhäusern und einer Fachwerkgalerie an der Hofseite.

Schloss Nidda
63667 Nidda
Wetteraukreis

Vorgänger des heutigen Schlosses, inmitten der Stadt gelegen, die wiederum etwa 25 km nordöstlich von Friedberg zu finden ist, war eine im 12. Jahrhundert vom Grafen von Nidda erbaute und um 1200 an die Grafen von Ziegenhain vererbte Wasserburg. Mit den vereinigten Graf-

N Niederurff

Schloss Nidda

schaften Ziegenhain und Nidda kam die Burg 1450 an Hessen. Bei der 1567 erfolgten Teilung der Landgrafschaft zwischen den Söhnen Philipps des Großmütigen fiel sie zunächst an den Landgrafen Ludwig IV. von Hessen-Marburg und bei dessen Tode 1604, da er keine Kinder hinterließ, an seinen Bruder Georg I., den Stifter des großherzoglichen Hauses Hessen-Darmstadt. Das um 1600 errichtete Schloss wurde zu Beginn des 20. Jahrhunderts ergänzt durch den linken Flügel. Bis zum Jahre 1821, der Zeit der Trennung von Verwaltung und Justiz, diente das Schloss hessischen Amtmännern als Wohnung und Amtsgebäude. Von 1821 bis 1848 war es Amtssitz des Landrates und des Landrichters. Von 1852 bis 1874 diente das Schloss erneut als Kreisamt, seitdem ist es Dienstgebäude des Amtsgerichtes in Nidda. Diese alte Reichsburg war von Wassergräben umgeben, die später zugeschüttet wurden. Mit seinem rechtwinkligen Grundriss und dem an der Langseite vorgelagerten Treppenturm gehört es noch der spätgotischen Zeit an. Der Torbau erfolgte in den Jahren 1907/08, und der Wohnbau wurde Ende des 18. Jahrhunderts verschindelt. Das Schloss diente in Kriegszeiten als Zufluchtstätte, u. a. während der Raubkriege Ludwigs XIV., für die Familie des Landgrafen Ernst-Ludwig von Hessen-Darmstadt sowie den Hofstaat.

Burg Niederurff
34596 Niederurff
Schwalm-Eder-Kreis

Niederurff liegt südlich von Bad Wildungen, nahe bei Bad Zwesten, und besitzt eine ehemalige Stammburg der 1160 zuerst genannten Herren von Urff, die sie im 12. Jahrhundert angelegt hatten und die in spätgotischer Zeit erneuert wurde. Ihre bauliche

Nordeck

Beschaffenheit ist als unregelmäßiges Viereck zu beschreiben, das von einer Ringmauer und einem Wallgraben umgeben ist. In der Mitte des Burghofes stehen die Grundmauern des einst mächtigen, rechteckigen Wohn- und Wehrturmes der Gründungsanlage. Der nördlich davon liegende, so genannte „Lange Bau" entstand um 1500 und wurde 1672 u. a. im Obergeschoss mit Fachwerk durch Ludwig von Urff erneuert. Im Inneren blieb viel aus alten Zeiten erhalten, wie gotische Türrahmen und im Rittersaal ein Kamin mit gedrehter Säule. Die Zugbrücke war ehemals durch einen Torturm geschützt, an dessen Stelle 1739 das jetzige Herrenhaus, ein unverputzter Fachwerkbau, gesetzt wurde. Die Burg ist in Privatbesitz.

Burg Nordeck
35469 Nordeck
Landkreis Gießen

An den Höhen der Lumda, auf einem Vorsprung, liegt über dem Dorf, nordöstlich bei Gießen, die Burg, deren Stelle bereits 1093 als Platz bezeugt und die vermutlich im 12. Jahrhundert angelegt wurde. Gegen Mitte des 13. Jahrhunderts ging sie an die Landgrafen von Hessen und von 1371 bis 1488 als Lehen an die Schutzbar, genannt Milchling. 1526 erwarben sie die Rau von Holzhausen und seit 1909 war die Anlage im Besitz der Grafen von Schwerin zu Friedelhausen. Als Landschulheim wurde sie ab 1925 genutzt. Die Anlage ist eine Hangburg mit tiefem Halsgraben, in der ein frei stehender, romanischer, runder Bergfried steht. Das Portal an der Südseite ist mit der Jahreszahl 1708 bezeichnet und das Wappen ist von 1683. Das Hauptgebäude an der Ostseite des Hofes, dessen Hofseite in Fachwerk ausgeführt ist, stammt aus spätgotischer Zeit. Der an den Turm angrenzende Fachwerkbau gehört in seiner Entstehung in das Jahr 1675. Im Hof steht ein achteckiges Brunnenbecken von 1719, und in der Vorburg finden wir eine romanische Kapelle, die 1708 verändert und in jüngster Zeit restauriert wurde. Die Anlage wird als Landschulheim genutzt und ist nur von außen zu besichtigen.

Burg Nordeck

Nordenbeck/Ober-Mörlen

Wasserburg Nordenbeck
34497 **Nordenbeck**
Landkreis Waldeck-Frankenberg

Die ehemalige Wasserburg der Herren von Nordenbeck und Viermünden finden wir nicht weit vom Edersee und südwestlich von Korbach. Broske von Viermünden begann 1412 einen umfangreichen Neubau, wobei neben den Wallanlagen und Teilen der Wassergräben auch ein großer, wuchtiger, spätgotischer Wohnturm entstand, der bis heute noch gut erhalten blieb und sich durch einen rechteckigen Grundriss mit gewölbtem Keller und fünf Geschossen aus Quadermauerwerk auszeichnet. Dieser konnte ursprünglich nur über das erste Geschoss vom benachbarten, 1443–1453 erbauten, jedoch nicht erhaltenen Wohnbau begangen werden. Heute finden wir noch im dritten Geschoss den Bereich der ehemaligen Hauskapelle und Reste von Wandmalereien mit Apostelfiguren aus dem Jahre 1450. Der Bau trägt ein steiles Satteldach mit Ecktürmchen von 1881. Das Herrenhaus entstand 1801 unter teilweiser Verwendung mittelalterlichen Mauerwerks und mit Fachwerkobergeschoss sowie einer Freitreppe von 1857. Die Anlage kann nur von außen besichtigt werden.

Schloss Ober-Mörlen
61239 **Ober-Mörlen**
Wetteraukreis

Das in der Gegenwart als Rathaus und zu Wohnzwecken genutzte Schloss steht inmitten der Kleinstadt, die südlich von Butzbach und nordwestlich von Bad Nauheim zu finden ist. Es ist ein zweigeschossiger massiver Bau von 1589. Mehr als 100 Jahre später, 1691, wurde diesem ein Treppenhausvorbau mit geschweiftem Giebel angefügt, und 1704 baute man den im Hintergrund liegenden Wirtschaftshof. Nachdem ein großer Brand 1716 umfassende Teile des Schlosses vernichtet hatte, erneuerte man 1717 im Inneren die Räume mit einfachen

Wasserburg Nordenbeck

Oberreifenberg

Stuckdecken und gab dem Bau ein Mansarddach. Der schöne Ziehbrunnen im Vorhof ist von 1710.

Burgruine Reifenberg
61389 Oberreifenberg
Hochtaunuskreis

Eindrucksvoll beherrscht die hochragende Baugruppe des 13. und 14. Jahrhunderts das Tau-

Schloss Ober-Mörlen

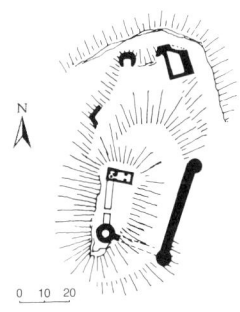

gungen weisen nur geringe Reste aus dem 16. Jahrhundert auf, von denen ein Rundturm, die so genannte Pulverkammer, erhalten ist. 1646 wurde die Anlage weitgehend zerstört und 1686 geschleift. Die einstige Burganlage ist ein beliebtes Ausflugsziel.

Burgruine Reifenberg, Grundriss

nusstädtchen, das westlich von Bad Homburg v. d. H. und unmittelbar südlich von Schmitten liegt. Sie ist seit dem 12. Jahrhundert Stammsitz der Herren von Reifenberg und Mittelpunkt einer kleinen Herrschaft. Der runde Bergfried gehört in seiner Entstehung in das 13. und der schlanke, rechteckige, sechsgeschossige Wohnturm sowie die 4 m starke, von zwei Rundtürmen flankierte Schildmauer in das 14. Jahrhundert. Weitere Befesti-

Burgruine Reifenberg, Oberreifenberg

Oberstoppel / Ockstadt

Burgruine Haunleck
36166 Oberstoppel
Landkreis Hersfeld-Rotenburg

Von der nördlich von Hünfeld gelegenen Burgruine Hauneck auf dem Stoppelberg bei Oberstoppel hat man eine prachtvolle Aussicht auf das Haunetal. Sie wurde 1397 als Besitz der Herren von Haun anlässlich einer Eroberung durch Landgraf Hermann von Hessen zuerst erwähnt. Von 1409 an war das Amt Hauneck über vier Jahrhunderte bei Hessen. Nachdem die Burg 1469 durch die Ritter von Buchenau zerstört wurde, baute sie Jakob von Ettlingen 1482–1489 wieder auf. 1572 war die Anlage noch bewohnt, aber im Dreißigjährigen Krieg zerstörte man sie erneut. Es war eine kleine Gipfelanlage über regelmäßig rechteckigem Grundriss aus Basaltmauerwerk, deren Kern im 12. und 13. Jahrhundert liegt. Heute finden wir in der Mitte stehend die Ruine des spätgotischen rechteckigen Palas. Die Burgruine ist frei zugänglich.

Wasserburg Ockstadt
61169 Ockstadt
Wetteraukreis

Die ehemalige Wasserburg findet man fast im Zentrum des Städtchens, das westlich an Friedberg liegt. Für diese in Urkunden genannte Burg gibt es jedoch keine Anhaltspunkte mehr. Die heutige Anlage, deren Kern ein erhaltener schlanker Rundturm ist, wurde 1490 für Gottfried von Cleen erbaut. Die Herren von Cleen erschienen in der Ortsgeschichte 1347 erstmals als begütert, und 1386 wurde Konrad von Cleen vom Pfalzgrafen hier mit einer Burg belehnt. Seit 1521 wurde sie Besitz der Freiherren von Frankenstein und unter Gottfried von Frankenstein um 1715–1725 baulich verändert. Sie ist eine regelmäßige, rechteckige Anlage, umgeben von ehemals wassergefüllten Gräben. Die quadratische Hauptburg besitzt vier mächtige Eckrondelle von 1490. Auf einem hohen Wall steht der Wohnbau

Burgruine Hauneck, Oberstoppel

Oestrich-Winkel

aus dem 18. Jahrhundert. Die Wirtschaftsbauten der Vorburg gehören in die Zeit von 1714 und 1726. Zwischen der Vor- und Hauptburg befindet sich eine zweibogige barocke Steinbrücke. Die Anlage wurde erst jüngst saniert und für ein altersgerechtes Wohnen gestaltet.

Schloss Vollrads
65375 Oestrich-Winkel
Rheingau-Taunus-Kreis

Oestrich-Winkel liegt rechtsrheinisch zwischen Mainz und Rüdesheim an der B 42 in einer bekannten Weinbauregion. 2 km nördlich von Winkel liegt vor den Höhen des Rheingaugebirges die Schlossanlage Vollrads. Im Jahre 1218 wird hier ein Ritter Voladus erwähnt. Die Herren von Vollrads beerbten Anfang des 14. Jahrhunderts die ausgestorbenen Herren von Winkel und trugen deren Namen. Seit 1664 nannten sie sich Freiherren, 1860 war aber auch dieses Geschlecht ausgestorben. Heute nennen sich die Besitzer Grafen von Matuschka-Greiffenclau. Aus mittelalterlicher Zeit stammt von der ausgedehnten Anlage der hohe, fünfstöckige quadratische Wohnturm mit Zugbrücke, einzuordnen in das erste Drittel des 14. Jahrhunderts, wahrscheinlich anstelle einer älteren Anlage errichtet. Der Turm wurde im 19. Jahrhundert um ein Geschoss erhöht, an dessen Südseite sich ein reizvoller Erker von 1627 mit Wappen des Mainzer Erzbischofs befindet. Die gesamte Anlage ist das aufschlussreiche Beispiel einer kleinadeligen, mittelalterlichen Turmburg gotischer Zeit. Südwestlich der Turmburg liegt das dreistöckige, zweiflügelige Schloss, das um 1680 erbaut wurde und an seiner Südseite zwei polygonale Ecktürme mit Zwiebelhauben besitzt. Im In-

Oben: Wasserburg Ockstadt

Unten: Schloss Vollrads, Oestrich-Winkel

Offenbach am Main

neren des Südflügels finden wir den Speisesaal mit Stuckdecke, Marmorkamin und Ledertapete, im Westflügel eine Kapelle mit Altar aus dem 17. Jahrhundert. Als Umgrenzung des großen Wirtschaftshofes stehen die zweistöckigen, zweiflügeligen Wirtschaftsgebäude mit drei Zwerchhäusern, Wappen und Inschriften von 1665, 1707 und 1708. Der Ziehbrunnen im Hof fällt in das 18., seine Erneuerung in das Ende des 19. Jahrhunderts. In besonders angenehmer Atmosphäre können hier vielfältige erlesene Weine verkostet werden.

Isenburger Schloss und Büsing-Palais
63071 Offenbach am Main
Landkreis Offenbach

Reisende, die sich nach Offenbach begeben, kommen in das Rhein-Main-Gebiet, eine alte Kulturlandschaft. Jahrhundertealte Handelswege hatten hier ihren Anfang oder ihr Ende für Kaufleute und Händler aus aller Welt. Römer errichteten in diesem Landstrich vor über 2000 Jahren Kastelle und Villen und brachten die Wasserleitung. Das Vordringen der Franken mit ihren königlichen Gutshöfen und Pfalzen ist um das Jahr 500 einzuordnen. In einer Urkunde Ottos II. von 977 wird Offenbach erstmals erwähnt. Im Jahre 1372 verpfändet Philipp von Falkenstein Offenbach für 1000 Gulden an den Rat der Stadt Frankfurt. Im Bereich des **Isenburger Schlosses** stand als Vorgängerbau nachweislich 1394 eine Wasserburg. Die Isenburger übernahmen 1486 das hiesige Land und bauten unter Graf Reinhard von Isenburg, der hierher seine Residenz verlegte, das Schloss, das 1559 vollendet war. Bereits nach fünf Jahren (1564) zerstörte ein Brand

Isenburger Schloss, Offenbach am Main

Offenbach-Rumpenheim

den Bau, er wurde jedoch bis 1578 wieder aufgebaut. Auch Goethe hat wohl schon das Isenburger Schloss betrachtet, wenn er auf seinen Spaziergängen mit seiner Sommerliebe Lili Schönemann vom heutigen „Lili-Park" auf das Schloss zuging. Von hier zeigte sich ihm, wie auch dem heutigen Besucher, eine strenge, kühle Nordfassade. Doch umso schmuckvoller finden wir die Südfront vor, die sich dem Betrachter in einer wundervollen Architektur präsentiert. Arkaden, Pfeiler, Figuren- und Wappenschmuck zieren diesen Teil des Schlosses. Hier offenbart sich eine der schönsten und reizvollsten Renaissancearbeiten einstiger Architektur- und Steinmetzkunst. Die Gebäude der Offenbacher Hochschule für Gestaltung umschließen den Schlosshof, den ein 1917 eingeweihter Brunnen mit bronzener Figurengruppe schmückt. Seine Details zeigen Merkur, den Gott des Handels und Gewerbes, der an der Hand einen kleinen Pluto, den Gott des Wohlstandes, führt. Die erwähnte Hochschule ist auch Nutzer des Schlosses.

In unmittelbarer Nachbarschaft erspäht man den prächtigen Bau des **Büsing-Palais** in neobarocken Formen. Es entstand 1775 und war einst Sitz der Familien Berhard und d'Orville, beide Schnupftabakfabrikanten. Der heutige Bau stammt jedoch aus dem Jahre 1984, da das einstige Palais im Zweiten Weltkrieg zerstört wurde. Es dient als Kongress- und Tagungszentrum und wird für kulturelle Veranstaltungen genutzt. Die Seitenflügel bergen das Klingspor-Museum und die Stadtbücherei mit ihrem einzigartigen Bücherturm.

Schloss Rumpenheim
63075 Offenbach-Rumpenheim
Stadt Offenbach am Main

Im nördlich gelegenen Stadtteil Rumpenheim präsentieren sich dem Besucher das Rumpenheimer Schloss und die Schlosskirche. Ursprünglich wurde hier um 1680 ein einfaches Landhaus errichtet. Das Schloss entstand in der Zeit um 1780–1790 für Landgraf Friedrich von Hessen als eine klassische dreiflügige Hufeisenanlage mit ursprünglich zweigeschossigem Hauptbau. Die Seitenflügel von 1787 wurden eingeschossig, mit zweigeschossigen Eckpavillons und Mansarddächern ausgeführt. Vor dem Schloss stehen Kavaliershäuser und Remisenbauten. Die dem Main zugewandte Seite wurde 1943 zerstört, doch die Seitenflügel wurden restauriert und mit Eigentumswohnungen ausgestaltet. Hinter der Ruine eröffnet sich ein gepflegter

O Ortenberg/Otzberg

Schloss Rumpenheim, Offenbach-Rumpenheim

Schlosspark, der zum Verweilen einlädt. Die höfische Vergangenheit des einstigen Landgrafenschlosses ist unter anderem darin belegt, dass hier 1863 eine Gesandtschaft aus Athen erschien, die dem Prinzen von Schleswig-Holstein-Glücksburg die griechische Königskrone antrug. Hier traf sich auch des Öfteren der europäische Hochadel.

Schloss Ortenberg
63683 Ortenberg
Wetteraukreis

Oberhalb der Kirche gelegen, als Krönung des malerischen Stadtbildes, steht das Schloss, das Städtchen selbst ist nördlich von Büdingen zu finden. Von der in der zweiten Hälfte des 12. Jahrhunderts gegründeten Burganlage sind noch Reste der staufischen Ringmauer mit Buckelquadern an verschiedenen Stellen sichtbar. Ausgrabungen legten 1953–1956 die Fundamentmauern eines runden, frei im Hof, nahe dem Burgtor stehenden Bergfrieds und eines ehemaligen, von einer Kapelle überbauten Torbaues frei, die in die erste Hälfte des 13. Jahrhunderts einzuordnen sind. Im 16. Jahrhundert entschloss man sich, den Turm- und Torbau für die Anlage eines Lustgartens im Hof abzubrechen. Die heutige Gestalt erhielt das Bauwerk im Wesentlichen im 18. und 19. Jahrhundert. Der aus Steinwerk bestehende runde Eckturm mit Haube wird in die Zeit des 15. und 16. Jahrhunderts datiert, wobei die Haube von 1775 stammt. Das vordere Torhaus gehört in das Jahr 1622, wurde aber im Fachwerkbau später erneuert. Die Anlage ist im Privatbesitz und nur teilweise äußerlich zugänglich.

Veste Otzberg
64853 Otzberg
Landkreis Darmstadt-Dieburg

Hoch oben auf einem Berg von rotem Sandstein, angrenzend an das Örtchen Otzberg-Hering, steht die alte Burg. Gelegen ist Hering nur 5 km von Groß-Umstadt. Der Berg muss bereits in der älteren Eisenzeit bewohnt gewesen sein, wie Funde beweisen, doch

Otzberg

erst aus der Zeit des Hochmittelalters stammen die ersten Kenntnisse über die Burg. Entstanden ist die Kernburg durch das Kloster Fulda in der Mitte des 12. Jahrhunderts als Vogteiburg, sie diente der Sicherung ihrer Liegenschaften. Der Bergfried stammt noch aus dem 13. Jahrhundert. Im Spätmittelalter sowie dem 16. Jahrhundert wurden enorme Erweiterungen vorgenommen, die die Anlage zu einer der größten im süddeutschen Raum werden ließen. Bereits im 15. Jahrhundert war sie zur befestigten Residenz geworden. Bis zum Jahre 1323 sind uns als Besitzer die Herren von Breuberg bekannt, worauf in den folgenden zwei Jahrhunderten ständig Besitzerwechsel aufgrund von Auseinandersetzungen, Erbschaften, Käufen und Verpfändungen stattfanden. Von der Renaissancefestung des 16. Jahrhundert künden Ringmauern, Wälle, Gräben. In dieser Zeit kamen die Grafen von Wertheim in den Besitz der Burg und bauten sie zu einer landesfürstlichen Festung aus. Die Fürsten zu Löwenstein und die Grafen zu Erbach teilten sich zu Anfang des 17. Jahrhunderts die Anlage je zur Hälfte als „Gemeinherrschaft". Als im Jahre 1806 die Herrschaft Breuberg an das Großherzogtum Hessen fiel, verblieb die Burg in Privateigentum der beiden Linien Löwenstein-Wertheim-Rosenberg und der später ebenfalls in den Fürstenstand erhobenen Linie Erbach-Schönberg. Nach längerer Zeit der Bedeutungslosigkeit der Anlage wurden nach dem Ersten Weltkrieg hier eine Herberge und ein Jugendheim eingerichtet und während des Zweiten Weltkrieges verkauften die beiden Besitzer die gesamte Anlage an den Reichsverband für Deutsche Jugendherbergen. Nach Kriegsende ging sie an das Land Hessen. Später folgten ein Ju-

Oben: Schloss Ortenberg

Unten: Veste Otzberg

Philippsthal/Ramholz

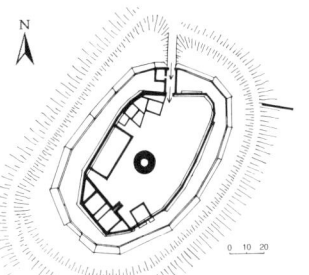

Veste Otzberg, Grundriss

gendheim und das Breuberg-Museum des Breuberg-Bundes, der 1947 im Rittersaal gegründet wurde. Vorwiegend beschäftigt man sich mit wissenschaftlichen Erforschungen des Odenwaldes und der Randgebiete.

Schloss Philippsthal
36269 Philippsthal
Landkreis Hersfeld-Rotenburg

Es ist das zum Schloss gewandelte ehemalige Benediktinerinnenkloster Kreuzberg, das am östlichen Ortsrand direkt an der thüringischen Landesgrenze bei Vacha steht. Vor 1191 wurde es von Hersfeld aus gegründet und im Bauernkrieg verwüstet. Das Kloster hob man 1526 auf und der Besitz wurde von Hessen übernommen. Landgraf Karl trat diesen 1685 an seinen Bruder Philipp ab, der die Linie Hessen-Philippsthal begründete und das ehemalige Kloster zum Schloss ausbaute.

Die Klosterkirche St. Jakob wurde Ende des 12. Jahrhunderts errichtet, 1733 wurden die beiden Seitenschiffe neu gebaut sowie der Westbau verändert. Im Wesentlichen blieb bei den Umbauarbeiten die romanische Anlage erhalten. Ursprünglich war der Westbau mit zwei Türmen geplant, die nicht in ihrer Höhe ausgeführt und 1733 in den barocken Schlossbau einbezogen wurden. Der Mittelturm bekam einen Aufsatz mit Haube. Das ehemals durch Bögen mit dem Langhaus, in dessen Inneren sich Arkaden mit Säulen befinden, verbundene Erdgeschoss der Türme wurde mit der Errichtung der Fürstengruft 1743 geschlossen. Die Anlage wird heute vorrangig als Pflegeheim genutzt, wobei neben dem Gaststättenbereich noch kleinere Geschäfte und Dienstleistungsbereiche integriert sind.

Burgruine Steckelberg und Schloss Ramholz
36381 Ramholz
Main-Kinzig-Kreis

Ramholz liegt zwischen den beiden Autobahnen A 66, östlich von Schlüchtern, und A 7, westlich von Bad Brückenau im landschaftlich schönen Sinntal.
Die erste Anlage der **Burgruine Steckelberg** stand im 12. Jahr-

Rauischholzhausen

hundert etwa 300 m nordöstlich der heutigen. Sie wurde 1276 durch Reinhard von Hanau zerstört und ein Neubau entstand an jetziger Stelle 1388 für Ulrich I. von Hutten. Seit 1423 war sie Ganerbenburg, die unter Ulrich II. von Hutten großzügig erneuert wurde. Sie war die Geburtsstätte des Renaissancedichters Ulrich von Hutten. Im 17. Jahrhundert verfiel die Anlage. Erhalten blieben die Mauern des rechteckigen Beringes sowie Teile eines Wohnbaues und ein Geschützturm von 1509.

Schloss Ramholz, am Fuße des Berghanges und am Rande des Örtchens gelegen, wurde im 16. Jahrhundert als Wohnsitz der Familie von Hutten angelegt. Seit 1883 ist es im Besitz der Freiherren von Stumm, heute von Kühlmann-Stumm. Das Schloss stellt sich dem Betrachter als ein kleiner Bau des 16. Jahrhunderts mit Staffelgiebel und einem Treppenturm dar. Nebenan steht ein großer Neubau im Neorenaissancestil aus der Zeit 1893–1896 von Emanuel und Gabriel von Seidl. Die Wirtschaftsbauten stammen von 1891–1898 mit Gebäuderest aus dem Jahre 1739. Im Park befinden sich zahlreiche, zum Teil qualitätsvolle Steinplastiken des 18. Jahrhunderts wie Putten und Allegorien, die um 1900 in Würzburg erworben wurden und wohl aus dem Kreis des Ferdinand Dietz stammen.

Schloss Rauischholzhausen
35085 Rauischholzhausen
Landkreis Marburg-Biedenkopf

Das ehemalige Schloss des Freiherren von Stumm steht am südlichen Ortsrand von Rauischholzhausen, das südöstlich

Oben: Schloss Philippsthal

Unten: Schloss Ramholz

R Reichelsheim

Schloss Rauischholzhausen

von Marburg zu finden ist. Heute wird das Schloss als hessische landwirtschaftliche Beraterschule genutzt. Begonnen wurde mit dem Bau 1871–1874 von Karl Schäfer und nachdem es teilweise eingestürzt war, vollendeten es bis 1878 Karl Jonas Mylius und Alfred Friedrich Bluntschli, unter der Bauleitung Aage von Kauffmanns. Es ist ein großer historisierender Neurenaissance-Komplex aus Stein und Fachwerk mit reicher Gliederung und vielen Türmchen und Erkern. Die Innenausstattung der Räumlichkeiten ist in Neurenaissance und im Neubarock gestaltet worden. Am Eingang des weitläufigen, gepflegten Landschaftsparks steht der Rest einer Mühle, die seit 1875 als hergerichtete ehemalige Burg der Rau von Holzhausen gestaltet wurde. Es war ein um 1600 errichteter Steinbau mit Fachwerk. Mit Schloss und Park als einheitlichem Ensemble ist eine malerische Anlage entstanden. Der Park ist der Öffentlichkeit zugänglich, das Schloss dient der Universität Gießen für Lehrzwecke und ist daher nur zum Teil öffentlich zugänglich.

Burg Reichenberg
64382 Reichelsheim
Odenwaldkreis

Durch die Herren von Erbach wurde 1230–1240 auf einem nach dem Gersprenztal steil abfallenden Bergkegel hoch über Reichelsheim die Burg erbaut. Zu finden ist das Kleinstädtchen

Reichenbach

Burgruine Reichenbach
37235 Reichenbach
Werra-Meißner-Kreis

Die Ruine der ehemaligen Burg der Grafen von Reichenbach liegt südöstlich von Hessisch Lichtenau und nordwestlich von Reichenbach. Sie war seit dem 13. Jahrhundert hessischer Amtssitz und Jagdschloss. Im 16. Jahrhundert galt sie als verfallen. Von der ehemals umfangreichen Anlage sind nur der 1821 teilweise eingestürzte und 1899–1901 wiederhergestellte mächtige runde Bergfried sowie Reste der Schildmauer und ein kleiner und großer Halsgraben erhalten. Bedauerlicherweise wurden die 1950 ergrabenen Mauerzüge der Umwehrung und einiger Gebäude wieder zugeschüttet und sind heute überwachsen.

nordwestlich von Michelstadt. Die spätstaufische Kernburg wurde in Halbkreisform errichtet, an deren gebogener Seite in die größtenteils verfallene Schildmauer ein runder Bergfried eingebunden war, von dem heute nur noch Fundamentreste zu finden sind. An diese Mauer wurde 1554 ein zweigeschossiger Wohnbau angebaut. Im Hof befindet sich ein Ziehbrunnen aus der Zeit 1557–1567. Die tiefer gelegene Vorburg aus der zweiten Hälfte des 14. Jahrhun-

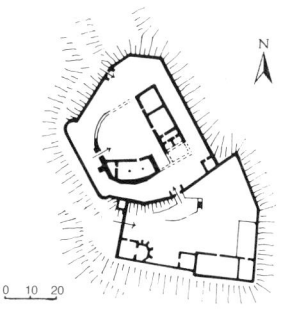

derts liegt an der Südseite. Neben ihrem Tor steht die spätgotische Burgkapelle mit kleinem, ehemals flach gedecktem Schiff und dreiseitigem, ursprünglich gewölbtem Chor. Das ehemalige Erbach'sche Amtshaus des 18. Jahrhunderts steht in der Südostecke der Vorburg und wird als Bildungs- und Tagungsstätte sowie Gaststätte genutzt.

Burg Reichenberg, Reichelsheim, Grundriss

Burg Reichenberg, Reichelsheim

Rhoden

Schloss Rhoden
34474 Rhoden
Landkreis Waldeck-Frankenberg

Am nördlichen Eingang des Ferienwaldes Waldeck liegt das alte Bergstädtchen Rhoden. Noch vor Mitte des 13. Jahrhunderts, als Rhoden urkundlich bezeugt wird, entstand auf dem Berg eine feste Burg, um die sich der Ort entwickelte, doch Altrhoden wurde wüst und verfiel. Die Herren der Anlage waren die Grafen von Schwalenberg, die sich seit dem Erwerb der Burg Waldeck nach dieser nannten. Kriege und Pest warfen das Städtchen in der Entwicklung zurück, bis es der Graf und spätere Fürst Georg Friedrich von Waldeck wieder zum Leben erweckte. Dieser ließ an Stelle der ehemaligen Burg von 1645 bis 1656 ein Schloss errichten, verlegte jedoch schon 1664 seine Residenz nach Arolsen. Entworfen wurde es vom französischen Architekten Belle-Roche und ausgeführt durch den holländischen Zimmermeister Peter Jeanson unter Beteiligung des Steinmetzmeisters Hans Degen aus Göttingen. Geplant war ursprünglich eine langrechteckige Vierflügelanlage mit Binnenhof, doch nur der östliche Längs-, der nördliche Haupt- und ein Teil des westlichen Längsflügels kamen zur Ausführung. Eine Linden- und spätere Eichenallee führte 1652 vom Schloss zum Lustgarten, doch 1900 wurde die letzte Eiche gefällt. 1654 entstehen der Kamin in der historischen Küche, die Hofmauer mit Brustwehr und die heutigen Mauern des Schlossparks. Von 1787 bis 1795 bekam das Schloss eine Neueinrichtung unter Leitung des Baudirektors Johann Matthäus Kitz für Prinz Georg, der hier längere Zeit Hof hielt. Letzterer errichtete im 18. Jahrhundert für seine früh verstorbenen Kinder am Hagenberg eine Begräbnisstätte, die auch letzte Ruhestätte für viele fürstliche Familienmitglieder wurde. Nach 1817 richtete man das Schloss für Beamtenwohnungen ein, vorrangig für Justizräte. Von 1933 bis 1936 ist es Reichsarbeitsdienstlager und nach Kriegsende sind hier handwerkliche Betriebe sowie Flüchtlingswohnungen unter-

Schloss Rhoden

Riede/Rockenberg

gebracht. Ab 1948 dient es dem Wohlergehen betagter Bürger als Alten- und Pflegeheim. Es ist ein stattlicher frühbarocker Bau in den Formen des holländischen Klassizismus. Dem Schloss schließt sich an der Stirnseite eine gepflegte Parkanlage an.

Schloss Riede
34308 Riede
Landkreis Kassel

Schloss Riede

Riede ist südwestlich von Kassel an der B 450 zu finden. Das Schloss war ursprünglich Besitz des Klosters Merxhausen und von 1443 bis 1809 als hessisches Lehen bei der Familie von Meisenbug. Seit 1824 war es Besitz der Freiherren von Buttlar. Heute stellt sich der Bau unter Verwendung mittelalterlichen Mauerwerks als dreigeschossiger Neubau von 1563 mit Renaissanceportal, rundem Treppenturm an der östlichen Längsfront und über Eck gestelltem mehrgeschossigem Erkervorbau dar. Er besitzt einen hohen Dachaufbau mit Erkern und Giebeln vom Anfang des 18. Jahrhunderts. Im Inneren befindet sich ein Ofen mit schönen Eisengussplatten von Philipp Soldan aus dem Jahre 1564, und am Pächterhaus ist ein Portal von 1682. Im englischen Park finden wir einen Taufstein von 1563 auf einem Sockel und zwei Gedenksteine von ca. 1800. Das Schloss birgt heute unter anderem eine Außenstelle des Standesamtes.

Burg Rockenberg
35519 Rockenberg
Wetteraukreis

Rockenberg liegt unweit nördlich von Bad Nauheim, dessen Burg ursprünglich Sitz der Ritter von Bellersheim gewesen ist, die sich von Rockenberg nannten. 1581 ging die Anlage, die heute einen mächtigen, rechteckigen, viergeschossigen Wohnturm mit Walmdach, im Kern Ende 13. oder Anfang 14. Jahrhundert, zeigt und um 1500 verändert

R Rommershausen

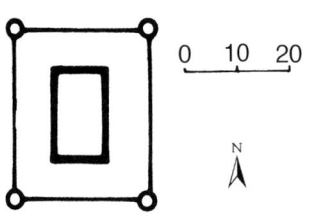

Burg Rockenberg, Grundriss

Schlösschen Rommershausen
34613 Rommershausen
Schwalm-Eder-Kreis

Die malerische Baugruppe grenzt nördlich an Schwalmstadt an und zeigt eine Renaissancebauplastik von Philipp Soldan am Ostflügel aus dem Jahre 1549. Sie war im 16. Jahrhundert Besitz der Familie Rinck, seit 1644 der von Hoff und seit 1786 bis heute der von Schwertzell. Die Anlage gliedert sich in drei Einzelgebäude des 16. und 17. Jahrhunderts mit Fachwerkobergeschossen, effektvoll um einen Hof mit alter Linde gruppiert. Der mittlere Bau wurde 1539 und der östliche 1549 durch Reichardt Rinck erbaut. Der westliche frühere Wirtschaftsbau mit hoher Stützmauer an der Rückseite, im Unterbau wohl noch mittelalterlich, entstand 1672 neu. Von besonderer kunstgeschichtlicher Bedeutung ist der Ostflügel durch den reichen bildhauerischen Schmuck von Philipp Soldan aus Frankenberg, in hervorragender Gestaltung der Spätgotik und Frührenaissance. Über den Schießscharten befindet sich ein Delfinrelief, im Innenbereich des Erdgeschosses eine schöne Türrahmung mit ornamentalen und figürlichen Steinreliefs und im Festsaal eine Balkendecke auf Sandsteinsäule

wurde, an Kurmainz. Der Eingang liegt über einer modernen Freitreppe im Obergeschoss. Im zweiten Obergeschoss war ehemals ein Festsaal mit Balkendecke und in der Südostecke befand sich ursprünglich eine Kapelle. Von den vier runden Ecktürmen aus dem 15. Jahrhundert blieben drei erhalten. Die zweite äußere Ringmauer an der Nordseite ist bis heute gut erhalten geblieben. Das ehemalige Rentamt, ein stattlicher Barockbau um 1720–1730, besitzt ornamentverzierte Fensterbrüstungen. Die Burg ist Landeseigentum und mit Wohnungen sowie einer Gaststätte belegt.

Burg Rockenberg

Romrod/Ronneburg

und ein eiserner Ofen mit Tonaufsatz und reichen figürlichen Darstellungen von 1661. Schließlich runden das Interieur Familienbildnisse des 17. und 18. Jahrhunderts ab.

Schloss Romrod
36329 Romrod
Vogelsbergkreis

Schloss Romrod

Nur 5 km südwestlich von Alsfeld liegt das Städtchen Romrod mit seinem im Zentrum stehenden Schloss, das Stammsitz der Ende des 12. Jahrhunderts erscheinenden und 1366 ausgestorbenen Herren von Romrod war. Das Schloss ging 1385 an die Landgrafen von Hessen. Es ist eine ehemalige Wasserburg, deren Gräben zugeschüttet wurden, und zeigt baulich eine regelmäßige viereckige Anlage, im Kern mittelalterlich. An der Nordostecke befindet sich der älteste Teil, dessen Außenmauern eines spätstaufischen Wohnturmes in die Mitte des 13. Jahrhunderts einzuordnen sind. In der Südostecke steht ein kräftiger gotischer Wohnturm, der so genannte Kanzleibau aus dem 14. Jahrhundert. Der viergeschossige Hauptbau an der Westseite, auch Herrenbau genannt, besitzt einen seitlichen Treppenturm und einen Festsaal im zweiten Obergeschoss. Ein kleiner dreigeschossiger Steinbau an der Nordseite zeigt den Küchenbau von 1578 bis 1579 und 1586–88, der von Eberdt Baldewein aus Marburg 1878–1885 umfassend, besonders durch Fachwerk und Dächer, erneuert wurde. Heute wird Schloss Romrod als Tagungshotel genutzt. Eine Parkanlage umschließt fast völlig das Schloss.

Burg Ronneburg
63549 Ronneburg
Main-Kinzig-Kreis

Die Ronneburg steht auf einem Basaltkegel des südlichen Vogelsberges, nahe Altwiedermus und nordwestlich von Gelnhausen. Sie war eine der größten und stärksten Festungen zwischen Nidda und Kinzig. Die erste Erwähnung von Ronneburg fällt in das Jahr 1231, die Burg wurde

R Ronneburg

Burg Ronneburg

Burg Ronneburg, Grundriss

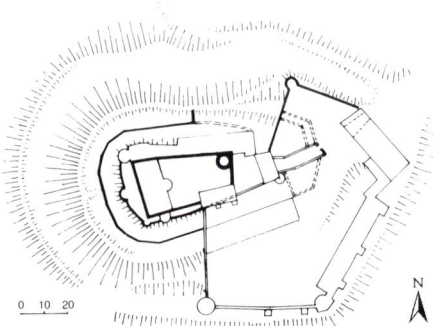

vermutlich im ersten Viertel des 13. Jahrhunderts unter Gerlach II. von Büdingen angelegt. Nach dem Tode des Grafen Gerlach von Büdingen ging sie noch vor Mitte des 13. Jahrhunderts an Konrad von Hohenlohe, der mit Gerlachs Tochter Petrissa verheiratet war. Im Jahre 1313 verkaufte Gottfried III. von Hohenlohe-Brauneck die Ronneburg und weiteren Besitz an den Erzbischof von Mainz, Peter von Aspelt, der sie mehrfach verpfändete und in dessen Zeit zahlreiche Bauten entstanden. 1476 belehnte Erzbischof Dieter von Ysenburg seinen Bruder Graf Ludwig II. mit der Burg. Von 1523 bis 1601 residierte hier die Linie Ysenburg-Ronneburg, beginnend mit Graf Philipp und seiner Ehefrau Amalie von Rieneck. Sein Sohn Anton ließ die Burg für seine Hofhaltung unter modernen Gesichtspunkten ausbauen, woraus die Vorburg hervorging. Große Teile der Burg, so der Kemenatenbau und obere Torbau, brannten 1621 aus und wurden zudem noch 1634 von kroatischen Truppen ausgeplündert. Danach war die Burg im wechselnden Besitz verschiedener Linien und seit 1725 Eigentum von Ysenburg-Wächtersbach. 1736 bewohnten Graf Zinzendorf und bis Mitte des 18. Jahrhundert die Herrnhuter die Burg. In der zweiten Hälfte des 18. und Anfang des 19. Jahrhunderts war sie Zufluchtsort für „Unbehauste",

Rotenburg an der Fulda

Glaubensverfolgte, Juden, Sektierer und Zigeuner. Der letzte Bewohner starb im Jahre 1886 auf der Burg. 1905 wurde sie unter Denkmalschutz gestellt, und von 1947 bis 1952 diente sie als Freizeitlager des Evangelischen Hilfswerkes Darmstadt. Danach wurde ein Burgmuseum eingerichtet und seit 1988 betreut der „Förderverein Burg Ronneburg e. V." die Anlage. An höchster Stelle finden wir heute die von Osten nach Westen sich erstreckende Kernburg, auf einer erheblich niedrigeren Bergstufe im Osten und Süden die ausgedehnte jüngere Vorburg. Vom Gründungsbau sind Teile in der Kernburg erhalten. Unter den Grafen Anton und Heinrich von Ysenburg-Ronneburg erfolgte ein großzügiger Ausbau zur Wohnburg. Die Vorburg entstand 1538–1555 mit einer hohen Ringmauer und vier runden Ecktürmen. Zur Kernburg gelangt man über eine Steinbrücke von 1566, die ursprünglich eine Zugbrücke gewesen war. Durch den oberen Torbau gelangt man in den malerischen Innenhof der Kernburg. Der so genannte Zinzendorfbau wurde 1570/71 von Conrad Leonhard aus Sommerhausen errichtet, brannte 1621 aus und wurde danach teilweise restauriert. In der Ostecke des Hofes steht der älteste Teil der Burg, der Bergfried. Der Westflügel, einst der Palas, ein dreigeschossiger Bau mit steilen Giebeln, wurde über den Wehrmauern des 13. Jahrhunderts um 1327–1330 unter Johann von Rockenberg errichtet und im 15./16. Jahrhundert mehrfach verändert. Der Nordflügel umfasst den „Alten Bau" mit zwei großen Räumen, der um 1477 unter Graf Ludwig II. von Ysenburg-Büdingen errichtet wurde und seit 1954 das Burgmuseum beherbergt. Außerdem gibt es auf der Burg noch ein Hotel mit Gaststätte sowie eine Flugschule für Drachenfliegen.

Schloss Rotenburg
36199 Rotenburg an der Fulda
Landkreis Hersfeld-Rotenburg

In der Kleinstadt Rotenburg an der Fulda, nördlich von Bad Hersfeld gelegen, entstand 1470 ein erster, ursprünglich thüringischer Schlossbau, der 1478 durch einen Brand zerstört wurde. Von 1571 bis 1607 entstand dann ein Vierflügelbau durch Landgraf Wilhelm IV. und seinen Sohn Moritz. Der Ostflügel wurde von 1577 bis 1580 durch Wilhelm Vernukken errichtet und unter Mitwirkung seiner Söhne 1581–1590 wurde auch die Kapelle ausgestaltet. Das Schloss war von 1627 bis 1834 Residenz der Landgrafen von Hessen-Rotenburg. Während dieser Zeit wurde auch der ba-

Rotenburg an der Fulda

Schloss Rotenburg

rocke Westflügel von Landgraf Constantin im Jahre 1750 erbaut. Landgraf Emanuel ließ 1790 den Park- und Nordflügel abbrechen und errichtete an deren Stelle einen Neubau im Empirestil. 1866–1933 war er im Besitz der Linie Hessen-Philippsthal-Barchfeld. Von 1933 bis 1945 beherbergte das Schloss eine Truppenführerschule des RAD und ab 1952 war es Landesfinanzschule Hessen. Die Wiederherstellung des Schlosses wurde 1953 unter der Regierung des Hessischen Ministerpräsidenten Dr. hc. E. H. Georg August Zinn beendet. In dieser Zeit war Hessischer Minister der Finanzen Dr. Heinrich Troeger. Dem Schloss schließt sich an der Ostseite der Werra eine gepflegte, weiträumige Parkanlage mit einem Parkcafé an. Neben der Landesfinanzschule Hessen befinden sich hier eine Justizausbildungsstätte sowie ein Kreisheimatmuseum. In Letzterem finden wir Ausstellungen zur Erdgeschichte, Volkskunde, Stadtgeschichte mit Tonbildschau und Naturkunde. Das Heimatmuseum wurde früher „Weißes Haus" genannt, in dem die Prinzen geboren wurden, so auch 1819 der spätere Reichskanzler Chlodwig von Hohenlohe-Schillingsfürst. Ebenso wohnte hier das Gesinde der ehemaligen Schlossherren. Der an der Kopfseite dieses Hauses befindliche „Schlossbrunnen" wurde aus der Schlossquelle vor Braach gespeist. Das Wasser kam über eine Holzröhrenleitung hier an. Das Renaissanceschloss war eine stattliche zweigeschossige Vierflügelanlage mit je einem Treppenturm in den vier Ecken des Binnenhofes und gehörte neben dem ehemaligen Residenzschloss in Kassel und den Schlössern in Schmalkalden, Offenbach und Lichtenberg/Odenwald zu den großen Bauleistungen der Renaissance in Hessen.

Rückingen / Rüdesheim am Rhein

Wasserburg Rückingen
63526 Rückingen
Main-Kinzig-Kreis

Der Ort grenzt nordöstlich an Hanau an und war seit 1248 als Sitz des Ortsadels bekannt. Wie es auch vielen anderen Burgen in damaliger Zeit erging, wurde die Anlage, die sich heute als kleine, regelmäßig viereckige Baugruppe aus der ersten Hälfte des 15. Jahrhunderts zeigt, 1405 durch König Ruprecht und 1522 durch Landgraf Philipp von Hessen zerstört und später teils wieder errichtet. Die hohen Ringmauern blieben im Wesentlichen erhalten. Wir finden an der Nordseite das steinerne Herrenhaus mit Eckrundturm und Rundbogenfries, das im 16. und 19. Jahrhundert verändert wurde. Das Hoftor trägt ein Wappen von 1569. Im rückwärtigen Bereich schließt sich ein Park an. Die Wasserburg wird zum Teil als Museum genutzt.

Niederburg (Brömserburg), Oberburg (Boosenburg), Burgruine Ehrenfels und Jagdschloss Niederwald
65385 Rüdesheim am Rhein
Rheingau-Taunus-Kreis

Das wunderschöne Städtchen Rüdesheim liegt unmittelbar am Rhein, bevor dieser den Bogen scharf nach Norden einschlägt und vom gegenüberliegenden Flussufer Bingen grüßt. Die **Niederburg**, auch als Brömserburg bezeichnet, war vermutlich nicht die erste Anlage, die hier errichtet wurde, möglicherweise hatten schon im frühen Mittelalter die merowingischen Rhein-

Wasserburg Rückingen

R Rüdesheim am Rhein

franken einen Sitz an dieser Stelle, aus dem um 1000 n. Chr. die Niederburg hervorging. Diese stand im 12. Jahrhundert unter der Verwaltung der Erzbischöfe von Mainz, die gleichzeitig Kurfürsten des Deutschen Reiches waren. Ab 1228, nach der Verlegung der Zollstation zur Burg Ehrenfels, war die Niederburg noch Jahrhunderte im Besitz der Ritter von Rüdesheim, bis sie an ihren letzten Zweig, die Brömser, von der die Burg den heutigen Namen hat, überging. Im frühen 19. Jahrhundert ging die Anlage an die Grafen von Ingelheim, die sie romantisch ausbauen. Johann Wolfgang von Goethe hätte man durchaus auch als Weltenbummler bezeichnen können, denn auch hier trug er sich in das Gästebuch der Ingelheimer ein. Nachdem 1941 die Stadt Rüdesheim die Burg erwirbt, richtet sie ab 1950 das „Weinmuseum Brömserburg" ein, in dessen Sälen und Gewölben eine der ältesten Weinsammlungen der Welt untergebracht ist. Begeistert wird der Besucher beim Anblick der Wein- und Trinkgefäße aus Glas, Keramik und Metall von der Antike bis zur Neuzeit. Erstaunlich ist die Kollektion der Wein- und Branntweingläser aller wichtigen europäischen Stilepochen. Der heutige, äußerst wuchtige Bau entstand in mehreren Abschnitten des 12. Jahrhunderts und hatte ursprünglich eine niedrigere zinnenbekrönte Wehrmauer mit Zugang im Westen, den ein quadratischer Turm in der Nordwestecke innen flankierte. Massive, eingeschossige Bauten an der Süd- und an der Westseite sind bis zum Tor an die Ringmauer angefügt. Der mächtige, ursprünglich frei stehende Bergfried wurde im Laufe des 12. Jahrhunderts errichtet und später bei Entstehung der Wohngebäude umbaut. Französische Truppen sprengten 1645 die Südostecke der Burg heraus, die 1961 teilweise wieder hergerichtet wurde.

Oben: Niederburg (Brömserburg), Rüdesheim

Unten: Oberburg (Boosenburg), Rüdesheim

Rüdesheim am Rhein

Diagonal hinter der Brömserburg steht die Boosenburg, die zuerst auch als **Oberburg** bezeichnet wurde. Als Mainz'sches Lehen war sie 1275/76 im Besitz der von Rüdesheim mit dem Flügelwappen, die sich in drei Linien teilten. In der ersten Hälfte des 15. Jahrhunderts bis 1830 war die Oberburg im Besitz der Boos von Waldeck und danach des Weingutes Sturm. Im Jahre 1836 brach man unter Philipp Hoffmann bis auf den Hauptturm die Anlage ab. Während der Turm aus dem 12. Jahrhundert stammt, gehört das Wohnhaus im neugotischen Stil in die Mitte des 19. Jahrhunderts. Seit 1868 ist es Weingut-Weinbrennerei und die Außenanlage der Rüdesheimer Rosengarten.

Die sehenswerte **Burgruine Ehrenfels** liegt malerisch 2,5 km stromabwärts der Stadt, inmitten eines über dem Rhein liegenden Weinberges. Gebaut wurde die Burg um 1211 mit Unterstützung des Mainzer Erzbischofs durch Philipp von Bolanden und diente als Zollburg. Im Jahre 1356 baute man sie als kurfürstliches Hoflager aus, und seither war sie häufig bewohnt. Wie wohl alle anderen Anlagen auch, wurde die Burg im Dreißigjährigen Krieg mehrfach belagert, doch mit Erfolg erst 1689 durch Franzosen zerstört; seitdem bildet sie eine malerische Ruine. Ehrenfels ist eine fast quadratische Anlage. An der Bergseite, über dem ehemaligen Halsgraben, bekam sie eine 17 m hohe Schildmauer mit starken Eckflankentürmen. An der südlichen Seite stand der Palas. Unterhalb der Burg befanden sich die Gebäude der ehemaligen

Burgruine Ehrenfels, Rüdesheim

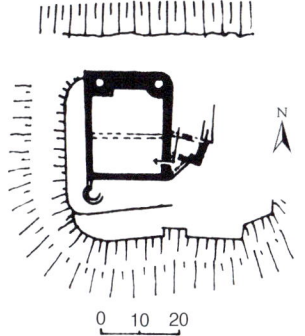

Burgruine Ehrenfels, Rüdesheim, Grundriss

Rüdesheim am Rhein

Jagdschloss Niederwald, Rüdesheim

Zollstation, das Langhaus am Rheinufer und vermutlich die Wohnung des Zollschreibers aus dem 16. Jahrhundert, wovon heute nichts mehr vorzufinden ist.

Das **Jagdschloss Niederwald** liegt im ursprünglich zur Burg Ehrenfels gehörenden Waldgebiet. Das Jagdschloss, vom Mainzer Steinmetzmeister Anton Süß geplant und 1763–1766 für Graf Karl Maximilian von Ostein erbaut, wurde zwischen 1787 und 1794 durch Francois J. Mangin umgebaut. Die Herzöge von Nassau übernahmen 1835 das Gut und das Jagdschloss und begannen den „Niederwald" parkartig zu gestalten. Der ansprechende Bau von ursprünglich sieben Achsen mit Dachreiter wurde danach hessischer Staatsbesitz, brannte 1926 aus und wurde 1927–1929 wieder aufgebaut und durch Seitenflügel erweitert. Vor dem Krieg war das Jagdschloss ein beschauliches Familien-Ferien-Hotel, während des Krieges wurde es Lazarett und später Freizeitheim für amerikanische Offiziere. Im Grünen Salon tagten 1948 die Ministerpräsidenten der deutschen Länder mit Konrad Adenauer, um in aller Ruhe und Abgeschiedenheit die Weichen für das demokratische neue Deutschland zu stellen. Mitte der sechziger Jahre begann das Land Hessen, hier im Jagdschloss ein zeitgemäßes Hotel und eine Stätte gehobener Gastlichkeit zu schaffen. Zu erwähnen wäre noch, dass man bei ausgedehnten Spaziergängen auf die Eremitage von 1774, den Rundtempel und die Zauberhöhle stoßen kann. Ferner auf die bereits 1774 fertig gestellte Rossel, eine kleine künstliche Burgruine, auf einem Felssporn oberhalb von Burg Ehrenfels. Das durch äußeres Pathos und theatralischen Aufwand gekennzeichnete Nationaldenkmal entstand im Anschluss an den Sieg 1871 aufgrund eines Wettbewerbs 1877–

Rüsselsheim/Runkel

1883 durch Architekt Karl Weißbach aus Dresden und Bildhauer Johann Schilling.

Wasserburg und Festung Rüsselsheim
65428 Rüsselsheim
Landkreis Groß-Gerau

In Rüsselsheim bauten kurz vor 1399 die Herren von Heusenstamm für die Katzenelnbogener Grafen ein „festes Haus" zur Sicherung der Mainfurt. So wurde ein größerer Burgbau 1437 begonnen, doch unter großen politischen Schwierigkeiten erst 1486 vollendet. Die wesentlichen Bauteile, die sich heute dem Besucher zeigen, entstanden unter den hessischen Landgrafen Heinrich III. und Wilhelm II., die den Ausbau zur Festung durch Hans Jakob von Ettlingen veranlassten, der Ende des 15. Jahrhunderts begonnen und unter Philipp dem Großmütigen um 1530–1540 vollendet wurde. 1547 wird die Anlage geschleift, die Dächer abgedeckt und die Gräben zugeschüttet, doch 1560 beginnen die Wiederherstellung und der verstärkte Ausbau. 1689 wird die Festung durch die Franzosen gesprengt. Im Jahre 1700 und später erneut verändert. 1944 wurden die ausgebrannten Gebäude als Jugendherberge und seit 1974 als Museum ausgebaut. Ursprünglich ist es eine regelmäßige viereckige Wasserburg mit großem Graben gewesen. Von den Befestigungen des 16. Jahrhunderts sind der mächtige, im Viereck um die Burg gelegte hohe Wall mit teilweise zweistöckigen Kasematten und die Reste der vier vorspringenden Eckrondelle erhalten. Den Zugang bildet ein Tunnelgang. Die Festung wird als Museum genutzt und hat ein gemütlich eingerichtetes Café.

Burg Runkel
65594 Runkel
Landkreis Limburg-Weilburg

Im schönen Lahntal, das die natürliche Grenze zwischen Taunus und Westerwald bildet, liegt das alte romantische Städtchen

Wasserburg und Festung Rüsselsheim

R Runkel

Burg Runkel

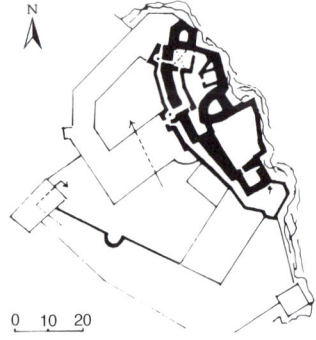

Burg Runkel, Grundriss

Burg Runkel mit seiner beeindruckenden Burg. Es ist schon ein überwältigendes Motiv, über die alte Lahnbrücke mit den Häusern der Stadt Runkel den Burgfelsen zu betrachten. Die Geschichte der Stadt und der Burg beginnt mit dem Flussübergang vom Goldenen Grund zum anderen Lahnufer, wobei die Burg die Funktion des Wachtpostens im 12. Jahrhundert innehatte. Die Burg wurde vermutlich im kaiserlichen Auftrag von den Herren von Runkel gegründet und 1159 erstmals ein Siegfried von Runkel erwähnt. Dieser Siegfried vertreibt 1276 seinen Vetter Heinrich aus der Burg, der auf der anderen Flussseite die Trutzburg Schadeck errichtet und 1288 erstmals erwähnt wird. Im Jahre 1315 wird als Besitzer ein Dietrich von Runkel genannt. In den folgenden Jahrhunderten wurde die Anlage mehrfach ausgebaut, doch 1634 die Kernburg zerstört, nachdem die Kroaten des Grafen Isolani Stadt und Burg in Asche legten. Sie ist seitdem Ruine. Die Unterburg wurde in den Jahren 1641 und 1701–1703 wiederhergestellt. 1719 beherbergt die Anlage hannoversche Truppen in ihren Mauern, denen später Sachsen und darauf die Franzosen folgen. Friedrich Ludwig ist der Letzte des Wied- und Runkel'schen Hauses, er beschließt 1791 hier sein Leben, worauf die Burg an die Linie Wied-Neuwied fällt. Die Burg stellt eine Ausläuferanlage dar, deren Kernburg sich auf der höchsten Stelle des steilen Lahnfelsens und die Unterburg mit gut erhaltenen Wohngebäuden westlich tiefer vorgelagert befanden. In der Mitte der Kernburg steht der Bergfried aus der ersten Hälfte des 13. Jahrhunderts. Der Palas mit seinen mächtigen gewölbten Kellerräumen und nördlichem Staffelgiebel, an der West-

Saasen

seite eine starke Mantelmauer mit später vorgebautem, wehrgangartigem Zwinger, im Kern erste Hälfte des 13. Jahrhunderts, steht im nördlichen Bereich. Die Unterburg besteht aus drei Querflügeln mit zwei Höfen. Die Anlagen sind beide bewohnt. In der Burg befinden sich Schauräume und ein Museum sowie eine gastronomische Einrichtung.

Burg Neuenstein
36286 Saasen
Landkreis Hersfeld-Rotenburg

Burg Neuenstein liegt unmittelbar an der A 7 nördlich von Kirchheim und wird heute als Forstamt genutzt. Im Jahre 1267 ließ Graf Albert von Wallenstein die Burg Neu-Waldensteyn erbauen, die 1318 durch den Landgrafen von Hessen mit hessisch-hersfeldischen Truppen erobert und zerstört, 1357 aber wieder aufgebaut wurde. Sie wird Lehnsitz des Ritters Simon von Wallenstein. Erst im Jahre 1745 ging sie endgültig an Hessen, nachdem das Adelsgeschlecht ausgestorben war. Daraufhin wird die Burg als erledigtes Lehen Domäne des Landgrafen von Hessen-Kassel und wiederum im Jahre 1870 Sitz des aus den Kurhessischen Forstrevieren gebildeten preußischen Forstamtes Neuenstein. Seit 1945 dient die Anlage als Amtssitz des hessischen Forstamtes. Die Burg stellt eine beherrschende Gipfelanlage mit einem hohen, runden, ursprünglich frei stehenden Bergfried, im Kern aus dem 13. Jahrhundert, dar. Umfassend erneuert wurde dieser 1357 und bekam um 1640 eine Haube. Hier stößt ein großer, dreigeschossiger, zum Teil verschindelter Wohnbau an, der 1639–1643 erneuert und umgebaut wurde. Die vordere Giebelwand trägt einen Steinerker, und an der äußeren Längswand befinden sich zwei Aborterker. Des Weiteren sind der Burg Wirtschaftsgebäude vorgelagert. Seit 2003 werden die Burganlagen zu einem Tagungs- und Veranstaltungszentrum umgebaut.

Burg Neuenstein, Saasen

Sannerz/Schackau

Schloss Sannerz

Schloss Sannerz
36391 Sannerz
Main-Kinzig-Kreis

Das ehemalige Schloss am Rande des Ortes, der südöstlich unweit von Schlüchtern liegt, war Besitz der Herren von Hutten-Steckelberg. 1704 diente es als Fulda'sche Propstei. Wir finden hier ein Schloss, das im Kern aus dem 16. Jahrhundert stammt und 1778 unter Propst Karl von Piesport in den Formen des Fuldaer Barock erneuert wurde. Der hintere Bereich wurde mit einem Bau aus jüngerer Zeit erweitert. Interessant ist die Hauskapelle mit ihren zwei Ölgemälden, die das Martyrium des hl. Laurentius und hl. Bonifatius darstellen und die von Johann Andreas Herrlein gemalt wurden, sowie drei barocke Figuren aus der Zeit zwischen 1700 und 1714, die wohl aus der Werkstatt des Andreas Balthasar Weber stammen. Im Schloss ist ein Jugendheim untergebracht, das jedoch nur von außen besichtigt werden kann.

Schloss Schackau
36145 Schackau
Landkreis Fulda

Das ehemalige Schloss der Herren von Eberstein, das sich heute im Privatbesitz befindet, liegt östlich von Fulda und südlich von Hofbieber. Dieser mit hohen Fachwerkgiebeln und Krüppelwalmdach errichtete, dreigeschossige Steinbau gehört in das erste Drittel des 17. Jahrhunderts. Der Bau zeigt den Stil spätgotischer Burghäuser, an seiner Frontseite befindet sich ein fünfseitiger Fachwerkerker.

Schloss Schackau

Schlitz

Am Schlosseingang sind eine Inschrift mit der Jahreszahl 1630 und ein Wappen angebracht. Die Anlage wurde im hinteren Bereich noch im 17. Jahrhundert um eine Fensterachse erweitert. Im Laufe der Zeit ist der ehemalige Wassergraben verlandet.

Burgenstadt Schlitz
36110 Schlitz
Vogelsbergkreis

Die Altstadt von Schlitz, die wir nördlich von Fulda finden, ist eine einzige mittelalterliche Festung. Die Herren von Schlitz, Vögte der Abtei Fulda, verwandelten die Siedlung durch Bau von Burgen in eine Verteidigungsanlage.
Die **Vorderburg**, wohl das dominanteste Bauwerk aller Burgen von Schlitz, ist jetzt Heimatmuseum. Sie beherbergt ein Hotel, und der Festsaal kann für Festlichkeiten genutzt werden. Es ist eine eindrucksvolle Baugruppe, mit ihren zwei dreigeschossigen, im stumpfen Winkel zusammenstoßenden Flügelbauten an höchster Stelle der Stadt. Der Ostflügel zum Obertor hin ist im Kern mittelalterlich, Neubauten stammen von 1565–1600. An Schmal- und Rückseiten zeigen sich Renaissancegiebel und in der Mitte der quadratische Bergfried mit eingebauter Haube aus dem 16. Jahrhundert.

Die **Hinterburg** dient seit 1950 als Altersheim und besitzt einen schlanken, runden Bergfried aus dem 14. Jahrhundert mit spätgotischem Abschluss. Angrenzend steht ein steinerner Wohnbau von 1553 mit rückwärtigem Treppenturm. Das dritte Geschoss wurde 1653 in Fachwerk aufgesetzt. Interessant ist dabei der Übergang vom Dachstuhl durch eine Holzbrücke zum Bergfried. Ein großer dreigeschossiger Renaissancebau in Stein mit rundem Treppenturm und geschweiften Giebeln von 1561–1565, verändert 1647, steht gegenüber.

Als Altersheim wird auch die **Schachtenburg** genutzt, die keinen mittelalterlichen Ursprung hat. Sie besteht aus zwei stattlichen Fachwerkhäusern, von denen das südliche ein steinernes

Vorderburg, Schlitz

Schlüchtern

Oben: Hinterburg, Schlitz

Unten: Lautersches Schlösschen, Schlüchtern

Untergeschoss von 1557 besitzt. Der nördliche Bau ist aus dem 17. Jahrhundert, beide wurden 1962/63 renoviert und innen verändert.

Der lang gestreckte Rechteckbau der **Ottoburg** mit zwei halbrunden Ecktürmen, 1653–1681 durch Erweiterung und Umbau älterer Teile entstanden, dient seit 1955 als Jugendherberge. Der nördliche, kleinere Eckturm war ehemals ein Flankenturm der Stadtbefestigung. Im Innern befinden sich mehrere vorzügliche Spätrenaissancetüren mit Intarsien und hübschen Beschlägen.

Letztendlich ist zu erwähnen die **Hallenburg**, die außerhalb des mittelalterlichen Stadtberings liegt und ursprünglich ein befestigtes Hofgut war. Im 16. Jahrhundert erfolgte ein Ausbau, bis 1954 war sie Wohnsitz der gräflichen Familie. Nach einem Brand 1755 entstand ein Neubau mit späterer klassizistischer Umgestaltung unter Graf Karl Heinrich. Der stattliche barocke, rechteckige Schlossbau, an dessen Gartenfront ein Mittelrisalit mit Freitreppe angebaut ist, dient seit 1954 als Gymnasium. Der ehemals barocke Park wurde im 19. Jahrhundert im englischen Stil als Landschaftspark verändert. Die Hallenburg, eine fünfte Burg derer von Schlitz aus dem 18. Jahrhundert, lag im Tal.

Lautersches Schlösschen
36381 Schlüchtern
Main-Kinzig-Kreis

Schlüchtern erreicht man südwestlich von Fulda, direkt an der gleichnamigen Abfahrt der A 66, in einer reizvollen Landschaft. Der Adelssitz wurde 1675 für die Familie von Lautern restauriert, welches auch durch deren Wappen am Spitzbogen über der Haustür dokumentiert wird. Hier stand

Schotten

eine 1496 errichtete Befestigung zum Schutze Schlüchterns, die aus Wassergräben, Erdwällen und Mauern bestand. Das heute als „Bergwinkelmuseum" genutzte Schloss ist ein dreigeschossiger Steinbau mit Eckbuckelquadern und birgt bemerkenswerte Sammlungen. Diese reichen zurück auf die Aktivitäten des 1908 gegründeten Vereins für „Heimatkunde und Heimatpflege im Kreis Schlüchtern" und auf die Sammlungen des Lehrers und Heimatforschers Wilhelm Praesent. 1978/79 fand eine Neugestaltung des Museumsgebäudes und der Präsentation der Bestände statt und der „Heimat- und Geschichtsverein Bergwinkel" wurde Museumsträger neben dem Magistrat der Stadt. Informiert wird bereits in der Eingangshalle über die Frankfurt-Leipziger Straße, die alte Heer- und Handelsstraße, die durch Schlüchtern führte. Auf dem Wege zum ersten Obergeschoss findet man Ofenplatten und oben angelangt eine Apotheke. Hier wird auch die bürgerliche und bäuerliche Wohnkultur in Form von Mobiliar und Trachten dargeboten. Auch das alte Töpferhandwerk wird in diesem Geschoss gezeigt. Am Treppenaufgang zum zweiten Geschoss können sich Besucher über die Machtverhältnisse zwischen Fulda und Hanau im 17.–19. Jahrhundert informieren, und in den Räumen dieses Stockwerks wird uns von Beginn an die Schlüchterner Stadtgeschichte vermittelt. Nicht vergessen wurden die Brüder Grimm, denen man einen gesonderten Raum widmete, und im Dachgeschoss ist eine naturkundliche Abteilung eingerichtet. Im ausgebauten Spitzboden ist eine Abteilung der Landwirtschaft gewidmet.

Altenburg und Schloss Schotten
63679 Schotten
Vogelsbergkreis

In der Kleinstadt Schotten, am Landschaftsgebiet Hoher Vogelsberg, knapp 40 km nordöstlich von Friedberg gelegen, steht eine ehemalige Wasserburg, die **Altenburg**. Entstanden ist sie vermutlich in frühmittelalter-

Altenburg, Schotten

Schwarzenfels

Schloss Schotten

Burg Schwarzenfels
36391 Schwarzenfels
Main-Kinzig-Kreis

Der Name Schwarzenfels ist vom schwarzen Basalt des Hopfenberges abgeleitet, an dessen Westhang die Burg im Tal der Schmalen Sinn, ungefähr 15 km östlich von Steinau, errichtet wurde. Sie wurde bald nach der Zerstörung der Steckelburg 1276 von den Herren von Hanau erbaut und 1280 erstmals erwähnt. Im 16. und 17. Jahrhundert war die Burg Witwensitz, in dessen Zeit sich ein großer Um- und Ausbau vollzog. Darüber hinaus diente sie auch als Zufluchtsort für die Bevölkerung, vorrangig aber wirtschaftlichen Zwecken und der Verwaltung. Von 1604 bis 1642 war sie Sitz der Linie Hanau-Münzenberg, die mit Johann Ernst ausstarb, und danach trat allmählicher Verfall der Burg ein. Dann kam das Amt an die Linie Hanau-Lichtenberg und nur ein Jahr später ging es als Pfand an die Landgrafschaft Hessen-Kassel über. Schloss und Burgruine bilden eine langrechteckige Spornburg. Mit der Bestimmung zum Wohnsitz für die Witwe Philipps III. von Hanau, Elena von Pfalz-Simmern, entstand der Südflügel der Hauptburg. Der Torbau zum Hof ist von 1455 und der Torturm aus dem Jahre 1575. An der Südseite der Vorburg steht ein lang ge-

licher Zeit auf einem kreisförmigen, anscheinend künstlich aufgeschütteten Hügel mit umgebendem Graben. Das heute leer stehende Wohnhaus in Fachwerk von 1515 besitzt ein massives Untergeschoss. Ein Park umgibt das historische Gebäude. Das **Schloss** inmitten der Stadt wird gegenwärtig als Rechtsanwalts- und Notarkanzlei genutzt. Es war ebenfalls eine ehemalige Wasserburg, die nach 1323 angelegt und 1382 zerstört wurde. 1403 war bereits ein Neubau errichtet, der als regelmäßige viereckige Anlage entstand. Es ist ein hoher, schlanker, dreigeschossiger Steinbau mit Staffelgiebeln, der Mitte des 19. Jahrhunderts erneuert wurde. Zu finden sind Reste des Beringes mit einem runden Treppenturm.

Schweinsberg S

streckter, ehemaliger Marstall von 1557, wohl von Meister Asmus erbaut. Zwischen Vor- und Hauptburg steht eingebaut in die ehemalige Schildmauer der hohe runde Bergfried, um 1280 errichtet und im 16. Jahrhundert verändert. Schwarzenfels ist ein Ausflugsziel, an dem ein Teil unserer Vergangenheit mit seinen baulichen Zeugnissen erlebt werden kann.

Burg Schweinsberg
35260 Schweinsberg
Landkreis Marburg-Biedenkopf

Den Basaltkegel des Ortes, südwestlich von Stadtallendorf, krönt die Stammburg der Schenken zu Schweinsberg, die um 1231–1234 von Guntram von Marburg erbaut wurde, der Stammvater der Freiherren Schenk zu Schweinsberg war. Im Jahre 1635 wurde die Burg belagert und teilweise eingeäschert, und nochmals wurden 1646 Teile der Befestigungswerke zerstört, die im Laufe der Zeit verschüttet, doch von 1888 bis 1890 wieder freigelegt wurden. Heute sind von der Burg des 13. Jahrhunderts nur noch Mauerreste vorhanden. Sie bestand aus einer vieleckigen Zwingermauer, in die ein starker Rundturm, den man noch 1609 bewohnte, eingebunden war. Eine Vergrößerung erhielt die Burg im 14. Jahrhundert, vermutlich im Zusammenhang mit der Stadtbefestigung. Der landgräflich hessische Festungsbaumeister Hans Jakob von Ettlingen hatte um 1482 die äußere Zwingermauer mit vier halbrund vorspringenden Türmen und dem mächtigen runden, dreigeschossigen Hexenturm an der Stadtseite errichtet. An der Nordseite befindet sich ein Torbau mit langer Durchfahrt und viereckigem Turm aus der Zeit von 1482, vor dessen Bereich eine kleine Vorburg ge-

Oben: Burg Schwarzenfels

Unten: Burg Schweinsberg

Seeheim-Jugenheim

setzt wurde, die durch einen kleinen Graben von der Hauptburg getrennt war. Anstelle der heutigen Straße gab es hier die Verbindung durch eine Brücke. Eine Parkanlage schließt sich der Burg an, die für die Öffentlichkeit begehbar ist.

Schloss Heiligenberg
64342 Seeheim-Jugenheim
Landkreis Darmstadt-Dieburg

Seeheim-Jugenheim liegt südlich von Darmstadt, und Schloss Heiligenberg versteckt auf dem Tannenberg. Das heute als Institut für Lehrerbildung genutzte Schloss besteht aus vier in verschiedenen Abschnitten entstandenen Gebäudeflügeln um einen Binnenhof. Erbaut wurde es 1814–1816, vermutlich durch Georg Moller, für den hessischen Hofkammerrat A. K. Hofmann als Landgut. Im Jahre 1827 kaufte es Großherzogin Wilhelmine von Hessen, und ab 1831 baute es Moller als Sommerschloss aus, dem gleichzeitig ein englischer Park hinzugefügt wurde. Prinz Alexander von Hessen und Prinzessin von Battenberg ließen 1863–1877 die in ihrer heutigen Form bestehende Vierflügelanlage repräsentativ ausbauen.
Leider kann dieses historische Bauwerk nicht besichtigt werden.

Burgruine Tannenberg und Schloss Seeheim
64342 Seeheim-Jugenheim
Landkreis Darmstadt-Dieburg

Die **Burg Tannenberg** entstand vermutlich am Ende des 12. Jahrhunderts und war 1239 im Besitz Ulrich von Münzenbergs. Erweitert wurde die Anlage im 14. Jahrhundert, doch 1399 eroberte und zerstörte man sie. Hier fanden 1848 und vor dem Ersten Weltkrieg Ausgrabungen statt. Tannenberg war eine kleine, ovale Kernburg mit umlaufendem Zwinger und rundem Bergfried, an deren Nordseite sich eine große Vorburg und der Halsgraben befanden. Wanderer zur einstigen Burg werden nur geringe Mauer- und Fundamentreste vorfinden.

Das **Schloss Seeheim** ist ein schlichter Bau aus der ersten Hälfte des 19. Jahrhunderts und war ehemals großherzoglich-hessisches Hoflager. Mit Beginn des Jahres 1955 nutzte man das Schloss als Bibelschule. Heute zeigt sich dem Besucher ein maroder Zustand der leer stehenden Schlossanlage in schöner Hanglage mit einem gepflegten Park.

Seligenstadt / Solz

Kaiserpfalz und Wasserburg
63500 Seligenstadt
Landkreis Offenbach

In der zwischen Hanau und Aschaffenburg gelegenen Stadt Seligenstadt wurde um 1235–1240 vermutlich durch Kaiser Friedrich II., der 1237 für seinen Besitz das Lehensverhältnis mit Mainz erneuerte, ein Jagd- und Wohnschloss als **Kaiserpfalz** erbaut. Es ist ein bedeutsames, einzigartiges Bauwerk der deutschen staufischen Architektur. 1266 wurde die Anlage als „castrum" bezeichnet, war aber im Gegensatz zu den sonstigen staufischen Burgen und Pfalzen ohne Wehrcharakter. 1391 wurde es „keysirhus" und volkstümlich „rotes Schloss" genannt. Nach einem Brand wurde die Mainfront in den Mauerring der 1462 ausgebauten Stadtbefestigung einbezogen und die übrigen Umfassungsmauern teilweise abgetragen. In den Jahren 1883 und 1938 erfolgten Freilegungs- und Ergänzungsarbeiten. Die Pfalz ist ein einheitlicher, rechteckiger, zweigeschossiger Quaderbau aus Sandsteinmaterial, von dem die Außenmauern des Erdgeschosses und mainseitig das Obergeschoss erhalten blieben. Georg Dehio führt an, dass sich an beiden Gebäudeenden je ein gleichartiger Raum in ganzer Gebäudetiefe mit einer Altanpforte befindet, dessen offene Bogenstellungen des nordwestlichen Raumes für einen Festsaal sprechen, bei dem anderen Raum deutet ihre Umänderung in Doppelfenster auf ein heizbares Wohngemach. Neben dem Festsaal lag wohl das Schlafgemach des Kaisers. Die Einzelheiten sowie die Profilierung sind von großer Feinheit.

In romantischer Lage südöstlich vor der Stadt zwischen Fischweihern finden wir die **Wasserburg**, die 1705 als Gartenhaus der Abtei Seligenstadt erbaut wurde. Der quadratische Wohnbau liegt von einem Wassergraben mit Zugbrücke und von einer Brüstungsmauer mit Ecktürmchen umgeben in reizvoller Landschaft. Im Inneren des Obergeschosses befindet sich ein kleiner Saal mit Landschaftsmalereien in den Fensternischen und mit einer Stuckdecke. Ein gepflegter, großer Garten liegt über einem Bachlauf, und der Bereich ist durch eine Mauer eingefriedet.

Burg Solz
36179 Solz
Landkreis Hersfeld-Rotenburg

Die ehemalige Burg der Herren von Trott zu Solz, die heute ein

S Spangenberg

Trottenhaus der Burg Solz

Gutshof ist, liegt im Ort und ist nordöstlich von Bebra zu finden. Sie ist eine ausgedehnte, halbkreisförmige Anlage, die mehrfach erneuert wurde. Das Wohnhaus mit verputztem Fachwerk und Mansarddach in der Hofmitte ist aus der zweiten Hälfte des 18. Jahrhunderts. Ursprünglich gehörte das seit 1692 getrennte, östlich der Kirche hoch gelegene Trottenhaus zur Anlage und entstand vermutlich anstelle der mittelalterlichen Kemenate. Es ist ein stattlicher, dreigeschossiger Fachwerkbau mit hohem Walmdach um die Zeit von 1700. Der geräumige Ehrenhof wurde durch zwei im 18. Jahrhundert hinzugefügte eingeschossige Fachwerkflügel mit Mansarddächern und Zwerchhäusern umschlossen. In einem Nebengebäude befindet sich eine Ausstellung mit Spielzeug, das von der Burg stammt.

Burg Spangenberg
34286 Spangenberg
Schwalm-Eder-Kreis

Spangenberg ist zwischen Hessisch Lichtenau und Melsungen an der B 487 gelegen. Die Burg steht auf dem Gipfel des 377 m hohen Berges. Im Jahre 780 wurden lt. Chronik des Wilhelm Dillich Burg und Stadtstaat befestigt. 1162 wird hier ein Sitz der Ritter von Hohenberg genannt, die sich ihren Namen nach dem hohen Berg gaben. Die Entstehung der heutigen Anlage begann Anfang des 13. Jahrhunderts durch die Herren von Treffurt. Ihnen wurde 1214 die Vorgängerburg, die ehemaliges fuldisches Lehen und im Besitz der Grafen von Ziegenhain war, abgetreten. Sie diente zum Schutz der so genannten Langen Hessen, einer

Burg Spangenberg

Staden

Heer- und Handelsstraße, die von Frankfurt über Alsfeld nach Eisenach und weiter nach Leipzig führte. 1350 gingen Burg und Amt Spangenberg an die Landgrafen von Hessen, die bis 1803 Burgherren blieben. Im Jahre 1508 wird die Anlage zum Schloss umgebaut. Im Dreißigjährigen Krieg, 1636, wird unter dem Kommandanten-Obristen-Wachtmeister Engelhard Breul erfolgreich das Schloss gegen kaiserliche Truppen unter General Götz mit 1300 Mann und 18 Geschützen verteidigt. Doch seine Zerstörung war nur aufgeschoben, und 1647 setzten kaiserliche Truppen die Anlage notdürftig instand. Erstmals wurde sie 1758 im Siebenjährigen Krieg von den Franzosen erobert. Die Ruine hatte ihre strategische Bedeutung verloren. Ab 1867 diente das Schloss als Staatsgefängnis, und während des deutsch-französischen Krieges 1870/71 war es Lager für französische Kriegsgefangene. Als preußische Forstschule wurde das Schloss 1907 genutzt. Die Anlage war im Laufe der Zeit vollständig verschüttet und überwuchert, bis 1936 die Burgberggemeinde in freiwilliger Arbeitsleistung mit den Wiederaufbauarbeiten begann. Im Zweiten Weltkrieg lagen hier englische Kriegsgefangene. Als diese auszogen, zerstörten sie das Schloss. 1958 wurde der Turm restauriert. Heute dient die einstige Burganlage

Schloss Ysenburg, Staden

der Öffentlichkeit als Jagdmuseum mit integrierter Gaststätte. Die Schlossanlage ist eine eindrucksvolle Baugruppe auf steiler Bergkuppe, mit rechteckigem Binnenhof, umschlossen von einem schmalen Zwinger aus dem 15. Jahrhundert, dessen Wehrmauer von halbrunden Schalentürmen verstärkt wird. Der Zugang befindet sich an der westlichen Schmalseite, ehemals über Zugbrücke, mit spätgotischem Zwingertor (um 1500). Die den Hof umschließenden schlichten Gebäude gehen auf das 13.-17. Jahrhundert zurück.

Wasserburg, Schloss Ysenburg und Loew'sches Schloss (Bürgerhaus)
61197 Staden
Wetteraukreis

Staden, östlich von Friedberg, nahe Florstadt gelegen, kann auf

Staden

drei historische Bauten verweisen. Zu erwähnen wäre als Erster die ehemalige **Wasserburg**, die ursprünglich auf einer Insel der Nidda gelegen hat. Von der Hauptburg sind in den Wiesen am nördlichen Bereich Reste einer romanischen Ringmauer mit Buckelquaderverblendung erhalten geblieben. Im 12. Jahrhundert wurde sie zerstört und vermutlich im 14. Jahrhundert mit Basaltstein erneuert. Bei Grabungen 1953 wurden ein Burgtor und ein quadratischer romanischer Torturm ermittelt. Die ehemalige Vorburg war der Stadt vorgelagert und besaß einen starken, quadratischen Torturm mit vermauerter Durchfahrt um das Jahr 1400. Die Ruine des früheren Brauhauses besitzt ein Portal von 1597.

Unmittelbar in der Nähe steht das ehemalige **Ysenburg-Büdingische Schloss**, das seit vier Generationen in Familienbesitz ist und seit 1949 als Hotel-Restaurant betrieben wird. Der dreigeschossige Steinbau mit Staffelgiebeln, der hofseitig einen runden Treppenturm besitzt, wurde 1574 auf den Resten einer ehemaligen Wasserburg von den Herren von Carben im Renaissancestil errichtet. Ein zweigeschossiger, im 19. Jahrhundert erneuerter Erker befindet sich an der Südseite. Der Name „Ysenburg" führt in die Zeit von 1788 zurück, in der das Schloss im Besitz der Grafen von Ysenburg-Büdingen und Ysenburg-Limburg war. Angrenzend an das Schloss steht ein ehemaliger Marstall oder Remisenbau mit Arkaden und Kreuzgratgewölben im Erdgeschoss, erbaut um 1600. Zu finden sind weiterhin Reste der Ringmauer und an der Südostecke der Stumpf eines runden Flankenturmes. Im Jahre 1852 wurde das Haus von Johannes May II. gekauft und in Einbeziehung aller anderen Gebäude als landwirtschaftliches Gut betrieben.

Das heutige **Bürgerhaus** war einst das Schloss der Freiherren von Loew und stammt aus der Mitte des 18. Jahrhunderts. Es stellt einen zweigeschossigen Massivbau dar, der 1872 und nach einem Brand von 1945 restauriert wurde. Die früher zugehörigen Wirtschaftsbauten in Hufeisenform sind teilweise aus dem 18. Jahrhundert. Ein Park schließt sich der Gesamtanlage an.

Loew'sches Schloss, Staden

Stammheim/Staufenberg

Schloss Stammheim
61197 Stammheim
Wetteraukreis

Stammheim liegt ebenfalls östlich von Florstadt, wo wir zugleich das ehemalige Schloss der Grafen von Schlitz, auch von Görtz genannt, finden. Der 1592 errichtete Bau wurde noch in jüngster Zeit als Schule genutzt und befindet sich nun im Privatbesitz. Es ist ein dreigeschossiger, hoher Steinbau, an dessen Kellergeschoss man Schießscharten vorfindet. Die vordere Langseite hat in der Mitte einen runden Treppenturm eingebunden, und an der Rückseite des Baus befindet sich ein erkerartiger Vorbau mit Wappen. Die Zehntscheuer, ein großer, eingeschossiger Steinbau, entstand im 16.–17. Jahrhundert. Das Schloss ist nicht zugänglich.

Oberburgruine und Unterburg und Schloss Friedelhausen
35460 Staufenberg
Landkreis Giessen

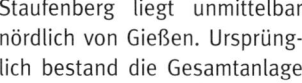

Staufenberg liegt unmittelbar nördlich von Gießen. Ursprünglich bestand die Gesamtanlage aus zwei Burgen, der älteren

Schloss Stammheim

Oberburg, erbaut Ende des 11. Jahrhunderts von den Ziegenhainern, und der jüngeren Unterburg. Erstgenannte war im Besitz des Landgrafen Ludwig von Thüringen. Die 1233 erwähnte und 1647 durch Hessen-Kassel zerstörte **Oberburg** ist heute Ruine. Erhalten sind romanische Baureste sowie Teile des dreigeschossigen, gotischen Palas, der nach 1273 mit ehemals vier 1571 angefügten Ecktürmchen, von denen noch eines erhalten blieb, errichtet wurde. Weiterhin finden wir Reste des Beringes sowie der Zwingermauern mit dem äußeren Torbau vom 15. Jahrhundert. Die heute als Hotel genutzte **Unterburg** war ehemaliger Burgmannensitz derer von Rolshausen, die sie 1487 erbauten und auch lange Zeit die Oberburg im Besitz hatten. Im 16. Jahrhundert veränderte man die Anlage, und

S Staufenberg

Unterburg, Staufenberg

Es war von 1353 bis Ende des 17. Jahrhunderts hessisches Lehen der Familie von Rolshausen, ging dann 1851 an die Freiherren von Nordeck zur Rabenau und letztlich in den Besitz des Grafen von Schwerin über. Das alte Herrenhaus wurde 1564 für Friedrich von Rolshausen erbaut und stellte einen Steinbau mit quadratischem Treppenturm und Eckerker dar. Im Inneren befanden sich in der Mitte eine große Diele und seitlich zwei Räume. Das Obergeschoss mit Saal und klassizistischer Ausmalung wurde im 18. Jahrhundert verändert. 1852 baute man für Adalbert von Nordeck zur Rabenau in den Formen der englischen Neugotik einen neuen, unverputzten Rechteckbau mit vier schlanken, achteckigen Türmchen an den Ecken und einem flachen Walmdach hinter Zinnen. Es besitzt im Inneren ein geräumiges, dreiläufiges Treppenhaus. Schloss Friedelhausen gehört ebenfalls zum Hofgut und wird von einem im englischen Stil gestalteten Park gesäumt.

im 18. Jahrhundert galt sie als verfallen. Von 1860 bis 1862 stellte aber Hugo von Ritgen die Unterburg in neugotischem Stil wieder her. Sie zeigt ein stattliches Wohngebäude mit rundem Treppenturm sowie rundem Eckturm und vier Ecktürmchen am Dachansatz, wobei Ursprüngliches durch die Restaurierung verfälscht und das Innere ganz verändert wurde.

Schloss Friedelhausen steht 2 km nördlich der Stadt nahe der Lahn und ist jetzt ein Gutshof.

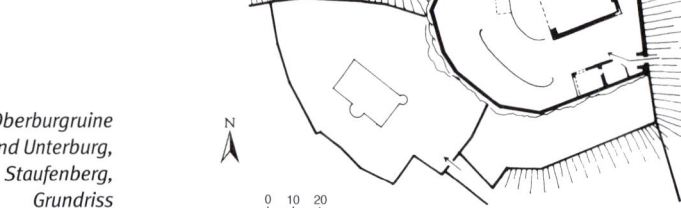

Oberburgruine und Unterburg, Staufenberg, Grundriss

Steinau a. d. Str.

Schloss Steinau
36396 Steinau an der Straße
Main-Kinzig-Kreis

Steinau an der Straße, in dessen Schloss heute die Verwaltung der Staatlichen Schlösser und Gärten Hessen, ein Schlossmuseum und die Brüder-Grimm-Gedenkstätte untergebracht sind, liegt an der A 66, etwa 35 km südwestlich von Fulda. Die erste Burganlage wurde vermutlich durch die Abtei Fulda zur Sicherung eigener Interessen gegen die Bistümer Würzburg und Mainz gegründet. Ulrich I. von Hanau heiratete 1272 Elisabeth Gräfin von Rieneck, gelangte in den Besitz der Burg und baute diese aus. Rudolf I. von Habsburg verleiht 1290 Steinau Markt- und Stadtrecht. Als 1373 die Nachfolge des Landgrafen von Hessen nicht friedlich gelöst werden kann, erschlägt Ulrich IV. von Hanau Frohwin von Hutten auf dem Steinauer Burghof. 1429 werden die Grafen von Hanau in den Reichsgrafenstand erhoben. Die schon bestehende Burganlage wird durch einen großzügigen Neubau um 1525 unter Graf Philipp II. mit Errichtung des Saalbaues erweitert und ausgebaut, unter seinem Sohn Philipp III. 1542–1558 mit den übrigen Bauten vollendet. Die Ausführungs- und Einzelpläne stammen wohl von dem urkundlich bezeugten Steinauer Werkmeister Asmus, die Generalplanung möglicherweise von Graf Reinhart von Solms. Es entstand eine unregelmäßig viereckige Anlage, umgeben von einem tiefen, trockenen Graben und einem schmalen Zwinger, dessen vier Ecken von bastionsartig in den Graben vorspringenden Winkelbauten mit Treppentürmen besetzt sind. Aus mittelalterlicher Zeit stammt noch der hohe, quadratische Bergfried, dessen Treppenturm 1571 zum zweiten Mal, nun mit

Schloss Steinau

Steinheim am Main

barocker Haube, verändert wurde. Im Jahre 1642 stirbt die Linie Hanau-Münzenberg mit dem Tode Philipp Ludwigs III. aus und die Besitzungen fallen an die Linie Hanau-Lichtenberg. 1736 verstirbt Graf Johann Reinhart III. von Hanau-Lichtenberg ohne männliche Nachkommen und die Anlage fällt an das Haus Hessen-Kassel, woraufhin dieser Besitz seltener genutzt wird. Französische Truppen besetzen 1810–1813 Steinau, in dessen Schloss ein Zucht- und Arbeitshaus für preußische Offiziere eingerichtet werden sollte, was aber nicht umgesetzt wurde. Als dann 1866 Hessen-Kassel seine Selbständigkeit verliert und preußisch wird, fällt auch Steinau darunter. Die erste katholische Kirche seit der Reformation wird 1894 im mittleren Teil der Hofstube eingerichtet und weitere Räumlichkeiten werden für die Oberförsterei sowie Mietwohnungen genutzt. 1945–1947 wird das Land Hessen Eigentümer der Schlossanlage und richtet ein Museum ein, dem später die „Grimm-Gedenkstätte" folgt.

Schloss Steinheim
63456 Steinheim am Main
Main-Kinzig-Kreis

Steinheim grenzt unmittelbar südlich an die Stadt Hanau an. Die ehemalige Burg, das spätere Schloss, steht auf einem gestreckten Felsen am Main und wurde gegen Ende des 12. Jahrhunderts von den Herren von Eppstein gegründet und 1223 erstmals erwähnt. In der ersten Hälfte des 13. Jahrhunderts wurden Erneuerungen vorgenommen. Im Jahre 1425 erwarb Erzbischof Konrad III. von Daun die Anlage von Gottfried von Eppstein und baute sie bis 1431 um. Der letzte Mainzer Kurfürst, Friedrich Karl Josef von Erthal, wollte die mittelalterliche Burg in ein klassizistisches Schloss umbauen, was jedoch wegen der Säkularisierung nicht vollendet werden konnte. Der Wohnbau aus zwei nahezu rechtwinklig zusammenstoßenden Flügeln stammt im Kern aus dem 15. Jahrhundert mit Resten vom spätromanischen Palas. Im Bereich der ehemaligen Vorburg finden wir einen Ziehbrunnen

Schloss Steinheim

Stockhausen/Stockheim

von 1564. Heute gehört das Schloss Steinheim der Stadt Hanau, die ein Museum in der Anlage einrichtete.

Schloss Stockhausen
36358 Stockhausen
Vogelsbergkreis

Stockhausen liegt westlich von Fulda. Von der 1563 für Erbmarschall Adolf Hermann Riedesel zu Eisenbach dort erbauten Hermannsburg sind nur einige Kellergewölbe erhalten. Der Neubau eines Schlosses für General Friedrich Georg Riedesel wurde 1770 von Georg Koch begonnen, doch erst 1801–1807 vollendet. Dieser schlichte, längsrechteckige Bau mit zwei Querflügeln und Mansarddächern hat einen Mittelbau aus verputzten Sandsteinquadern mit Tordurchfahrt und Zwerchgiebeln aus der Zeit um 1801. Innen besitzt das Schloss klassizistische Türen und große Eichentreppen. Am Schloss liegt der Wirtschaftshof, das Herrenhaus stammt aus dem 18. Jahrhundert und die barocke Toreinfahrt ist von zwei Pavillonbauten mit Mansarddächern flankiert. Der Barockpark wurde kurz vor Baubeginn des Schlosses in drei Terrassen angelegt. Ein Springbrunnen, Putten und Vasen des Rokoko um 1760–1770 sowie ein Flügel des 1810 erbauten Gewächshauses blieben erhalten.

Schloss Stockhausen

Wasserburg Leustadt
63695 Stockheim
Wetteraukreis

Die malerische Baugruppe des jetzigen Hofgutes und der früheren Wasserburg Leustadt in Stockheim ist ca. 10 km südwestlich von Büdingen zu finden. Von 1400 bis ungefähr 1600 ist sie Sitz der Herren von Wolfskehlen und seit 1725 Hof der Grafen von Ysenburg-Büdingen gewesen. Das hohe, winklige Herrenhaus wurde mit einem längeren Flügel, Erker und Treppenturm gebaut. Eine Inschrift mit der Jahreszahl 1537 über der spätgotischen Tür gibt sicherlich nicht die Entstehungszeit des Baus an, der wohl schon früher errichtet

Tann (Rhön)

Wasserburg Leustadt, Stockheim

Tann liegt am Naturpark Hessische Rhön, zu zwei Dritteln von Thüringen umschlossen, am Biosphärenreservat. Den südlichen Zugang zu Tann eröffnet das malerische Tor von 1557 mit barocker Dachgruppierung. Die ehemalige Wasserburg wurde im 16. und 17. Jahrhundert entsprechend der Familienteilung in drei einzelne schlichte Schlösser aufgeteilt. Es sind die Sitze der Herren von der Tann, die eine Gebäudegruppe um einen rechteckigen Binnenhof mit schönem Brunnen von 1686 bilden. An der Stadtseite, hinter dem ehemaligen Graben, steht das **Rote Schloss**, ein dreigeschossiger Steinbau mit einem im Hintergrund befindlichen runden Treppenturm von 1558 mit Wappen. An der westlichen Hofecke steht ein polygonaler Turm mit zwei vorstehenden Fachwerkobergeschossen des 18. Jahrhunderts. Die Tordurchfahrt zum Hof ist von 1689, wo sich östlich das **Blaue Schloss** anschließt und einen viergeschossigen Winkelbau im Kern vom 16. Jahrhundert zeigt, der 1716 umgebaut wurde. Der an der Ecke stehende polygonale Turm ist mit reicher Wappenzier bestückt und mit dem Jahr 1574 bezeichnet. Diesem schließt sich das dreigeschossige **Gelbe Schloss** von 1699–1714 mit seinen drei Flügeln und Mittelrisaliten an. Das Obergeschoss zeigt den Festsaal mit stärkeren Deckenstuckaturen vom Anfang des 18. Jahrhunderts und etwa 150 Familienporträts aus dem 16.–19. Jahrhundert, unter anderem von

wurde. Der kurze Flügel ist mit einem Fachwerkobergeschoss gestaltet. Im Hauptflügel befinden sich ein großer Saal und die ehemalige Schlosskapelle mit einer Sakramentsnische aus der Zeit um 1400. An der Hofmauer findet sich ein Grabstein mit den Halbfiguren des Wolf von Wolfskehlen, gestorben 1554, und seiner Gemahlin, gestorben 1543. Die Wirtschaftsbauten der Vorburg sind in Hufeisenform angelegt und stammen aus dem 18.–19. Jahrhundert. Die Anlage kann nur äußerlich besichtigt werden.

Schlösseranlage Tann (Rhön)
36142 Tann (Rhön)
Landkreis Fulda

Trendelburg T

L. Cranach dem Jüngeren, Tischbein, Lenbach u. a. Die Räumlichkeiten zieren Möbel des 17. und 18. Jahrhunderts sowie bemalte Leinentapeten. Der Neue Bau stammt von 1689 und wurde dreigeschossig mit Walmdach und Säulenportal aufgeführt.

Burg Trendelburg und Schloss Wülmersen
34388 Trendelburg
Landkreis Kassel

Trendelburg liegt zwischen Hofgeismar und Bad Karlshafen an der B 83 und ist eine kleine Stadt mit romantischer **Burg** am Flüsschen Diemel. Seit 1901 ist sie Besitz der Herren von Stockhausen, die bereits 1318 Burgmannen und 1477 hessische Lehensmannen auf der Burg waren. Aus der Gründungszeit im 13. Jahrhundert stammen der aus den großen Sandsteinquadern errichtete Unterbau des runden, aus der Ringmauer in den Halsgraben vorspringenden Bergfrieds, ferner vielleicht der Kern des Palas und Mauerzüge, die in etwa 1,20 m Tiefe unter der heutigen Anlage festgestellt wurden. Von einem großzügigen Neubau nach 1443 und 1456 stammen der gesamte Oberbau des Bergfrieds mit den vier Pechnasen und die fünfseitige Ringmauer mit den mächtigen, durch steinerne Wehrgänge ausgezeichneten vier Eckrundtürmen, die bereits auf Feuerwaffen abgestimmt waren. Der frei stehende Palas, im Wesentlichen aus dem 15. und 17. Jahrhundert, ist ein dreigeschossiger, annähernd quadratischer Steinbau ohne Zierformen und an der Hofecke ein eingebauter runder Treppenturm. Das Innere wurde 1901 und

Schlösseranlage Tann (Rhön)

Burg Trendelburg

T Trendelburg

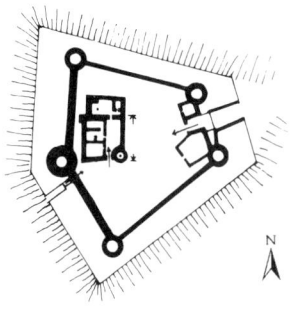

Burg Trendelburg, Grundriss

Schloss Wülmersen, Trendelburg

1949 umgestaltet, im Erdgeschoss des nördlichen Teiles ist ein Rest der ehemaligen spätgotischen Kapelle, St. Pankratius, mit Kreuzrippengewölbe auf Achteckpfeiler zu finden. Dieser Bereich birgt heute das Restaurant des Burghotels, darüber liegt die Bibliothek mit ihrer Stuckdecke aus der Zeit um 1600. Gute 5 km nördlich von Trendelburg steht das Hofgut und ehemalige **Schloss Wülmersen**. Im Jahre 1108 schenkt Heinrich II., Bischof von Paderborn, sein Tafelgut Wilmeressen dem Kloster Helmarshausen, das die Herren von Markessen damit belehnt. Ritter Johann von Stockhausen heiratet 1316 Gertrut von Markessen, die Erbin von Wülmersen. 1330 wurde es Lehen der Herren von Stockhausen. Zu dieser Zeit sind das „alte Herrenhaus, die Ellerburg, das Trockenhaus und die Ställe" errichtet worden. 1570 Erbauung des Brauhauses, mit einem Umbau im Jahre 1697, sowie Bau der Schmiede als Verbindung zwischen Brau- und Herrenhaus. Ein sechseckiger Glockenturm entsteht 1610. Wülmersen wird im Dreißigjährigen Krieg geplündert und teils zerstört, worauf 1626 der Wiederaufbau der Einfriedung durch Hans-Friedrich von Stockhausen vollzogen wird. 1696 Bau des Torhauses. Das Gutsgelände wurde nach dem Zweiten Weltkrieg aufgesiedelt und die Hofanlage ihrem Schicksal überlassen. Es ist eine wahrhaft malerische Gehöftanlage des 17. und 18. Jahrhunderts, reizvoll an der Diemel gelegen, doch leider dem fortschreitenden Verfall preisgegeben. Der Torbau von 1610 – nach dem Brand von 1911 im folgenden Jahr wieder originalgetreu aufgebaut – mit seinem Fachwerkobergeschoss ist noch bewohnt. Dem schließt sich östlich ein ehemaliges Wohnhaus aus dem 17. Jahrhundert mit Fachwerkoberbau,

Ulrichstein/Usingen   U

ebenfalls 1912 erneuert, an. Hofseitig steht ein fünfseitiger Treppenturm von 1612 mit wunderschöner Glockenhaube. Der etwas tiefer gelegene Wirtschaftshof aus dem 18. Jahrhundert im südlichen Bereich hat einen kleinen, verbindenden Fachwerkbau mit Holzerker zur Diele. Des Weiteren ist noch ein schlichtes klassizistisches Pächterhaus mit Zwerchgiebel von 1802 zu entdecken. Die Anlage wurde 1914–1956 durch verschiedene Pächter landwirtschaftlich genutzt, doch 1960 wird das Restgut als herrenlos erklärt und seitdem beginnt der Verfall der Gebäude. 1987 wird das Gut durch den Aus- und Fortbildungsverband im Landkreis Kassel e. V. genutzt und durch diesen saniert. Heute ist es ein Jugend- und Werkhof sowie Jugendbegegnungsstätte CASA Europa. Die Gesamtanlage kann äußerlich besichtigt werden.

Burgruine Ulrichstein
35327 Ulrichstein
Vogelsbergkreis

Ulrichstein liegt südlich von Alsfeld und südwestlich von Lauterbach. Die von teilweise erhaltenen Gräben und Wällen umgebene, auf weithin sichtbarem Gipfel gelegene Kernburg des 14. Jahrhunderts bildet ein regelmäßiges Viereck. Drei hufeisenförmig gestellte Gebäude umschlossen einen Binnenhof, die freie Südseite war durch eine Wehrmauer mit dem Hauptburgtor abgeschlossen, deren Fundamentmauern bis zu 2 m Höhe noch erhalten sind, also ähnlich den Anlagen von Hessenstein, Ludwigstein und Ludwigseck. An der Ost- und Südseite befanden sich ehemals Zwinger und Vorburganlagen und die 1569 abgebrochene Burgkapelle St. Maria.

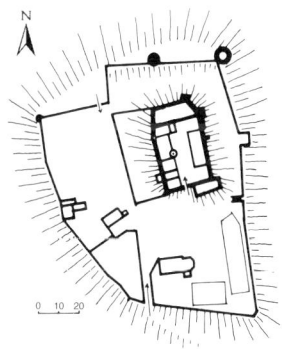

Burgruine Ulrichstein

Schloss und Prinzenpalais Usingen
61250 Usingen
Hochtaunuskreis

Das so genannte **Schloss**, denn es ist ein Nachbau der zerstörten Anlage, steht im Stadtzentrum von Usingen, das westlich von

V Veckerhagen / Vetzberg

Friedberg zu finden ist. Der prunkvolle Barockbau Friedrich Joachim Stengels ist 1873 abgebrannt und wurde durch den heute bestehenden Backsteinneubau ersetzt. Vom Idsteiner Schloss stammten die erhaltene barocke Einfriedung und Reste des von M. von Welsch entworfenen Hofgartens. Die Anlage dient als Gymnasium.

Das **Prinzenpalais** wurde aus einem älteren Hof 1768 durch Johann Wilhelm Faber umgestaltet und war fürstliches Beamtenhaus. Es besitzt ein elegantes Portal, Treppen- und Balkongitter und dient heute als Gesundheitsamt. Im Jahre 1741 wurde das Palais mit einachsigem Mittelrisalit und Segmentgiebel wahrscheinlich von Friedrich Joachim Stengel verändert.

Burgruine Vetzberg

Schloss Veckerhagen
34359 Veckerhagen
Landkreis Kassel

Veckerhagen ist ein Ortsteil von Reinhardshagen, am Naturpark Münden, nördlich von Kassel. Das Schloss entstand anstelle einer mittelalterlichen Burg von 1689 bis 1695 für Landgraf Karl von Hessen-Kassel, ausgeführt vermutlich durch Paul du Ry. Seit 1810 ist es im Besitz der Familie Habich. Das Schloss ist ein stattlicher Barockbau, an dessen Gartenfront sich ein starker, dreiachsiger Mittelrisalit und flachere Seitenrisalite befinden. Die Hoffront besitzt einen leicht vorgezogenen Risalit mit Eckpilastern, eine Freitreppe sowie Portal und einen Giebelaufbau. In die Gesamtanlage ist eine Brauerei integriert; das Anwesen ist im Privatbesitz und für die Öffentlichkeit nicht zugänglich.

Burgruine Vetzberg
35435 Vetzberg
Landkreis Gießen

Die Burg wird 1152 erstmals erwähnt und ist Sitz eines Gleibergschen Vogtes. Seit dem 13. Jahrhundert steht sie als Ganerbenburg auf einem markanten Ba-

Viermünden/Volkmarsen

saltkegel, nordwestlich an Gießen angrenzend. Dominant erhebt sich der hohe, runde Bergfried aus der zweiten Hälfte des 12. Jahrhunderts mit dem etwas zurücktretenden Obergeschoss über das umgebende Land. Im westlichen Bereich finden wir Reste des ehemaligen Palas und nördlich sowie östlich standen weitere Gebäude. Von der Ortsbefestigung im südlichen Teil finden wir noch Mauern mit einem quadratischen Torturm aus der Zeit um 1400. Die Burg lockt nicht nur wegen der hier bestehenden Gaststätte Besucher auf den Berg, sondern vor allem wegen der herrlichen weiten Aussicht, die man von hier aus hat.

Schloss Viermünden

Schloss Viermünden
35066 Viermünden
Landkreis Waldeck-Frankenberg

Viermünden findet man nordöstlich von Frankenberg, unweit südwestlich vom Edersee an der B 252. Das Schloss ist Gemeindebesitz und wurde mit Mietwohnungen belegt. Der Bau war ursprünglich wohl Burgsitz der Herren von Viermünden und von Dersch, worauf später mehrfach die Besitzer wechselten. Der Hauptbau gehört in seiner Entstehung in die Mitte des 16. Jahrhunderts und ist ein Steinbau mit im Kern älterem Rundturm an der südlichen Giebelseite. Aus dem 18. Jahrhundert stammt an der Hofseite das Fachwerkobergeschoss, und der parallel östlich liegende Wohnbau ist dem 17. Jahrhundert zuzuordnen. Ein weiterer Rundturm aus dem 16. Jahrhundert steht an der Nordwestecke.

Burgruine Kugelsburg
34471 Volkmarsen
Landkreis Waldeck-Frankenberg

Die im 12. Jahrhundert erbaute Kugelsburg, im heutigen Volkmarsen nordöstlich von Bad Arolsen gelegen, geht auf die Grafen von Everstein zurück. Sie ist eine Auslaüferanlage mit Halsgraben. Diese war 1233 im

Wabern

Besitz des Klosters Corvey und wurde 1440 an Kurköln verpfändet. Landgraf Hermann von Hessen eroberte die Burg 1475, und 1758 zerstörten sie französische Truppen. Erhalten blieben niedrige Mauernzüge der Vorburg, die Kernburg mit Wohnturm, ein zweistöckiger Palas, ein Rundturm mit Aussichtsplattform an der nördlichen Angriffsseite und das Verlies. Im Burggelände befindet sich das Café und Restaurant „Zur Kugelsburg". Beim Aufstieg zum Palasgebäude liegt unterhalb ein kleiner Kräutergarten.

Burgruine Kugelsburg, Volkmarsen

Lustschloss Wabern
34590 Wabern
Schwalm-Eder-Kreis

Das kleine Städtchen Wabern, an dessen Rand das ehemalige Lustschloss steht, liegt nordöstlich von Fritzlar. Es war Besitz der Hessischen Landgrafen und zuletzt das Jugendheim Karlshof des Landeswohlfahrtsverbandes Hessen. Die stattliche hufeisenförmige Anlage wird dominiert durch den dreigeschossigen Hauptbau mit Mansarddach und Haubendachreiter, erbaut 1701–1704 vom Hessen-Kassler Hofbaumeister Giesler. Der Mittelrisalit ist hofseitig durch einen Zwerchgiebel und parkseitig durch einen Balkon abgeschlossen und durch Medaillons mit Reliefköpfen des Landgrafen Karl und seiner Gemahlin Amalie von Kurland verziert. Simon Louis du Ry fügte beiderseits um 1770 niedrigere Pavillonbauten hinzu, die mit dem Hauptbau durch Galerien verbunden sind. Bis auf den großen, zweigeschossigen Festsaal in der Mitte des Hauptbaus mit reicher Stuckdecke von 1704/1705 wurde das Innere völlig verändert. Die heute für Wohnzwecke genutzte ehemalige Orangerie im Park stammt vom Anfang des 18. Jahrhunderts und war ursprünglich ein eingeschossiger Bau mit

Wächtersbach

Lustschloss Wabern

Blendarkaden zwischen Pilastern, Segmentgiebel und Mansarddach. Der vorgelegte kleine Park steht Besuchern offen, das Schloss kann äußerlich in Augenschein genommen werden.

Schloss Wächtersbach
63607 Wächtersbach
Main-Kinzig-Kreis

Wächtersbach liegt an der A 66 zwischen Gelnhausen und Bad Soden-Salmünster, unmittelbar am Stadtzentrum steht das Schloss in einem gepflegten Park. Das Schloss der Fürsten zu Ysenburg und Büdingen in Wächtersbach wurde vor 1236 als Wasserburg angelegt und als Reichslehen vergeben. Es diente zum Schutz des Büdinger Reichsforstes und war ab 1458 im vollen Besitz der Ysenburger. Als Residenz der Grafen von Ysenburg-Wächtersbach galt es seit 1685. Die Anlage zeigt ein geschlossenes Rechteck um einen engen quadratischen Binnenhof. Der Ausbau erfolgte in vier Epochen, beginnend um 1480, als die südliche Hälfte einen dreigeschossigen Neubau bekam, dem zwei kräftige, runde Ecktürme vorgelegt wurden. Danach wurde von 1522 bis 1539 die nördliche Hälfte umgebaut und vor die Mitte der Westseite ein halbkreisförmiger Turm mit zierlichen Erkern gesetzt. Um 1650 folgte durch Baumeister August Rumpf aus Hanau die Aufstockung der nördlichen Teile und der Einbau der beiden Hofarkaden. Schließlich wurde der mittelalterliche Bergfried 1816 abgebrochen und 1875 an seiner Stelle ein Treppenturm mit Wendeltreppe und Portal von

Waldeck

Schloss Wächtersbach

Schloss Waldeck
34513 Waldeck
Landkreis Waldeck-Frankenberg

Beeindruckend und malerisch liegen Stadt und Schloss über dem schönen Edersee. Die Gipfelanlage mit Vorburg, im 12. Jahrhundert gegründet, ist an der Westseite durch einen tiefen Geländeeinschnitt von der Stadt getrennt. Die Geschichte der Burg liegt zum Teil im Dunkel der Vergangenheit. Das Adelsgeschlecht derer von Waldeck bestand nachweislich bereits 1120. Volkwin I. aus dem Grafengeschlecht von Schwalenberg in Lippe, dessen Nachkommen sich nach dem neuen Besitz die „Grafen von Waldeck" nannten und fast 500 Jahre regierten, erwarb 1178 die Burg. Ausbauten erfolgten Mitte des 13. Jahrhunderts und besonders im 16. und 17. Jahrhundert. Während des Dreißigjährigen Krieges wurde schon 1621–1624 mit der Verstärkung der Befestigungswerke begonnen und doch wurde die Burg 1634 von den Kaiserlichen und danach von den Schweden besetzt. Dann ließ man 1643–1647 die Außenbefestigungen mit Wällen, Gräben und Bastionen ausbauen, wovon heute nur noch geringe Teile zur Stadtseite sichtbar sind. Im Jahre 1665 war das Schloss nicht

der Ronneburg, aus der Mitte des 16. Jahrhunderts, errichtet. Als 1939 die Dächer abgebrannt waren, deckte man sie neu. Als man mit der Anlage eines englischen Parks begann, wurden die Wassergräben 1816 zugeschüttet. In dieser gepflegten Anlage befinden sich dreizehn Wappengrabsteine der Grafen von Ysenburg aus dem 18. Jahrhundert. Am Schlossvorplatz befinden sich der Rentkammerbau von 1735/36 und der ehemalige Remisenbau von 1718. Außerhalb der Schlossanlage steht der Prinzessinnenbau aus der Zeit um 1750, in Fachwerk mit Mansarddach und reizvoller Rokokohaustür aufgeführt. Der Park ist für Besucher zugänglich.

Waldeck

mehr Residenz, und Graf Christian Ludwig wurde 1697 alleiniger Besitzer der Burg. Sein Nachfolger Friedrich Anton Ulrich avancierte 1712 zum Fürsten und verlegte seine Residenz 1719 nach Arolsen. Dieser führte noch die letzten Veränderungen auf der Burg durch. 1740 hatte die Anlage eine traurige Funktion zu erfüllen, denn man brachte hier das Landeszuchthaus unter. Im Siebenjährigen Krieg wurde Waldeck abwechselnd von den Franzosen und Engländern besetzt. 1868 hob man das Zuchthaus auf, 1871 saßen aber nochmals französische Kriegsgefangene hier ein. Seit 1906 beherbergt das Schloss einen mit der Zeit gehenden Hotelbetrieb und nach der Beseitigung von Schäden aus dem Jahr 1940 bekam das historische Gebäude ein Burgmuseum. Der letzte regierende Fürst Friedrich von Waldeck und Pyrmont hatte 1918 abgedankt und starb 1946 in Arolsen.

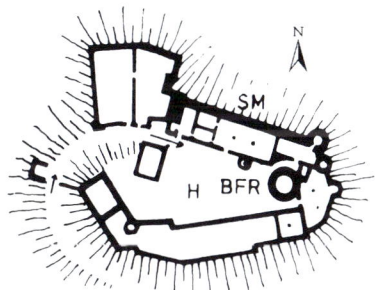

Schloss Waldeck, Grundriss

Schloss Waldeck

W Wallenstein/Wanfried

Burgruine Wallenstein

Burgruine Wallenstein
34593 Wallenstein
Landkreis Schwalm-Eder

Die Burg wurde um 1220 von Graf Albert von Schauenburg, genannt von Waldstein, im heutigen Knüllwald an der A 7, nordwestlich von Bad Hersfeld, erbaut und 1223 erstmals erwähnt. Nachdem die Wallensteiner ausgestorben waren, ging der Besitz 1745 an Hessen über und ab dieser Zeit verfiel die ehemalige Ausläuferanlage mit ihrem Halsgraben. Für uns Nachkommen verblieben ein spätgotischer hoher Rundturm und erhebliche Reste der ehemals bebauten Ringmauer. Für Wanderfreudige sei zu bemerken, dass sich unterhalb der Burg ein Campingpark und ein Naturbad mit Gaststätte befinden.

Keudell'sches Schloss und Schloss Kalkhof
37281 Wanfried
Werra-Meißner-Kreis

Wanfried liegt auf halber Strecke der B 249 zwischen Eschwege im Hessischen und Treffurt im Thüringischen. Fast am Ortsende, unmittelbar an der Hauptstraße in Richtung Eschwege erblickt man das **Keudell'sche Schloss**, das in Verbindung zu dem 1227 erwähnten Ritter Keudell genannt ist. Die von Keudell zu Fürstenstein hatten 1430 das Anwesen von der Familie von Preusen erworben, die zwischenzeitlich in dessen Besitz gekommen waren. Im Dreißigjährigen Krieg ist das Schloss mit 182 Häusern der Stadt abgebrannt und 1648 entstand das neue Fachwerkge-

Keudell'sches Schloss, Wanfried

Wehen

bäude. Im Jahre 1765 ging das Schloss an die Familie von Uckermann. Etwas mehr als 100 Jahre später, am 7. April 1878, vernichtete erneut ein Großbrand Teile der Stadt, wobei die Feuerwehr ein Übergreifen des Feuers auf das Schloss verhinderte. Noch im selben Jahr kaufte es der Königliche Kammerherr Karl Xaver von Scharfenberg und ließ es neu einrichten. Die abgebrannten Wirtschaftsgebäude dagegen wurden nicht wieder aufgebaut. Nachdem die von Scharfenberg 1888 auf den Kalkhof gezogen waren, wurde das Schloss Privatschule. Seit 1960 ist das Keudell'sche Schloss im Besitz der Stadt Wanfried und beherbergt eine Bücherei, den Verkehrsverein sowie ein Heimatmuseum. Das Geschlecht ist 1968 mit Rudolf von Keudell ausgestorben.

Schloss Kalkhof liegt ca. 2 km von Wanfried in Richtung Mühlhausen in einem nach englischem Stil gestalteten Landschaftspark. Erbaut wurde es 1880, als die Familie von Scharfenberg hierher zog. Die Wirtschaftsgebäude stammen vom Beginn des 19. Jahrhunderts. Am 17. September 1945 wurden im Kalkhof Verhandlungen über Grenzverlaufsänderungen geführt, in deren Ergebnis Wanfried nicht wie beabsichtigt der sowjetischen Zone zugeteilt wurde, sondern in der amerikanisch besetzten verblieb. Die Anlage zeigt sich im Gesamtkomplex mit einer Reithalle, dem Reitplatz und einem Bereich für die Schafzucht. Hier können Besucher Urlaub auf dem Bauernhof erleben und sogar ihre eigenen Pferde mitbringen, aber auch hier vorhandene Pferde für Ausritte nutzen. Oberhalb des Gutes zwischen Plesse und Konstein befindet sich das Erbgrab der Familie.

Schloss Kalkhof, Wanfried

Schloss Wehen
65232 Wehen
Rheingau-Taunus-Kreis

Im Naturpark Rhein-Taunus finden wir angrenzend an Taunusstein das Städtchen Wehen und das nahe dem Zentrum stehende Schloss. Auf den ersten Blick nimmt man den Bau an der Straße mit seinem Restaurant und im rückwärtigen Bereich befindlichen kleinen Museum und Stan-

W Wehrda

Schloss Wehen

desamt nicht als ein Schloss wahr. Das Herrenhaus mit Mansarddach entstand im 18. Jahrhundert, ist aber im Kern vermutlich noch älteren Datums. Das Hoftor sowie die Nebengebäude gehören in ihrer Entstehung ebenfalls in das 18. Jahrhundert. Dem Interessenten werden im Museum wechselnde Ausstellungen gezeigt.

Schloss Hohenwehrda, Rotes Schloss, Gelbes Schloss und Wasserburg
36166 Wehrda

Landkreis Hersfeld-Rotenburg

Wehrda liegt im Haunetal, südlich von Bad Hersfeld, und kann auf vier historische Bauwerke verweisen. Das wohl am meisten beeindruckende ist der historisierende Bau **Schloss Hohenwerda** von 1901 mit seinen Renaissanceformen. Die Geschichte dieses Schlosses beginnt im Jahre 1894 mit dem Freiherrn Wilhelm von Kleydorff, der den Besitz der Familie von Trümbach, die ihren Stammsitz im Roten Schloss hatte, erwirbt. So war vorgesehen, dass auf dem unbewaldeten Bergrücken westlich des Haunetals ein Wohn- und Jagdschloss entstehen sollte, für dessen Realisierung Frau von Kleydorff, Lilli Benckiser, eine Industriellentochter, das nötige Geld mitbrachte. Es wurde ein stattlicher Bau mit Rundturm und offener Galerie im letzten Geschoss sowie der Vereinigung mehrerer Baustile verschiedener Epochen. Kleydorff wollte den größtmöglichen Eindruck mit seinem neuen Besitz erzielen. Zu den vorwiegend bestehenden Renaissanceformen gesellten sich gotische Giebel, der romanisch anmutende Turm und die Säulen, ein neugotisches Portal und klassizistische Treppenaufgänge, ein Wirrwarr der Stilepochen, das man auch „Eklektizismus" nennt. Das Innere gestaltete man nach damaligen Vorstellungen modern aus, belegte die Räume mit luxuriösen Vertäfelungen und aufwändigen Stuckdecken. Das Interieur bestand aus kunstvoll geschnitztem Mobiliar. Im Wirtschaftsgebäude nebenan befanden sich Stallungen, die Wagenremise, Schmiede und Wohnungen für das Dienstpersonal. Im Jahre 1910 veröffentlichte Kley-

Wehrda

dorff ein reich illustriertes Buch über seine Jagderlebnisse. Im gleichen Jahr wurde die Kapelle an das Schloss angebaut, um seinem Bruder, einem damals bekannten Opern- und Konzertsänger, die Möglichkeit zum Einstudieren neuer Stücke zu geben. Die in Stein gehauenen Ritter- und Jagdmotive am großen Steinbalkon beeindrucken das Auge des Besuchers. Wilhelm von Kleydorff, der den Rang eines Rittmeisters bekleidete, starb unter nie völlig geklärten Umständen im Alter von 43 Jahren bei einem Jagdunfall. Aufgrund dieses Ereignisses und der Unruhen im Lande verlor Frau von Kleydorff das Interesse am Schloss und bot den gesamten Besitz 1928 zum Verkauf an, woraufhin ihn 1934 die Familie von Eichel-Streiber erwarb, die ihn jedoch nie bewohnt hat. Frau von Kleydorff starb 1961 im Alter von 92 Jahren im Badischen, wurde nach Wehrda überführt und im Familiengrab ihres Mannes beigesetzt. Besonders anziehend und erholend ist die Parkanlage mit ihren farbenprächtigen Rhododendronbüschen. Des Weiteren befinden sich hier Grabsteine des 17. und 18. Jahrhunderts aus der Pfarrkirche von Wehrda. Dr. Alfred Andreesen entdeckte im Sommer 1940 das Schloss für sich und pachtete dieses mit einem Nebengebäude und dem Park, worauf er wenig später der Familie von Eichel-Streibel den Besitz abkaufte und hier die Hermann-Lietz-Schule einrichtete.

Das **Rote Schloss**, im Besitz der Freifrau von Campenhausen, wurde in der zweiten Hälfte des 16. Jahrhunderts anstelle des 1308 bezeugten festen Hauses als Neubau errichtet. Es stellt einen Rechteckbau mit hohem, rundem Treppenturm sowie Fachwerkobergeschoss mit Mansarddach aus dem 18. Jahrhundert dar.

Das **Gelbe Schloss** ist ein stattlicher hufeisenförmiger Barockbau mit Mansarddach aus dem 18. Jahrhundert.

Die **Wasserburg** war Stammsitz der Herren von Trümbach und ist heute nur noch als Ruine in den Talwiesen nordöstlich des Dorfes nahe der Straße nach Rhina zu finden. Unter einer Baumgruppe liegen Reste romanischen Quader-

Schloss Hohenwehrda, Wehrda

Weilbach/Weilburg

mauerwerks und spätgotischer Mauerteile des 16. Jahrhunderts.

Schloss Weilbach
65439 Weilbach
Main-Taunus-Kreis

Weilbach liegt westlich von Hattersheim und südlich von Hofheim am Taunus, zwischen den beiden Großstädten Frankfurt am Main und Mainz. Das Schloss wird als Gutshof genutzt und ist im Besitz des Grafen Wolff-Metternich. Das Herrenhaus entstand um 1800 und ist ein schlichter, verputzter Fachwerkbau. Vom mittelalterlichen rechteckigen Bering sind Teile der Mauern, drei Rundtürme und der Rest eines vierten Turmes aus dem 15. Jahrhundert erhalten geblieben. Der Stumpf eines spätgotischen Wohnturmes und ein rechteckiger Flankenturm mit später integrierter Kapelle sind nördlich vorgelagert.

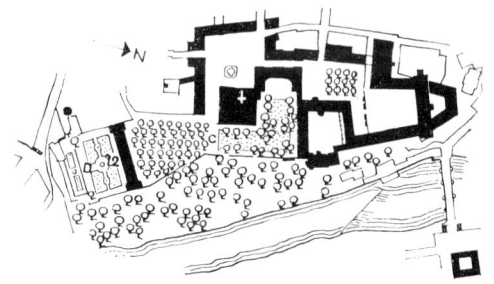

Schloss Weilburg, Grundriss

Schloss Weilburg und Schloss Windhof
35781 Weilburg
Landkreis Limburg-Weilburg

Weilburg liegt auf halber Strecke zwischen Wetzlar und Limburg in landschaftlich reizvoller Lage und **Schloss Weilburg** in beherrschender Höhe über der Lahnschleife und der Stadt. Die Grafen von Nassau-Weilburg wetteiferten mit dem Repräsentationsbedürfnis anderer deutscher Fürsten, die zum Teil ihre politische Bedeutungslosigkeit hinter aufwändiger Prachtarchitektur verbargen. Die Karriere der Weilburger rechtfertigt in gewisser Weise ihre Baufreudigkeit. Sie waren seit 1739 Fürsten, seit 1806 Herzöge und seit 1890 Großherzöge. Unter Graf Philipp III. und dessen Nachfolger Graf Albrecht entstand von 1533 bis 1593 das vierflügelige Renaissanceschloss, wobei der vierte Flügel der Schlossanlage unter letztgenanntem Grafen 1559–1593 errichtet wurde. Dieser gestaltete den Renaissancegarten südlich vom Schloss. Im Jahre 1700 lässt Graf Johann Ernst Weilburg zur barocken Renaissancestadt ausbauen und verpflichtet hierzu den Hofgärtner Francois Lemaire. Julius Ludwig Rothweil plant bereits 1702 eine umfassende Anlage aus barocken Objekten und Gar-

Weilburg

tenanlagen um das Schloss und so entsteht 1703–1705 die obere Orangerie. 1711 wird der obere Lustgarten vollendet und 1713 die untere Orangerie fertig gestellt. 1816 wird die Residenz der Nassau-Weilburger nach Wiesbaden verlegt. Im Jahre 1935 werden Schloss und Garten an den preußischen Staat verkauft und 1936 wird mit der Wiederherstellung der Gartenterrasse im barocken Stil begonnen. 1946 geht Schloss Weilburg in die Verwaltung der Staatlichen Schlösser und Gärten Hessens über. Im Wesentlichen ist zu erwähnen, dass die Anlage aus einer unregelmäßigen quadratischen Vierflügelanlage mit malerischem Binnenhof besteht und in mehrfachen Planungs- und Bauabschnitten durch das Wirken verschiedener Baumeister errichtet wurde. Ein großer Renaissanceneubau, das Hochschloss, ist wohl das dominierende Gebäude. Im Inneren finden wir einige Räume aus der Erbauungszeit, die meisten Einrichtungen und Räume sind jedoch aus dem 18. Jahrhundert und dem ersten Drittel des 19. Jahrhunderts. Im Nordflügel befindet sich der ehemalige Gerichtssaal und aus der Barockzeit im Obergeschoss das Große Kabinett, seit 1764 chinesisches Zimmer mit schwerer Stuckdekoration. Weitere Räume zeigen uns das Kurfürstliche Gemach, den Speisesaal und Teesalon sowie Musikzimmer. Alle

Schloss Weilburg

Bereiche sind mit reichem Mobiliar des 17.–19. Jahrhunderts bestückt. Der 1944 stark beschädigte und 1949/50 wiederhergestellte Mittelbau enthält den Sommerspeise- und Festsaal mit umlaufender Galerie, die reichen Stuckaturen sind von Carlo Maria Pozzi und das Deckengemälde ist von Johann Melchior Roos. Die ehemalige Kanzlei beherbergt das Heimatmuseum.

Das **Schloss Windhof** bei Weilburg dient heute als Pädagogische Hochschule. Ursprünglich als gräfliches Jagdhaus 1713–1726 von Julius Ludwig Rothweil erbaut, wurde es 1934–1936 restauriert und verändert. Die hufeisenförmige Anlage besteht aus drei getrennten Flügeln um einen Hof mit Teich, der heute trocken liegt. Es gibt einen zweigeschossigen, rechteckigen Hauptbau mit Mansarddach und Mittelrisaliten an den beiden langen Seiten. Die Wirtschaftsflügel waren ursprünglich eingeschossig, mit

W Wendershausen/Werdorf

Schloss Weilburg, Orangerie

an den Enden ehemals zweigeschossigen Eckpavillons. Durch den Umbau 1934–1936 wurden die barocken Proportionen beeinträchtigt.

Burg Ludwigstein
37215 Wendershausen
Werra-Meißner-Kreis

Auf steilem Bergkegel malerisch hoch über einer Flussschleife der Werra gelegen, wurde Burg Ludwigstein 1415 durch Landgraf Ludwig I. von Hessen als Grenzfeste gegen die kurmainzische Burg Hanstein erbaut. Sie war ständiger Sitz eines Amtmannes und gehörte 1632–1834 zu Hessen-Rotenburg. Nach 1919 baute man die Burg als Jugendburg mit einer Herberge aus. Sie ist eine vorzüglich erhaltene spätgotische Anlage, deren Gebäude sich hufeisenförmig um einen klei-

Burg Ludwigstein, Wendershausen

nen, rechteckigen Binnenhof anordnen. An der westlichen Schmalseite steht ein hoher, runder Bergfried von fünf Geschossen und in seinem Schutz befindet sich der Eingang zur Burg. Um den Binnenhof stehen malerische Fachwerkbauten und an deren Südseite der Wohnbau um 1600 mit schönem spitzbogigem Portal. Die kleine Fachwerkgalerie der Nordseite entstand wohl 1702, das nebenstehende Steinportal ist vom 16. Jahrhundert.

Schloss Werdorf
35614 Werdorf
Lahn-Dill-Kreis

Den Ort und Schloss Werdorf findet man nordwestlich von Wetzlar und angrenzend an das

Wetzlar

Städtchen Aßlar. Die ursprünglich rechteckige, wohl einst wasserumwehrte Anlage des 14./15. Jahrhunderts mit vier schlanken Eckrundtürmen ist im Gemeindebesitz und beherbergt Mietwohnungen. An der südlichen Schmalseite wurde gegen Ende des 17. Jahrhunderts durch die Gräfin Ernestine Sophie von Solms-Greifenstein ein Schlossneubau unter Einbeziehung älterer Teile und der beiden nördlichen Ecktürme errichtet. Heute zeigt er sich als dreigeschossiger, schlichter Rechteckbau mit risalitartigem Vorbau an der Rückseite. Eine Freitreppe und einen nachträglich angefügten laubenartigen Vorbau mit Pilastergliederung am Obergeschoss um 1700 zeigt die Frontseite.

Burgruine Hermannstein, Wetzlar

Burgruine Hermannstein und Burgruine Kalsmunt
35584 + 35583 Wetzlar
Lahn-Dill-Kreis

Wetzlar liegt ungefähr 10 km westlich von Gießen, die **Burgruine Hermannstein** ist am bewaldeten Ortsrand zu finden. Die Burg wurde 1373–1379 für Landgraf Hermann I. von Hessen erbaut und ging nach mehrfacher Verpfändung 1481 an die Schenken von Schweinsberg und ab 1965 an Dr. Hans Brand über. Die Oberburg des 14. Jahrhunderts ist das bedeutendste Beispiel einer gotischen Wohnturmanlage in Hessen. Im östlichen Bereich steht die tiefer liegende, 1483 erbaute Unterburg, ein ehemals dreigeschossiger Rechteckbau, dessen Festsaal mit Steinerker noch gut erhalten blieb. An der Westseite steht ein sechseckiger Treppenturm, die Gesamtanlage ist von Zwingern umgeben.

Nahe dem Zentrum, auf einer Anhöhe, finden wir die wenigen Reste der **Burg Kalsmunt**, die durch Kaiser Friedrich I. als Reichsburg im 12. Jahrhundert erbaut und von Burgmannen bewohnt wurde. Seit dem 16. Jahrhundert gilt sie als verfallen. Von der Gipfelburg zwischen Lahn und Wetz steht im Wesentlichen noch der quadratische Bergfried aus der zweiten Hälfte des 12.

Wichmannshausen/Wiesbaden

Burgruine Kalsmunt, Wetzlar

Jahrhunderts. Sie bestand ehemals aus drei flach gedeckten Geschossen. Im Jahre 1928 wurden die Grundmauern der übrigen Gebäude freigelegt. Außer den Mauerstümpfen vom ehemaligen Palas und einem weiteren Wohnbau sind nur noch das spätgotische Tor der Kernburg erhalten sowie Reste von Zwingern an Süd- und Ostseite.

Burgruine Boyneburg
36205 Wichmannshausen
Werra-Meißner-Kreis

Östlich des Dorfes Wichmannshausen, das wiederum südlich von Eschwege zu finden ist, wurde eine Reichsburg vermutlich um 1100 von den Grafen von Northeim erbaut. Nach deren Aussterben baute 1144 Abt Marquard von Fulda die Anlage aus. Kaiser Friedrich Barbarossa weilte nachweislich 1156, 1166 und 1188 auf dem „castellum regium". Seit 1292 war sie Reichslehen der Landgrafen von Hessen und Stammsitz des angesehenen reichsministerialen Geschlechtes von Boyneburg. Um die Mitte des 15. Jahrhunderts wurde die Burg verlassen und 1626 sowie 1637 zerstört, worauf diese allmählich verfiel. Heute ist von der einst sehr umfangreichen Gipfelburg wenig erhalten, so zum Beispiel Reste einer gotischen Kapelle, an deren Stelle vermutlich die 1188 geweihte Kapelle St. Maria und St. Petrus stand. Daneben liegt die Ruine des gotischen fünfeckigen Bergfrieds aus dem 14. Jahrhundert.

Stadtschloss, Jagdschloss Platte und Jagdschloss Fasanerie
65183, 65195 + 65201
Wiesbaden

Das **Stadtschloss** ist heute Sitz des hessischen Landtages. Es wurde anstelle eines Renaissanceschlosses und angekaufter Privathäuser unter Herzog Wilhelm von Nassau erbaut. Die Pläne fertigte 1835 Georg Moller und den Bau vollzog 1837–1841

Wiesbaden

Richard Goerz. Es ist äußerlich ein schlichter, dreigeschossiger Eckbau, der künstlerisch in das Stadtzentrum integriert wurde. Das Eckportal ist durch einen Säulenaltan betont. Ab 1838 wurde das rückwärtige Marstallgebäude angebaut. Nach den im Zweiten Weltkrieg verursachten Schäden wurde das Schloss für den hessischen Landtag eingerichtet, dabei ein Treppenhausumbau vorgenommen und 1961 die Reithalle für den Neubau des Sitzungssaales abgebrochen. Im Inneren des ersten Obergeschosses befinden sich Wand- und Deckenmalereien, die zu den bedeutendsten Kunstleistungen dieser Epoche in Hessen zählen. Sehenswert sind ebenfalls das festliche Treppenhaus und die Rotunde, der zweigeschossige Speisesaal mit reicher dekorativer Bemalung an den Wänden sowie die Spiegeldecke.

Weiterhin der runde kuppelgewölbte Festsaal, das „pompejanische Zimmer" im Erdgeschoss und der Konzertsaal im Obergeschoss des Marstallanbaues.

Das **Jagdschloss Platte** entstand 1822–1824 durch Friedrich-Ludwig Schrumpf und steht nördlich nicht weit von Wiesbaden. Im Zweiten Weltkrieg brannte es bis auf die Außenmauern aus und wird bis 2005 zum Kultur- und Veranstaltungshaus ausgebaut.

Jagdschloss Fasanerie, Wiesbaden

Stadtschloss, Wiesbaden

W Wiesbaden-Biebrich

Residenzschloss, Wiesbaden-Biebrich

Es war ein quadratischer, dreigeschossiger Bau und besaß an allen drei Seiten Mittelrisalite mit Pilastern und an der Südseite mit ionischen Säulen. Das Schloss hatte ein kreisrundes Treppenhaus mit acht Säulen, die eine belichtete Kuppel trugen.

Das **Jagdschloss Fasanerie** liegt nordwestlich an Wiesbaden in Richtung Taunusstein. Wie der Name schon verrät, grenzt an das Schloss ein Tierpark an. Der Schlossbau selbst wird als gastronomische Einrichtung genutzt. Es wurde gegen Mitte des 18. Jahrhunderts für Fürst Karl von Nassau-Usingen gebaut, der seit 1744 in Biebrich residierte. Das Jagdschloss ist ein Barockbau mit Mansarddach und Zwerchgiebel, an dem man den Einfluss Friedrich Joachim Stengels erkennt.

Residenzschloss und Moosburg
65203 Wiesbaden-Biebrich
Landeshauptstadt Wiesbaden

Nicht zu Unrecht wird das **Residenzschloss** am Biebricher Ufer auch als ein Juwel barocker Baukunst und als „Versailles am Rhein" bezeichnet. Die Fürsten der Linie Nassau-Idstein und Nassau-Usingen ließen es in mehreren Bauabschnitten errichten. Die lang gestreckte Fassade mit Rotunde und Freitreppe begeistert jeden Besucher. Ursprünglich war hier ein kleinerer Landsitz als erste Anlage geplant, die sich zu einer fürstlichen Residenz entwickelte. Nach starken Schäden im Zweiten Weltkrieg musste sie von 1964 bis 1968 und 1981/82 instand gesetzt werden. Der Schlosspark entstand 1708 nach Plänen von Maximilian von

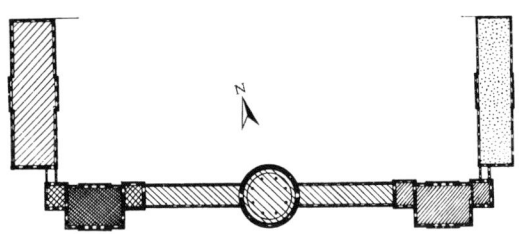

Residenzschloss, Wiesbaden-Biebrich, Grundriss

Wiesbd.-Frauenstein/Wiesbd.-Sonnenberg

Welsch, allerdings wurde die von ihm 1710–1721 erbaute halbrunde Orangerie abgebrochen. Nach einem Entwurf und unter der Leitung von Friedrich Ludwig von Sckell wurde dieser 1817–1823 zum englischen Landschaftspark umgestaltet, in dem alljährlich ein Pfingst-Reitturnier stattfindet. Weitere Informationen sollte man sich beim Besuch des Biebricher Schlosses einholen, da in diesem Buch eine detaillierte Ausführung den Rahmen sprengen würde.

Anstelle einer 1462 erstmals erwähnten Burg der Grafen von Nassau wurde die **Moosburg** im Schlosspark als künstliche Burgruine 1805–1816 durch Carl Florian Goetz für Herzog Friedrich August erbaut. Sie ist von einem Graben umgeben, über den eine Steinbrücke zu einem Torturm führt. Die Hauptburg besitzt einen quadratischen Turm mit einem Festsaal. Die Anlage ist ein Beispiel der romantisch-klassizistischen, künstlichen Burgruinen in Hessen, wie sie auch in Hanau-Wilhelmsbad oder Kassel mit der Löwenburg zu finden sind.

Burgruine Frauenstein
65201 Wiesbaden-Frauenstein
Landeshauptstadt Wiesbaden

Im Stadtteil Frauenstein entstand vermutlich Anfang des 13. Jahrhunderts von den Rittern von Frauenstein eine Burg, die 1300 an Mainz verkauft wurde. Nachdem sie 1302 und im Dreißigjährigen Krieg zerstört wurde, verfiel sie endgültig im 18. Jahrhundert. Noch vorzufinden sind auf dem Felsen der Halsgraben mit Resten der Schildmauer und ein fünfeckiger, innen quadratischer Bergfried mit Kuppelgewölben aus dem 13. Jahrhundert.

Burgruine Sonnenberg
65191 Wiesbaden-Sonnenberg
Landeshauptstadt Wiesbaden

Im Stadtteil Sonnenberg bauten um 1200 die Grafen von Nassau eine Burg, die seit 1611 unbewohnbar war. Sie stellte eine Ausläuferburg mit Halsgraben dar, deren spätromanische Kernburg ein Rechteck mit fast quadratischem Bergfried um 1200 bildete. An der Angriffsseite finden wir heute noch die Ruine eines jüngeren Turmes. Erweiterungen der Anlage wurden um 1300 und im 14. Jahrhundert vorgenommen. Der heutige äußere Bering mit dem Torbau und dem starken quadratischen Turm an der Südostseite bekam 1384 einen Anbau, der als Burgkapelle eingerichtet wurde.

Windecken/Winkels/Witzenhausen

Burg Windecken

Burg Windecken
61130 Windecken
Main-Kinzig-Kreis

Windecken liegt nordöstlich von Frankfurt am Main, nahe Heldenbergen. Hier legte um 1260–1262 Graf Reinhard I. von Hanau eine Burg an, die im Dreißigjährigen Krieg zerstört wurde. Sie bestand aus einem rechteckigen Bering mit Flankentürmen des 16. Jahrhunderts in Spornlage. Das Außentor gehört noch in das Jahr 1592. Am Innentor befinden sich zwei Rundtürmchen auf Konsolen aus der ersten Hälfte des 16. Jahrhunderts, und der Wohnbau entstand in der ersten Hälfte des 18. Jahrhunderts. Die Vorburg mit dem Hexenturm aus dem 15. Jahrhundert ist westlich vorgelagert. Die Anlage dient heute Wohnzwecken.

Burgruine Eigenberg
35794 Winkels
Landkreis Limburg-Weilburg

Die so genannte Marienburg findet man nordwestlich von Weilburg und südöstlich nahe bei Mengerskirchen. Sie wurde vor 1328 von Graf Johann von Nassau-Dillenburg erbaut und war 1331–1600 Lehensbesitz der Herren von Mudersbach. Danach folgte der Verfall, bis schließlich 1632 auch der Bergfried einstürzte. Es war eine von künstlichem Wall und Graben umgebene Gipfelburg auf bewaldetem Basaltkegel mit einer längsrechteckigen Gestalt. Erhalten blieben nur der nördlich gelegene, untere Teil des runden Bergfrieds und Kuppelgewölbe.

Burg Witzenhausen
37213 Witzenhausen
Werra-Meißner-Kreis

Witzenhausen liegt zwischen Eschwege und Hann.-Münden, nahe der thüringischen Landesgrenze. Die Anlage war ehemaliger Burg- und Adelssitz und wurde von Berge um 1585–1590, wahrscheinlich durch Hans Wetzel, errichtet. Die Anlage besteht aus zwei Fachwerkobergeschos-

Witzenhausen-Berlepsch

sen über massivem Unterbau. Sie war seit 1774 Besitz derer von Bodenhausen und ist mit reich geschnitzter Rokokotür und Wappen versehen. Heute beherbergt die Burg ein Hotel mit bemerkenswerter gastronomischer Einrichtung.

Schloss Berlepsch
37218 Witzenhausen-Berlepsch
Werra-Meißner-Kreis

Nachdem man die Höhe des bewaldeten Berges erreicht hat, bietet sich dem Besucher ein malerischer Blick auf das Schloss. Zu finden ist es unmittelbar an der Landesgrenze zu Niedersachsen, nördlich von Witzenhausen. Es war seit dem Mittelalter Besitz der Herren von Berlepsch. Die Anlage wurde als Burg 1368/69 durch Arnold von Berlepsch nach der Zerstörung der Stammburg Barlissen bei Göttingen erbaut. Die Zubauten stammen aus dem 15. Jahrhundert. Aber die Burg wurde im Jahre 1631 teilweise zerstört, doch von 1881 bis 1894 unter Hans und Karl von Berlepsch durch Gustav Schönemark erneuert. Baulich kann man die Anlage als eine dreiflügelige Kernburg mit einem Binnenhof bezeichnen, dessen freie Nordseite eine Wehrmauer mit Portal von 1369 abschließt. Aus dem 14. Jahrhundert stammt der Westflügel, auch als „Hohes Haus" bezeichnet, das im 16. Jahrhundert verändert wurde. Aus gleicher Zeit ist der Südflügel mit einem Ausbau von 1893/94. Diese beiden Flügel verbindet im Winkel ein Treppen-

Burg Witzenhausen

Schloss Berlepsch, Witzenhausen-Berlepsch

Wolfhagen

turm mit Portal von 1593. Neu errichtet wurde 1885 der Ostflügel. In Bezug auf das Interieur ist der Speisesaal um 1890 hervorzuheben. An beiden Seiten des Einganges zur Vorburg stehen bastionsartige Halbrundtürme, und die äußeren Befestigungsanlagen sind aus dem 15. und 19. Jahrhundert. Emilie von Berlepsch ließ um 1800 den Park anlegen. Zu bestimmten Anlässen werden Führungen im Schloss organisiert.

Burg Wolfhagen, Wasserschloss Elmarshausen, Burgruine Rodersen und Burgruine Helfenberg
34466 Wolfhagen
Landkreis Kassel

Wolfhagen ist westlich von Kassel und südöstlich von Bad Arolsen gelegen. Burg und Stadt wurden unter den Landgrafen von Hessen-Thüringen zur Zeit der heiligen Elisabeth als Grenzfeste bzw. Großburg Hessen gegen die Erzbischöfe von Mainz und Köln 1226–1231 errichtet. Mit der Gründung von Wolfhagen sollte zugleich die Herrschaft der hier ansässigen Adeligen und Ritter über die Landesbevölkerung gesichert werden. Die **Burg** wurde Sitz der landgräflichen Amtmänner und Domizil der Burgmannen. Der für die Errichtung gewählte Ort, von West nach Ost sich erstreckend und von Nord nach Süd geneigte Muschelkalklandschaftsstufe, erfüllte alle Voraussetzungen für eine gute Schutzanlage und sich anschließende Stadtanlage. Die Bergnase im Westen des Höhenzuges, die nach drei Seiten einen Steilhang aufweist und im Tal ehemals von sumpfigen Wiesen und einem Teich eingefasst war, nahm Burg und Vorburg auf. Die Stiche von Dilich 1591, Meißner 1608 und Merian um 1630 zeigen das Hochschloss mit dem gewaltigen Bergfried und dem Gebäude der Burgmannen sowie der hohen Ringmauer mit ihren Zinnen. Mit Verwüstung der Stadt Wolfhagen im Jahre 1631 wurde auch die Burg zerstört, nachdem diese schon um 1575 verfallen und dann wieder erneuert worden war. Der Burgturm und das Hofschloss wurden nicht wieder errichtet. Vielmehr verwendete man die Steine des Trümmer-

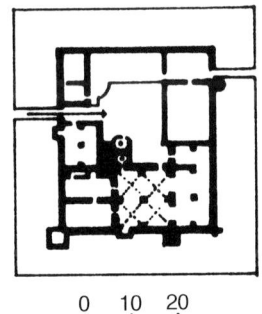

Schloss Elmarshausen, Wolfhagen, Grundriss

Wolfhagen

werks zum Bau von drei neuen Gebäuden, die im erhaltenen Grundriss von 1778 zu sehen sind. Der Westbau, das Landgrafenschloss, ist ein schlichter zweigeschossiger Sandsteinbau. Er birgt an seinen Ostenden einen Teil des erneuerten Baus aus dem 16. Jahrhundert und im Übrigen nicht weiter definierte Partien aus dem 17./18. Jahrhundert. Der Westbau war bis 1972 Landratsamt. Der Renthof ist ein verputzter, zweigeschossiger Steinbau vom Ende des 17. Jahrhunderts. Im 20. Jahrhundert diente er verschiedenen Zwecken. Von 1976 bis 1981 wurde er im Inneren für die Aufnahme des Museums völlig umgebaut, das anlässlich der 750-Jahr-Feier im alten Renthof seiner Bestimmung übergeben werden konnte. Das vor dem Renthof liegende Burggebäude trägt als Immunitätsbereich des Landgrafen die Bezeichnung Freiheit. Angelehnt an die Zentscheune ist noch ein Rest jener Mauer zu sehen, die 1312 auf Verlangen der Bürger errichtet worden ist, um die Stadt vom Burggebäude abzuriegeln. Gegenüber dem Bürohaus aus dem Jahre 1929/30 steht ein steinerner Löwe am Aufgang in den Museumsbereich. Zum Museum gehört auch ein Lapidarium – ein kleines Freilichtmuseum, das die drei alten Gebäude verbindet. Am Platz der ehemaligen Hauptburg befindet sich heute ein Park, der durch die Renthofdurchfahrt zu erreichen ist. Lediglich ein tonnengewölbter Keller steht von früherer Bebauung. Von der alten Burgmauer sind dagegen ganze Partien erhalten. In der Mitte der Westmauer befindet sich ein Durchgang mit dem Wappen derer von Buttlar.

Im Bereich des Gutsbezirkes, nördlich von Wolfhagen, stand ehemals das Kirchdorf Hiltimareshusen, das im 13. Jahrhundert die „von Helfenberg" von den Grafen von Everstein als Lehen innehatten. Die Familie von Gudensberg als deren Nachfolger begann 1442 mit dem Bau des **Wasserschlosses Elmarshausen**. Ab 1515 wird Hermann von der Malsburg neuer Eigentümer, der als Generalfeldmarschall des Herzogs Ulrich von Württemberg zu Ruhm und wohl auch zu Vermögen gekommen war, das es ihm ermöglichte, den Schlossbau im Stile der Weserrenaissance weiter-

Burg, Wolfhagen

W Würzberg

Wasserschloss Elmarshausen, Wolfhagen

zuführen und 1563 zu vollenden. Noch heute ist Elmarshausen im Besitz eines Familienzweiges derer von der Malsburg. Der allseitig von einem Wassergraben umgebene, an Ost- und Westseite über eine Brücke zugängliche Vierflügelbau umschließt einen ungefähr quadratischen Binnenhof. Die schlichten Renaissanceformen mit Erkerausbauten, Ecktürmen an der Südseite und Zwerchhäusern geben der Anlage ein malerisches Aussehen.

Die **Burgruine Rodersen** liegt östlich von Landsberg, nördlich der Erpe. Sie war Stammsitz der 1240 zuerst genannten und 1482 ausgestorbenen Herren von Rodersen. 1269 wurde die Anlage zerstört. Grabungen von 1961 bis 1972 ermittelten drei Bauabschnitte und die Reste eines Wohnturmes, Wohn- und Wirtschaftsgebäude und Ringmauern.

Die **Burgruine Helfenberg** liegt östlich der Stadt und wurde am Anfang des 13. Jahrhunderts durch die Herren von Gasterfeld-Helfenberg erbaut, doch schon 1293 von Hessen zerstört. Es blieben nur Reste von Wall und Graben erhalten.

Jagdschloss Eulbach
64720 Würzberg
Odenwaldkreis

Das Jagdschloss Eulbach der Grafen zu Erbach-Erbach liegt ca. 8 km östlich von Michelstadt an der B 47. Es wurde 1770 als einfache Baugruppe angelegt und 1802 vergrößert. Den angrenzenden englischen Park schuf Graf Franz 1802–1807 nach einem Plan von Friedrich Ludwig von Sckell. In dem 1818–1820 durch drei Weiher erweiterten Parkteil steht die Eberhardsburg, eine künstliche Burgruine aus teilweise mittelalterlichem Steinmaterial von Bauten des Odenwaldes.

Ziegenberg/Ziegenhain/Züschen

Schloss und Burgruine Ziegenberg
61239 Ziegenberg
Wetteraukreis

Zwischen 1356 und 1388 von den Herren von Falkenstein, südwestlich von Butzbach und westlich von Ober-Mörlen, angelegt. Die Freiherren von Diede zum Fürstenstein erwarben die Burg nach mehrfachem Besitzwechsel 1557. Das zwischen 1745 und 1748 erbaute Barockschloss wurde 1939 zum Offiziersheim mit großen Bunkeranlagen ausgebaut, diente 1944/45 als Führerhauptquartier und wurde 1945 zerstört. In den Jahren 1965–1982 baute man das Schloss wieder auf. Erhalten blieb von der alten Burg aus dem 14. Jahrhundert im Wesentlichen der hohe runde Bergfried.

Schloss Ziegenhain
34613 Ziegenhain
Schwalm-Eder-Kreis

Es ist das frühere Schloss der Grafen von Ziegenhain und der hessischen Landgrafen, das seit 1842 als Zuchthaus und heutige Justizvollzugsanstalt betrieben wird und zum Bereich Schwalmstadt gehört. Es war 1144 zuerst eine kreisförmige bis ovale romanische Wasserburg. Das heutige Schloss ist ein umfangreicher, vorwiegend spätgotischer Bau um einen unregelmäßigen Hof. Der Ausbau erfolgte unter den Landgrafen von Hessen vor allem im 15. und 16. Jahrhundert. Der Ostflügel wurde wohl 1420 begonnen und stellt einen gestreckten dreigeschossigen Bau mit rundem Treppenturm dar, der einen achteckigen barocken Aufbau mit Haube trägt. Aufgrund der Nutzung versteht sich von selbst, dass dieses Schloss nur teilweise von außen besichtigt werden kann.

Schloss Garvensburg
34560 Züschen
Schwalm-Eder-Kreis

Die wunderschöne Anlage des Schlosses Garvensburg mit dem weitläufigen gepflegten Park fin-

Schloss Garvensburg, Züschen

Z Zwingenberg

det man am nördlichen Ortsausgang von Züschen, nordwestlich von Fritzlar. Die Adelsfamilie von Züschen erbaute vermutlich im 13. Jahrhundert die erste Burganlage, die 1237 erstmals erwähnt wurde. Um 1312 verpfändete Landgraf Otto von Hessen an Graf Heinrich IV. von Waldeck nebst Züschen noch drei Dörfer. Die Waldecks gaben den Besitz 1371 an die von Hanstein weiter. Weitere Besitzer folgten im Laufe der Zeit, bis es 1433 in die Hände des Ritters Johann von Meysenburg gelangte, der alsbald Veränderungen und Erweiterungen der Burganlagen vornahm. Mit Heinrich von Meysenburg starb 1810 das Geschlecht aus, und weitere Besitzer folgten. Ein Großbrand vernichtete die Anlage 1862 bis auf den alten Wohnturm. 1891 erwarb der Industrielle Wilhelm von Garvens aus Hannover das Gut und erbaute 1894–1898 das Herrenhaus „Garvensburg", einen historisierenden, aufwändigen und doch romantischen Bau. Ein Wappen mit Spruch am Eingang neben dem Restaurant von 1908 verweist auf diesen Herrn. Im Schloss befindet sich ein Hotel mit einem in historischem Stil gestalteten Restaurant und Café.

Burgruinen und Schlösschen
64673 Zwingenberg
Landkreis Bergstraße

Zwingenberg liegt südlich von Darmstadt und nördlich von Bensheim. Hier standen die ehemaligen **Burgen** der Grafen von Katzenelnbogen, von deren Oberburg ein großer gewölbter Keller und Mauerteile im Untergeschoss der heutigen Jugendherberge wieder Verwendung gefunden haben. Von der Unterburg sind nur unbedeutende Mauer- und Grabenreste erhalten, wobei der Marktplatz einst den Burggraben bildete.

Das **Schlösschen** stammt aus der zweiten Hälfte des 16. Jahrhunderts und war ehemals Sitz hessisch-darmstädtischer Hofbeamter. Es ist ein massiver Winkelbau mit Fachwerkgiebeln und quadratischem Treppenturm am Ende des Nordflügels, mit einem Barockportal aus der Zeit zwischen 1701 und 1712. Sehenswert ist die Renaissancewendelstiege im Turm. Der heutige ummauerte kleine Park war früher der Stadtgraben.

Objektregister

Objekt	PLZ/Ort	Seite	Objektnr.
Adolfseck, Burgruine	65307 Adolfseck	12	1
Alsbach, Schloss	64665 Alsbach-Hähnlein	14	2
Alte Burg Buchenau	*36132 Buchenau*	*50*	3
Alte Burg Mansbach	*36284 Mansbach*	*175*	4
Altenburg	*63679 Schotten*	*227*	5
Altenburg, Burgruine	34587 Altenburg	15	6
Altenburg, Schloss	36304 Altenburg	15	7
Altes Schloss Bad König	*64732 Bad König*	*29*	8
Altes Schloss Büdesheim	*61137 Büdesheim*	*51*	9
Altes Schloss (Landgräfliche Burg)	*35390 Gießen*	*114*	10
Altweilnau, Burgruine	61276 Altweilnau	16	11
Amönau, Schloss	35083 Amönau	17	12
Amöneburg, Burgruine	35287 Amöneburg	17	13
Arnsburg, Schloss	35423 Arnsburg	19	14
Arnstein, Burg	37249 Eichenberg	73	15
Arolsen, Residenzschloss	*34454 Bad Arolsen*	*23*	16
Assenheim, Schloss	61194 Assenheim	21	17
Auerbach, Schloss	64625 Bensheim-Auerbach	37	18
Auersburg, Burgruine	36115 Hilders	137	19
Augustenau, Schloss	37293 Herleshausen	135	20
Babenhausen, Schloss	64832 Babenhausen	22	21
Bad König, Altes Schloss	*64732 Bad König*	*29*	8
Bad König, Neues Schloss	*64732 Bad König*	*29*	22
Battenberg, Kellerburg	*35088 Battenberg*	*33*	23
Battenberg, Schloss	*35088 Battenberg*	*33*	24
Battenberg, Stadtburg	*35088 Battenberg*	*33*	25
Beberbeck, Jagdschloss	*34369 Beberbeck*	*34*	26
Beberbeck, Sababurg	*34369 Beberbeck*	*34*	27
Beilstein, Schlossruine	35753 Beilstein	36	28
Bellersheim, Mittelburg	*35410 Bellersheim*	*37*	29
Bellersheim, Oberburg	*35410 Bellersheim*	*37*	30
Bellersheim, Unterburg	*35410 Bellersheim*	*37*	31
Bellevue, Palais	*34131 Kassel*	*151*	32
Bergheim, Schloss	34549 Bergheim	39	33
Berlepsch, Schloss	37218 Witzenhausen-Berlepsch	263	34
Bieberstein, Schloss	36145 Langenbieber	162	35
Biedenkopf, Burg	35216 Biedenkopf	40	36
Bilstein, Burgruine	37269 Albungen	12	37
Bingenheim, Wasserburg	*61209 Bingenheim*	*41*	38
Birkenau, Schloss	69488 Birkenau	42	39
Birstein, Schloss	63633 Birstein	42	40
Boosenburg (Oberburg)	*65385 Rüdesheim am Rhein*	*217*	41
Boyneburg, Burgruine	36205 Wichmannshausen	258	42

269

Objektregister

Objekt	PLZ/Ort	Seite	Objektnr.
Brandenstein, Schloss	36381 Elm	78	43
Braunfels, Schloss	35615 Braunfels	44	44
Braunshardt, Schloss	64331 Braunshardt	45	45
Breuberg, Burg	64747 Breuberg	47	46
Brömserburg (Niederburg)	65385 Rüdesheim am Rhein	217	47
Buchenau, Alte Burg	36132 Buchenau	50	3
Buchenau, Obere Burg	36132 Buchenau	50	48
Buchenau, Schloss	36132 Buchenau	50	49
Büdesheim, Altes Schloss	61137 Büdesheim	51	9
Büdesheim, Neues Schloss	61137 Büdesheim	51	50
Büdingen, Schloss	63654 Büdingen	52	51
Bürgerhaus (Loew'sches Schloss)	61197 Staden	233	52
Burgenstadt Schlitz	36110 Schlitz	225	53
Burg-Gemünden, Burg	35329 Burg-Gemünden	54	54
Burgjoß, Wasserburg	63637 Burgjoß	54	55
Burguffeln, Burg	34393 Burguffeln	55	56
Büsing-Palais	63071 Offenbach am Main	202	57
Butzbach, Schloss	35510 Butzbach	55	58
Cleeberg, Burg	35428 Cleeberg	57	59
Craß, Burg	65343 Eltville am Rhein	79	60
Curti-Schloss	64823 Groß-Umstadt	122	61
Darmstadt, Residenzschloss	64283 Darmstadt	60	62
Darmstädter Schloss	64823 Groß-Umstadt	122	63
Dehrn, Schloss	65594 Dehrn	63	64
Dieburg, Wasserburg	64807 Dieburg	65	65
Dillenburg, Burg	35683 Dillenburg	66	66
Dillenburg, Stadtschloss	35683 Dillenburg	66	67
Dillich, Schloss	34582 Borken-Dillich	44	68
Dörnberg'sches Schloss	35279 Neustadt	193	69
Dornholzhausen, Jagdschloss	61350 Dornholzhausen	68	70
Ebersburg, Ruine	36157 Ebersburg	69	71
Echzell, Schloss	61209 Echzell	71	72
Edelhof (Schloss) Jestädt	37276 Jestädt	150	73
Ehem. Burg (Kellerei) Michelstadt	64720 Michelstadt	182	74
Ehrenfels, Burgruine	65385 Rüdesheim am Rhein	217	75
Eichenzell, Schloss	36124 Eichenzell	73	76
Eichhof, Schloss	36251 Bad Hersfeld	26	77
Eigenberg, Burgruine	35794 Winkels	262	78
Eisenbach, Schloss	36341 Frischborn	102	79
Eisenberg, Ruine	34497 Goldhausen	117	80
Elbenberg, Schloss	34311 Elbenberg	77	81
Elkerhausen, Wasserburg	35796 Elkerhausen	78	82
Elmarshausen, Wasserschloss	34466 Wolfhagen	264	83
Eltville, Kurfürstliche Burg	65343 Eltville am Rhein	79	84
Eppstein, Burgruine	65817 Eppstein	81	85

Objektregister

Objekt	PLZ/Ort	Seite	Objektnr.
Eppstein' sche Wasserburg	63150 Heusenstamm	136	86
Erbach, Schloss	64711 Erbach im Odenwald	82	87
Ermschwerd, Schloss	37217 Ermschwerd	84	88
Ernsthofen, Wasserburg	64397 Ernsthofen	85	89
Escheberg, Schloss	34289 Escheberg	86	90
Eschwege, Landgrafenschloss	37269 Eschwege	87	91
Eulbach, Jagdschloss	64720 Würzberg	266	92
Falkenberg, Ruine Oberburg	34590 Falkenberg	89	93
Falkenberg, Unterburg (Schloss)	34590 Falkenberg	89	94
Falkenstein, Burgruine	61462 Falkenstein	90	95
Fasanerie, Jagdschloss	65195 Wiesbaden	258	96
Fasanerie, Schloss	36124 Eichenzell	73	97
Fechenbach, Schloss	64807 Dieburg	65	98
Felsberg, Burgruine	34587 Felsberg	91	99
Festung Königstein	61462 Königstein im Taunus	157	100
Festung Rüsselsheim	65428 Rüsselsheim	221	101
Fränkisch-Crumbach, Schloss	64407 Fränkisch-Crumbach	93	102
Frankenstein, Burg	64367 Mühltal	185	103
Frankfurt a. M., Wasserschlösschen	60322 Frankfurt am Main	95	104
Frankfurt, Wasserburg	60437 Frankfurt-Niedererlenbach	97	105
Frauenstein, Burgruine	65201 Wiesbaden-Frauenstein	261	106
Freienfels, Burgruine	35796 Freienfels	98	107
Freienstein, Burgruine	64743 Gammelsbach	107	108
Friedberg, Burg	61169 Friedberg	99	109
Friedelhausen, Schloss	35460 Staufenberg	235	110
Friedewald, Wasserburgruine	36289 Friedewald	100	111
Friedrichshof, Schloss	61476 Kronberg im Taunus	159	112
Friedrichstein, Schloss	34537 Bad Wildungen	32	113
Fronhausen, Oberburg	35088 Fronhausen	103	114
Fronhausen, Unterburg	35088 Fronhausen	103	115
Fulda, Stadtschloss	36041 Fulda	104	116
Fürstenau, Schloss	64720 Michelstadt-Steinbach	184	117
Fürsteneck, Burg	36132 Eiterfeld	76	118
Fürstenstein, Burg	37269 Albungen	12	119
Garvensburg, Schloss	34560 Züschen	267	120
Gedern, Schloss	63688 Gedern	107	121
Gelbes Schloss, Wehrda	36166 Wehrda	252	122
Gelnhausen, Kaiserpfalz	63571 Gelnhausen	111	123
Geroldstein, Burgruine	65321 Dickschied-Geroldstein	64	124
Gersfeld, Mittleres Schloss	36129 Gersfeld	112	125
Gersfeld, Oberes Schloss	36129 Gersfeld	112	126
Gersfeld, Unteres Schloss	36129 Gersfeld	112	127
Geyso, Schloss	36284 Mansbach	175	128
Gießen, Landgräfliche Burg (Altes Schloss)	35390 Gießen	114	10

271

Objektregister

Objekt	PLZ/Ort		Seite	Objektnr.
Gießen, Neues Schloss	35390	Gießen	114	**129**
Gleiberg, Burgruine	35435	Gleiberg	116	**130**
Gräfenhausen, Neues Schloss	64331	Gräfenhausen	119	**131**
Grebenstein, Burgruine	34393	Grebenstein	119	**132**
Greifenstein, Burgruine	35753	Greifenstein	120	**133**
Großkarben, Schloss	61184	Großkarben	121	**134**
Grünberg, Schloss	35305	Grünberg	123	**135**
Hadamar, Schloss	65589	Hadamar	124	**136**
Hallenburg	36110	Schlitz	226	**137**
Haneck, Burgruine	65321	Dickschied-Geroldstein	64	**138**
Harreshausen, Jagdschlösschen	64832	Harreshausen	128	**139**
Haselstein, Burgruine	36167	Haselstein	129	**140**
Haselstein, Schloss	36167	Haselstein	129	**141**
Hattenbach, Schloss	36272	Hattenbach	129	**142**
Hattenheim, Burg	65347	Hattenheim	129	**143**
Hauneck, Burgruine	36166	Oberstoppel	200	**144**
Haus Sand	35104	Dalwigksthal	58	**145**
Hausen, Schloss	36280	Hausen	131	**146**
Hausen, Wasserburg	63628	Hausen	130	**147**
Hayn, Wasserburg	63363	Dreieichenhain	68	**148**
Heiligenberg, Schloss	64342	Seeheim-Jugenheim	230	**149**
Heldenbergen, Mittelburg	61130	Heldenbergen	132	**150**
Heldenbergen, Oberburg	61130	Heldenbergen	132	**151**
Helfenberg, Burgruine	34466	Wolfhagen	264	**152**
Helmighausen, Wasserburg	34474	Helmighausen	133	**153**
Herborn, Schloss	35745	Herborn	134	**154**
Herleshausen-Wommen, Schloss	37293	Herleshausen-Wommen	135	**155**
Hermannstein, Burgruine	35584	Wetzlar	257	**156**
Herzberg, Burg	36287	Breitenbach am Herzberg	45	**157**
Hessenstein, Burg	34516	Ederbringhausen	72	**158**
Hinterburg Neckarsteinach	69239	Neckarsteinach	188	**159**
Hinterburg, Schlitz	36110	Schlitz	225	**160**
Hirschhorn, Burg	69434	Hirschhorn	138	**161**
Hirschhorn, Schloss	69434	Hirschhorn	138	**162**
Höchst, Schloss	65929	Frankfurt-Höchst	96	**163**
Höchst, Schloss	63674	Höchst an der Nidder	140	**164**
Hohaus, Stadtpalais	36341	Lauterbach	165	**165**
Hohenburg, Burgruine	34576	Homberg (Efze)	143	**166**
Hohensolms, Burg	35644	Hohensolms	142	**167**
Hohenstein, Burgruine	65329	Hohenstein	142	**168**
Hohenwehrda, Schloss	36166	Wehrda	252	**169**
Höhnscheid, Waldgut Schloss	34454	Bühle	53	**170**
Homberg, Schloss	35315	Homberg an der Ohm	144	**171**
Homburg, Schloss	61348	Bad Homburg v. d. Höhe	27	**172**
Hungen, Schloss	35410	Hungen	145	**173**

Objektregister

Objekt	PLZ/Ort		Seite	Objektnr.
Huttenschloss	63628	Bad Soden-Salmünster	30	**174**
Idstein, Burg	65510	Idstein	146	**175**
Idstein, Schloss	65510	Idstein	146	**176**
Imshausen, Schloss	36179	Imshausen	147	**177**
Isenburger Schloss	63071	Offenbach a. Main	202	**178**
Jagdschloss Beberbeck	*34369*	*Beberbeck*	*34*	**26**
Jagdschloss Dornholzhausen	*61350*	*Dornholzhausen*	*68*	**70**
Jagdschloss Eulbach	*64720*	*Würzberg*	*266*	**92**
Jagdschloss Fasanerie	*65195*	*Wiesbaden*	*258*	**96**
Jagdschloss Kranichstein	*64289*	*Darmstadt-Kranichstein*	*62*	**179**
Jagdschloss Mönchbruch	*64546*	*Mörfelden-Walldorf*	*185*	**180**
Jagdschloss Niederwald	*65385*	*Rüdesheim am Rhein*	*217*	**181**
Jagdschloss Platte	*65195*	*Wiesbaden*	*258*	**182**
Jagdschloss Wolfsgarten	*63225*	*Langen*	*162*	**183**
Jagdschlösschen Harreshausen	*64832*	*Harreshausen*	*128*	**139**
Jesberg, Burgruine	34632	Jesberg	149	**184**
Jesberg, Schloss	34632	Jesberg	149	**185**
Jestädt, Edelhof (Schloss)	*37276*	*Jestädt*	*150*	**73**
Johannisberg, Schloss	65366	Geisenheim-Johannisberg	110	**186**
Junker-Hansen-Turm	35279	Neustadt	193	**187**
Kaiserpfalz	63500	Seligenstadt	231	**188**
Kaiserpfalz Gelnhausen	*63571*	*Gelnhausen*	*111*	**123**
Kalkhof, Schloss	37281	Wanfried	250	**189**
Kalsmunt, Burgruine	35583	Wetzlar	257	**190**
Karlsaue (Orangerie-Schloss)	*34181*	*Kassel*	*151*	**191**
Kellerburg, Battenberg	*35088*	*Battenberg*	*33*	**23**
Kellerei (ehem. Burg Michelstadt)	*64720*	*Michelstadt*	*182*	**74**
Keseberg, Burgruine	34516	Ederbringhausen	72	**192**
Keudell'sches Schloss	37281	Wanfried	250	**193**
Kirberg, Burgruine	65597	Kirberg	157	**194**
Königstein, Burgruine	61462	Königstein im Taunus	157	**195**
Königstein, Festung	*61462*	*Königstein im Taunus*	*157*	**100**
Kosakenberg, Schloss	65366	Geisenheim	109	**196**
Kranichstein, Jagdschloss	*64289*	*Darmstadt-Kranichstein*	*62*	**179**
Kransberg, Burg	61250	Kransberg	158	**197**
Kronberg, Burg	61476	Kronberg im Taunus	159	**198**
Krukenburg, Ruine	34385	Helmarshausen	132	**199**
Kugelsburg, Burgruine	34471	Volkmarsen	245	**200**
Kurfürstliche Burg Eltville	*65343*	*Eltville am Rhein*	*79*	**84**
Landau, Schloss	34454	Landau	161	**201**
Landgrafenschloss Eschwege	*37269*	*Eschwege*	*87*	**91**
Landgrafenschloss Marburg	*35039*	*Marburg an der Lahn*	*176*	**202**
Landgräfliche Burg (Altes Schloss)	*35390*	*Gießen*	*114*	**10**
Landsburg, Burgruine	34613	Allendorf an der Landsburg	13	**203**

Objektregister

Objekt	PLZ/Ort	Seite	Objektnr.
Laneburg	35792 Löhnberg	172	204
Langenselbold, Schloss	63505 Langenselbold	163	205
Laubach, Schloss	35321 Laubach	164	206
Lauterbach, Burg	36341 Lauterbach	165	207
Lautersches Schlösschen	*36381 Schlüchtern*	*226*	208
Lehrbach, Schloss	36320 Lehrbach	166	209
Lehrbach, Wasserburgruine	*36320 Lehrbach*	*166*	210
Lersner'sches Schloss	60437 Frankfurt-Niedererlenbach	97	211
Leustadt, Wasserburg	*63695 Stockheim*	*239*	212
Lich, Schloss	35423 Lich	167	213
Lichtenberg, Schloss	64405 Lichtenberg	168	214
Lichtenfels, Burg	35104 Dalwigksthal	58	215
Limburg, Burg	65549 Limburg an der Lahn	169	216
Lindenfels, Burgruine	64678 Lindenfels	170	217
Lißberg, Burgruine	63683 Lißberg	171	218
Löwenburg	34131 Kassel	151	219
Loew'sches Schloss (Bürgerhaus)	*61197 Staden*	*233*	52
Lüderbach, Schloss	37296 Lüderbach	173	220
Ludwigseck, Burg	36251 Ersrode	85	221
Ludwigstein, Burg	37215 Wendershausen	256	222
Lustschloss Wabern	*34590 Wabern*	*246*	223
Mackenzell, Schloss	36088 Mackenzell	174	224
Mansbach, Alte Burg	*36284 Mansbach*	*175*	4
Marburg, Landgrafenschloss	35039 Marburg an der Lahn	176	202
Meerholz, Schloss	63571 Meerholz	178	225
Melsungen, Schloss	34212 Melsungen	180	226
Mengeringhausen, Burg	34454 Bad Arolsen-Mengeringhausen	24	227
Mengerskirchen, Schloss	35794 Mengerskirchen	181	228
Merenberg, Burgruine	35799 Merenberg	182	229
Michelstadt, Ehem. Burg (Kellerei)	*64720 Michelstadt*	*182*	74
Milnrode, Burgruine	36251 Asbach	20	230
Mittelburg	35466 Londorf	173	231
Mittelburg Bellersheim	*35410 Bellersheim*	*37*	29
Mittelburg Heldenbergen	*61130 Heldenbergen*	*132*	150
Mittelburg Neckarsteinach	*69239 Neckarsteinach*	*188*	232
Mittleres Schloss Gersfeld	*36129 Gersfeld*	*112*	125
Mönchbruch, Jagdschloss	*64546 Mörfelden-Walldorf*	*185*	180
Monrepos, Schloss	65366 Geisenheim	109	233
Moosburg	65203 Wiesbaden-Biebrich	260	234
Münzenberg, Burgruine	35516 Münzenberg	186	235
Nassenerfurth, Wasserburg	*34582 Nassenerfurth*	*187*	236
Neckarsteinach, Hinterburg	*69239 Neckarsteinach*	*188*	159
Neckarsteinach, Mittelburg	*69239 Neckarsteinach*	*188*	232

Objektregister

Objekt	PLZ/Ort	Seite	Objektnr.
Neckarsteinach, Vorderburg	*69239* Neckarsteinach	*188*	**237**
Nellenburg, Burgruine	35279 Neustadt	193	**238**
Nesselröden, Schloss	37293 Nesselröden	191	**239**
Netra, Schloss	37296 Netra	192	**240**
Neuenstein, Burg	36286 Saasen	223	**241**
Neues Schloss Bad König	*64732* Bad König	*29*	**22**
Neues Schloss Büdesheim	*61137* Büdesheim	*51*	**50**
Neues Schloss Gießen	*35390* Gießen	*114*	**129**
Neues Schloss Gräfenhausen	*64331* Gräfenhausen	*119*	**131**
Neuhof, Schloss	36119 Neuhof	193	**242**
Neuweilnau, Burgruine	61276 Neuweilnau	195	**243**
Neuweilnau, Schloss	61276 Neuweilnau	195	**244**
Nidda, Schloss	63667 Nidda	195	**245**
Niederburg (Brömserburg)	*65385* Rüdesheim am Rhein	*217*	**47**
Niederurff, Burg	34596 Niederurff	196	**246**
Niederwald, Jagdschloss	*65385* Rüdesheim am Rhein	*217*	**181**
Nordeck, Burg	35469 Nordeck	197	**247**
Nordenbeck, Wasserburg	*34497* Nordenbeck	*198*	**248**
Oberburg (Boosenburg)	*65385* Rüdesheim am Rhein	*217*	**41**
Oberburg Bellersheim	*35410* Bellersheim	*37*	**30**
Oberburg (Ruine) Falkenberg	*34590* Falkenberg	*89*	**93**
Oberburg Fronhausen	*35088* Fronhausen	*103*	**114**
Oberburg Heldenbergen	*61130* Heldenbergen	*132*	**151**
Oberburg Staufenberg	*35460* Staufenberg	*235*	**249**
Obere Burg	*36132* Buchenau	*50*	**48**
Oberes Schloss Gersfeld	*36129* Gersfeld	*112*	**126**
Ober-Mörlen, Schloss	61239 Ober-Mörlen	198	**250**
Ockstadt, Wasserburg	*61169* Ockstadt	*200*	**251**
Orangerie-Schloss (Karlsaue)	*34131* Kassel	*151*	**191**
Ortenberg, Schloss	63683 Ortenberg	204	**252**
Ottoburg	*36110* Schlitz	*226*	**253**
Otzberg, Veste	*64853* Otzberg	*204*	**254**
Palais Bellevue	*34131* Kassel	*151*	**32**
Paulinenschlösschen	65812 Bad Soden	30	**255**
Pfälzer Schloss	64823 Groß-Umstadt	122	**256**
Philippsruhe, Schloss	63450 Hanau	126	**257**
Philippsthal, Schloss	36269 Philippsthal	206	**258**
Platte, Jagdschloss	*65195* Wiesbaden	*258*	**182**
Prinzenpalais Usingen	*61250* Usingen	*243*	**259**
Prinz-Georg-Palais	64289 Darmstadt	60	**260**
Probsteischloss	36041 Fulda-Johannesberg	106	**261**
Ramholz, Schloss	36381 Ramholz	206	**262**
Rauischholzhausen, Schloss	*35085* Rauischholzhausen	*207*	**263**
Reckenberg, Schloss	35104 Fürstenberg	104	**264**
Reichenbach, Burgruine	37235 Reichenbach	209	**265**

Objektregister

Objekt	PLZ/Ort	Seite	Objektnr.
Reichenberg, Burg	64382 Reichelsheim	208	266
Reifenberg, Burgruine	61389 Oberreifenberg	199	267
Reinhartshausen, Schloss	65346 Erbach im Rheingau	83	268
Residenzschloss Arolsen	34454 *Bad Arolsen*	23	16
Residenzschloss Darmstadt	64283 *Darmstadt*	60	62
Residenzschloss	65203 Wiesbaden-Biebrich	260	269
Rhoden, Schloss	34474 Rhoden	210	270
Riede, Schloss	34308 Riede	211	271
Rockenberg, Burg	35519 Rockenberg	211	272
Rodenstein, Burgruine	64407 Fränkisch-Crumbach	93	273
Rodersen, Burgruine	34466 Wolfhagen	264	274
Rommershausen, Schlösschen	34613 *Rommershausen*	212	275
Romrod, Schloss	36329 Romrod	213	276
Ronneburg, Burg	63549 Ronneburg	213	277
Rotenburg, Schloss	36199 Rotenburg an der Fulda	215	278
Rotenburger Schlösschen	65307 *Bad Schwalbach*	29	279
Rotes Schloss, Wehrda	36166 *Wehrda*	252	280
Rückingen, Wasserburg	63526 *Rückingen*	217	281
Rumpenheim, Schloss	63075 Offenbach-Rumpenheim	203	282
Runkel, Burg	65594 Runkel	221	283
Rüsselsheim, Festung	65428 *Rüsselsheim*	221	101
Rüsselsheim, Wasserburg	65428 *Rüsselsheim*	221	284
Saalhof (ehem. Königsburg)	60314 Frankfurt am Main	94	285
Sababurg, Beberbeck	34369 *Beberbeck*	34	27
Sannerz, Schloss	36391 Sannerz	224	286
Schachtenburg	36110 Schlitz	225	287
Schackau, Schloss	36145 Schackau	224	288
Schadeck, Burgruine	69239 Neckarsteinach	188	289
Scharfenstein, Burgruine	65399 Kiedrich	156	290
Schelmenburg	60388 Frankfurt-Bergen-Enkheim	95	291
Schlitz, Burgenstadt	36110 *Schlitz*	225	53
Schlitz, Hallenburg	36110 *Schlitz*	226	137
Schlitz, Hinterburg	36110 *Schlitz*	225	160
Schlitz, Ottoburg	36110 *Schlitz*	226	253
Schlitz, Schachtenburg	36110 *Schlitz*	225	287
Schlitz, Vorderburg	36110 *Schlitz*	225	292
Schlösschen Rommershausen	34613 *Rommershausen*	212	275
Schlösschen Schönburg	34369 *Hofgeismar*	141	293
Schlösschen, Lautersches	36381 *Schlüchtern*	226	208
Schlösschen, Rotenburger	65307 *Bad Schwalbach*	29	279
Schlösschen, Zwingenberg	64673 *Zwingenberg*	268	294
Schmitthof, Wasserburg	36320 *Lehrbach*	166	295
Schönberg, Schloss	64625 Bensheim-Schönberg	38	296
Schönborn, Schloss	63150 Heusenstamm	136	297

Objektregister

Objekt	PLZ/Ort	Seite	Objektnr.
Schönborn, Schloss			
(Stockheimer Hof)	65366 Geisenheim	109	**298**
Schönburg, Schlösschen	34369 Hofgeismar	141	**293**
Schönfeld, Schloss	34131 Kassel	151	**299**
Schönhof (ehem. Wasserburg)	60325 Frankfurt-Bockenheim	95	**300**
Schotten, Altenburg	63679 Schotten	227	**5**
Schotten, Schloss	63679 Schotten	227	**301**
Schwarzenfels, Burg	36391 Schwarzenfels	228	**302**
Schwarzenstein, Burgruine	65366 Geisenheim-Johannisberg	110	**303**
Schwebda, Burg	37276 Meinhard-Schwebda	178	**304**
Schweinsberg, Burg	35260 Schweinsberg	229	**305**
Seeheim, Schloss	64342 Seeheim-Jugenheim	230	**306**
Seligenstadt, Wasserburg	63500 Seligenstadt	231	**307**
Solz, Burg	36179 Solz	231	**308**
Sommerschlösschen Thiergarten	63654 Büdingen	52	**309**
Sonnenberg, Burgruine	65191 Wiesbaden-Sonnenberg	261	**310**
Spangenberg, Burg	34286 Spangenberg	232	**311**
Staden, Wasserburg	61197 Staden	233	**312**
Stadtburg, Battenberg	35088 Battenberg	33	**25**
Stadtpalais Hohaus	36341 Lauterbach	165	**165**
Stadtschloss Dillenburg	35683 Dillenburg	66	**67**
Stadtschloss Fulda	36041 Fulda	104	**116**
Stadtschloss Wiesbaden	65183 Wiesbaden	258	**313**
Stammheim, Schloss	61197 Stammheim	235	**314**
Starkenburg, Burgruine	64646 Heppenheim	133	**315**
Staufenberg, Oberburg	35460 Staufenberg	235	**249**
Staufenberg, Unterburg	35460 Staufenberg	235	**316**
Steckelberg, Burgruine	36381 Ramholz	206	**317**
Steinau, Schloss	36396 Steinau an der Straße	237	**318**
Steinheim, Schloss	63456 Steinheim am Main	238	**319**
Stockau, Schlossanlage	64807 Dieburg	65	**320**
Stockhausen, Schloss	36358 Stockhausen	239	**321**
Stockheimer Hof			
(Schloss Schönborn)	65366 Geisenheim	109	**298**
Stolzenberg, Burgruine	63628 Bad Soden-Salmünster	30	**322**
Tann (Rhön), Schlösseranlage	36142 Tann (Rhön)	240	**323**
Tannenberg, Burg	36214 Nentershausen	190	**324**
Tannenberg, Burgruine	64342 Seeheim-Jugenheim	230	**325**
Tannenfels, Burgruine	36115 Hilders	137	**326**
Thiergarten, Sommerschlösschen	63654 Büdingen	52	**309**
Trendelburg, Burg	34388 Trendelburg	241	**327**
Ulrichstein, Burgruine	35327 Ulrichstein	243	**328**
Unterburg (Schloss)	34590 Falkenberg	89	**94**
Unterburg Bellersheim	35410 Bellersheim	37	**31**

277

Objektregister

Objekt	PLZ/Ort	Seite	Objektnr.
Unterburg Fronhausen	35088 Fronhausen	103	115
Unterburg Staufenberg	35460 Staufenberg	235	316
Unteres Schloss Gersfeld	36129 Gersfeld	112	127
Usingen, Prinzenpalais	61250 Usingen	243	259
Usingen, Schloss	61250 Usingen	243	329
Veckerhagen, Schloss	34359 Veckerhagen	244	330
Veste Otzberg	64853 Otzberg	204	254
Vetzberg, Burgruine	35435 Vetzberg	244	331
Viermünden, Schloss	35066 Viermünden	245	332
Vilbel, Wasserburg	61118 Bad Vilbel	31	333
Vollrads, Schloss	65375 Oestrich-Winkel	201	334
Vorderburg	36110 Schlitz	225	292
Vorderburg Neckarsteinach	69239 Neckarsteinach	188	237
Wabern, Lustschloss	34590 Wabern	246	223
Wächtersbach, Schloss	63607 Wächtersbach	247	335
Waldeck, Schloss	34513 Waldeck	248	336
Waldgut Schloss Höhnscheid	34454 Bühle	53	170
Wallenstein, Burgruine	34593 Wallenstein	250	337
Wambold'sches Schloss	64823 Groß-Umstadt	122	338
Wartenberg, Burgruine	36367 Angersbach	18	339
Wasserburg	60437 Frankfurt-Niedererlenbach	97	105
Wasserburg Bingenheim	61209 Bingenheim	41	38
Wasserburg Burgjoß	63637 Burgjoß	54	55
Wasserburg Dieburg	64807 Dieburg	65	65
Wasserburg Elkerhausen	35796 Elkerhausen	78	82
Wasserburg, Eppstein'sche	63150 Heusenstamm	136	86
Wasserburg Ernsthofen	64397 Ernsthofen	85	89
Wasserburg Hausen	63628 Hausen	130	147
Wasserburg Hayn	63363 Dreieichenhain	68	148
Wasserburg Helmighausen	34474 Helmighausen	133	153
Wasserburg Leustadt	63695 Stockheim	239	212
Wasserburg Nassenerfurth	34582 Nassenerfurth	187	236
Wasserburg Nordenbeck	34497 Nordenbeck	198	248
Wasserburg Ockstadt	61129 Ockstadt	200	251
Wasserburg Rückingen	63526 Rückingen	217	281
Wasserburg Rüsselsheim	65428 Rüsselsheim	221	284
Wasserburg Schmitthof	36320 Lehrbach	166	295
Wasserburg Seligenstadt	63500 Seligenstadt	231	307
Wasserburg Staden	61197 Staden	233	312
Wasserburg Vilbel	61118 Bad Vilbel	31	333
Wasserburg Wehrda	36166 Wehrda	252	340
Wasserburgruine Friedewald	36289 Friedewald	100	111
Wasserburgruine Lehrbach	36320 Lehrbach	166	210
Wasserschlösschen	60322 Frankfurt am Main	95	104

Objektregister

Objekt	PLZ/Ort	Seite	Objektnr.
Wasserschloss Elmarshausen	*34466 Wolfhagen*	*264*	**83**
Wehen, Schloss	65232 Wehen	251	**341**
Wehrda, Gelbes Schloss	*36166 Wehrda*	*252*	**122**
Wehrda, Rotes Schloss	*36166 Wehrda*	*252*	**280**
Wehrda, Wasserburg	*36166 Wehrda*	*252*	**340**
Weidelsburg, Ruine	34466 Ippinghausen	148	**342**
Weilbach, Schloss	65439 Weilbach	254	**343**
Weilburg, Schloss	35781 Weilburg	254	**344**
Werdorf, Schloss	35614 Werdorf	256	**345**
Wiesbaden, Stadtschloss	*65183 Wiesbaden*	*258*	**313**
Wilhelmsbad, Burgruine	63452 Hanau	126	**346**
Wilhelmshöhe, Schloss	34131 Kassel	151	**347**
Wilhelmsthal, Schloss	34379 Calden	56	**348**
Windecken, Burg	61130 Windecken	262	**349**
Windhof, Schloss	35781 Weilburg	254	**350**
Witzenhausen, Burg	37213 Witzenhausen	262	**351**
Wolfenburg, Schloss	65451 Kelsterbach	156	**352**
Wolfhagen, Burg	34466 Wolfhagen	264	**353**
Wolfsbrunnen, Schloss	37276 Meinhard-Schwebda	178	**354**
Wolfsgarten, Jagdschloss	*63225 Langen*	*162*	**183**
Wülmersen, Schloss	34388 Trendelburg	241	**355**
Ysenburg, Schloss	61197 Staden	233	**356**
Ziegenberg, Schloss und Burgruine	61239 Ziegenberg	267	**357**
Ziegenhain, Schloss	34613 Ziegenhain	267	**358**
Zwingenberg, Burgruinen	64673 Zwingenberg	268	**359**
Zwingenberg, Schlösschen	*64673 Zwingenberg*	*268*	**294**

Die Objektnummern beziehen sich auf die Karte im Umschlag.

Quellenverzeichnis

Georg Dehio
Handbuch der deutschen Kunstdenkmäler, Hessen
Deutscher Kunstverlag, München–Berlin 1982

Atlas der schönsten Burgen und Schlösser
Atlas-Verlag (Lose-Blatt-Sammlung Deutschland)

800 Jahre Philippsthal
Festschrift 1191–1991
Festausschuss der Gemeinde Philippsthal
Druckerei Hoßfeld, Philippsthal 1991

Heinz Müller & Dieter Hebestreit
Schöne Burgen in Europa
Eine philatelistische Entdeckungsreise
Urania Verlag, Leipzig – Jena – Berlin 1990

Heinrich Lücke
Burgen, Schlösser und Herrensitze im Gebiet der unteren Werra
Heft 4, Parsen (bei Nörten in Hann.) 1925

Burgen und Schlösser in Deutschland
Allianz
Mairs Geographischer Verlag, Ostfildern 1982

Friedrich-Wilhelm Krahe
Burgen des deutschen Mittelalters
Bechtermünz Verlag, Augsburg 1996

Otto Piper
Burgenkunde
Weltbild Verlag GmbH, Augsburg 1996

Karl-Heinz Böhle & Georg Piltz
Burgen und Schlösser
VEB F. A. Brockhaus Verlag, Leipzig 1981

Deutsche Burgen und feste Schlösser
Karl Robert Langewiesche Verlag, Königstein im Taunus und Leipzig 1921

Fink-Freizeitführer
Deutschland neu entdecken

Quellenverzeichnis

Ostfildern
Leben und Arbeit
Zeitschrift der Deutschen Landeserziehungsheime, Heft 1
Hermann Lietz-Schule 1997

1200 Jahre Gedern
Festtage vom 24. Mai–16. Juni 1981

Bertelsmann Universallexikon
Band 8
Bertelsmann Lexikon Verlag GmbH, Gütersloh 1993

Babenhausen
Führer durch die Altstadt
Unveränderter Nachdruck Mai 1988
Heimat- und Geschichtsverein Babenhausen e. V.
Druckerei Helmut Krapp, Babenhausen 1988

Schloss Homburg v. d. Höhe
Amtlicher Führer der Staatlichen Schlösser und Gärten in Hessen
Bad Homburg v. d. Höhe 1981

Die Sababurg
Grothus Verlag, Kassel 1991

Burg Breuberg im Odenwald
Herausgegeben im Auftrag des Breuberg-Bundes
von Winfried Wackerfuß
Selbstverlag des Breuberg-Bundes, Breuberg/Odenwald 1996

Karl Dielmann
Schloss Büdingen
1979

Dieburg – die Stadt im Grünen
Magistrat der Stadt Dieburg
Heinrich Müller Verlag, Freudenstadt 1991

Kleiner Führer Dreieichenhain
Burg, Stadt, Museum, Kirche
Band 12
Edition Dreieich, Dreieichenhain 1990

Die kurfürstliche Burg Eltville am Rhein
Burg-Verein e. V.
Eltville am Rhein 1997

Quellenverzeichnis

Burg Eppstein im Taunus
verlegt vom Magistrat der Stadt Eppstein 1994

Gießen ... ein Streifzug
Herausgegeben vom Magistrat der Universitätsstadt Gießen
und der Stadthallen GmbH Gießen

Museum Hanau – Schlossprospekt Schloss Philippsruhe
Hanau am Main

Heusenstamm
Kulturdenkmale
Herausgeber: Stadt Heusenstamm und Heimatvereine

Robert Irschlinger
Zur Geschichte der Herren von Hirschhorn
Sonderheft 1
Breuberg-Bund, Neustadt im Odenwald 1969

Stadtführer Homberg (Efze)
Kreisstadt Homberg (Efze) und Arbeitsgemeinschaft

Die Festung Königstein im Taunus
Verein für Heimatkunde e. V., 10. Auflage 1991

Das Schloss zu Marburg an der Lahn
DKV-Kunstführer Nr. 366/9
Deutscher Kunstverlag GmbH München-Berlin

Michelstadt – Herz des Odenwaldes
Amtlicher Stadtführer
Stadt Michelstadt 1993

Zwischen Mythos und Wirklichkeit
Burg Frankenstein

Vierburgenstadt Neckarsteinach
Ein kleiner Führer durch die historische Stadt
Heimat- und Verkehrsverein Neckarsteinach 1977

Die Ronneburg
Deutscher Kunstverlag, München–Berlin 1993

Burg und Stadt Waldeck und die Edertalsperre
von Pfarrer Herbert Baum aus Bad Wildungen

Quellenverzeichnis

Weilburg – Schloss und Garten
Verwaltung der Staatlichen Schlösser und Gärten in Hessen
Bad Homburg vor der Höhe 1994

Hotel Schloss Wolfsbrunnen
Herausgeber: Hotel Schloss Wolfsbrunnen
Meinhard-Schwebda 1990

Des Weiteren sagen wir Dank allen Mitarbeitern der Stadt- und Gemeindeverwaltungen, Archivaren, Ortschronisten, Mitarbeitern von Museen und Touristinformationen u. a., die uns mit erforderlichem Material zu unseren Recherchen aktiv und freundlichst unterstützt haben.

Wie schon selbstverständlich danken wir besonders den Mitarbeitern der Deutschen Burgenvereinigung e. V. für die uneingeschränkte Hilfe ihren Mitgliedern gegenüber.

Touristinformationen und Fremdenverkehrsämter

Landeshauptstadt Wiesbaden
Kurbetriebe der Landeshauptstadt Wiesbaden – Touristinformation,
Marktstr. 6, 65183 Wiesbaden, Tel. (06 11) 1 72 97 80
Hessen-Touristik Service, PF 3165, 65021 Wiesbaden, Tel. (06 11) 7 78 80 22

Landkreis Bergstraße
Stadtverwaltung, Fremdenverkehr/Tourist-Information, Großer Markt 1,
64646 Heppenheim, Tel. (0 62 52) 1 31 72

Landkreis Darmstadt-Dieburg
Touristinformation vor dem Hauptbahnhof, Platz der deutschen Einheit,
64293 Darmstadt, Tel. (0 61 51) 13 27 82

Kreisfreie Stadt Frankfurt
Stadtverwaltung, Fremdenverkehr, Rathausstr. 2, 60642 Frankfurt am Main,
Tel. (0 62 06) 70 10

Landkreis Fulda
Stadtverwaltung Touristinformation, 36041 Fulda, Tel. (06 61) 1 02 18 14

Landkreis Gießen
Kreisverwaltung des Landkreises Gießen, Ostanlage 40, 35390 Gießen,
Tel. (06 41) 9 39 00

Landkreis Groß-Gerau
Stadtverwaltung, Danziger Str. 6, 64521 Groß-Gerau, Tel. (0 61 52) 4 04 64

Landkreis Hersfeld-Rotenburg
Tourist-Information, Weinstr. 16, 36251 Bad Hersfeld, Tel. (0 66 21) 1 94 33

Hoch-Taunus-Kreis
Fremdenverkehrsamt, 61348 Bad Homburg vor der Höhe, Fax (0 61 72) 17 81 18
Stadtverwaltung, Feldstr. 89, 61348 Bad Homburg vor der Höhe,
Tel. (0 61 72) 10 04 91

Touristinformationen und Fremdenverkehrsämter

Landkreis Kassel
Tourist- und Kurinformation Stadt Kassel, Im ICE-Bahnhof Wilhelmshöhe,
34131 Kassel, Tel. (05 61) 3 40 54, Fax (05 61) 31 52 16

Lahn-Dill-Kreis
Kreisverwaltung des Lahn-Dill-Kreises, Karl-Kellner-Ring 51, 35583 Wetzlar,
Tel. (0 64 41) 40 70
Stadtverwaltung – Tourist-Information, 35583 Wetzlar, Fax (0 64 41) 9 94 30

Landkreis Limburg-Weilburg
Kreisverwaltung, Schiede 43, 65549 Limburg an der Lahn, Tel. (0 64 31) 29 60

Main-Kinzig-Kreis
Stadtverwaltung, Carl-Diem-Weg 2, 63452 Hanau, Tel. (0 61 81) 16 00 46

Main-Taunus-Kreis
Stadtverwaltung, Am Chinon Platz 2, 65719 Hofheim am Taunus,
Tel. (0 61 92) 20 20

Landkreis Marburg-Biedenkopf
Tourist-Information, Pilgrimstein 26, 35037 Marburg an der Lahn,
Tel. (0 64 21) 1 94 33
Tourist-Information, Hainstr. 63, 35216 Biedenkopf,
Tel. (0 64 61) 9 50 10, Fax (0 64 61) 95 01 28

Odenwaldkreis
Fremdenverkehrsverband, Am Marktplatz 1, 64711 Erbach im Odenwald,
Tel. (0 60 62) 9 43 30

Landkreis Offenbach
Offenbach-Information, Stadthof 17, 63055 Offenbach, Tel. (0 69) 80 65 20 52

Rheingau-Taunus-Kreis
Amt für Kultur und Fremdenverband, Adolfstr. 38, 65307 Bad Schwalbach,
Tel. (0 61 24) 50 01 24

Vogelsbergkreis
Verkehrsbüro im Rathaus, Am Marktplatz 14, 36341 Lauterbach,
Tel. (0 66 41) 18 41 12

Touristinformationen und Fremdenverkehrsämter

Landkreis Waldeck-Frankenberg
Tourist-Information, Stechbahn 1, 34497 Korbach, Tel. (0 56 31) 5 32 32
Touristzentrum Waldeck, 34497 Korbach, Tel. (0 56 31) 95 43 59

Wetteraukreis
Amt für Stadthallenverwaltung, Fremdenverkehr, Am Seebach 2,
61169 Friedberg, Tel. (0 60 31) 7 24 60, Fax (0 60 31) 6 12 70

Schwalm-Eder-Kreis
Fremdenverkehrsverband e. V., 34573 Homberg/Efze, Tel. (0 56 81) 69 14

Werra-Meissner-Kreis
Tourist-Information Eschwege – Meinhard-Meissner-Wanfried,
Hospitalplatz 16, 37269 Eschwege, Tel. (0 56 51) 33 19 85

Hans und Doris Maresch,
Sachsens Schlösser und Burgen

288 Seiten, zahlreiche, meist farbige Abbildungen, broschiert

(ISBN 3-89876-159-2)

Sachsen blickt auf eine wechselvolle Geschichte zurück, die zahlreiche Höhepunkte der Bauwerkskunst in diesem Bundesland hinterlassen hat. Einige Bauwerke sind (welt-)berühmt, wie der Zwinger in Dresden oder das Schloss Pillnitz, während andere bisher nur wenigen Eingeweihten bekannt sind. Doch auch solche Burgen und Schlösser, an denen der ganz große Touristenstrom vorbeigeht, wollen die Autoren mit ihrem Buch einer größeren Öffentlichkeit nahe bringen und haben daher nicht nur sächsische „Prachtburgen und Märchenschlösser", sondern auch weit weniger gut erhaltene Objekte in ihrem Führer mit aufgenommen. Denn selbst die Ruinen sind als steinerne Zeugen der Geschichte oftmals einen Besuch wert.

Der Band vermittelt einen informativen Überblick über die geschichtsträchtigen Bauwerke Sachsens, die er alphabetisch aufführt und zu denen er jeweils die Geschichte und Architektur erläutert, oft ergänzt mit den Grundrissen der Anlagen. Soweit die Gebäude dem Publikum zugänglich sind, wird auf Sammlungen und Inneneinrichtung hingewiesen. Eine schnelle Orientierung über die wichtigsten Merkmale der Gebäude erlaubt eine Piktogrammleiste zu jedem Objekt, die auch auf Einkehr- und Übernachtungsmöglichkeiten hinweist. Ein Verzeichnis der Adressen der örtlichen Fremdenverkehrsämter rundet den Band ab und macht ihn zu einem handlichen Reisebegleiter von hohem Informationswert.

Husum Verlag

Verlagsgruppe Husum · Postfach 1480 · 25804 Husum · www.verlagsgruppe.de

Neuruppiner Bilderbogen

Burgenset (6 Bogen)
bestehend aus Modellierbogen „Ritterburg" (3 Bogen), Modellierbogen „Festung" und Modellierbogen „Ein Rittergut" (2 Bogen)

Verlag Oehmigke & Riemschneider in Neuruppin, Verlag Gustav Kühn in Neuruppin, Verlag F. W. Bergemann
Schablonenkolorierte Lithographien, Format 43 x 33 cm
(ISBN 3-89876-209-2)

Eine Auswahl der schönsten historischen Bilderbogen aus der Sammlung des Museums in Neuruppin erscheint im Husum Verlag im Nachdruck.
Die Neuruppiner Bilderbogen veränderten sich in den gut anderthalb Jahrhunderten ihrer Existenz auf vielfache Weise. Waren die Bilderbogen anfangs und lange Zeit vornehmlich für ein erwachsenes Publikum bestimmt, so fanden sie ihre Käufer später zumeist unter den Kindern.
Die Firma Gustav Kühn stellte schon vor 1810 in Neuruppin Bilderbogen her, anfangs als Holzschnitt, nach Einführung des Steindrucks als schablonenkolorierte Lithographie, seit Ende des 19. Jahrhunderts als Farbdruck.
Die Firmen Oehmigke & Riemschneider und Friedrich Wilhelm Bergemann, der jüngste und kleinste der drei Neuruppiner Bilderbogenverlage, nahmen 1835 bzw. 1855 die Produktion von Bilderbogen auf. Auf den Modellierbogen sind überwiegend Archetypen (Bauernhaus, Villa, Burg, Schloss, Kirche, Mühle, Schmiede usw.) wiedergegeben. Diese typisierten Bauten hatten gerade für Kinder einen hohen Wiedererkennungswert und fanden mit ihren zusammenzufügenden Einzelteilen zumeist auf einem Bogen Platz.

Husum Verlag
Verlagsgruppe Husum · Postfach 1480 · 25804 Husum
www.verlagsgruppe.de